U0813332

国家社科基金项目

文旅融合高质量发展

演化机理、统计评估与推进路径

High-quality Development of Culture and Tourism Integration

Evolution Mechanism, Statistical Evaluation and Promotion Pathways

金钰 著

东北财经大学出版社
Dongbei University of Finance & Economics Press
大连

图书在版编目（CIP）数据

文旅融合高质量发展：演化机理、统计评估与推进路径 / 金钰著. —大连：东北财经大学出版社，2024.9. —ISBN 978-7-5654-5317-5

Ⅰ.F592.3

中国国家版本馆CIP数据核字第2024LH3736号

东北财经大学出版社出版发行

大连市黑石礁尖山街217号　邮政编码　116025

网　址：http://www.dufep.cn

读者信箱：dufep @ dufe.edu.cn

大连永盛印业有限公司印刷

幅面尺寸：170mm×240mm　字数：220千字　印张：17

2024年9月第1版　2024年9月第1次印刷

责任编辑：刘　佳　徐　群　责任校对：那　欣

封面设计：张智波　版式设计：原　皓

定价：89.00元

教学支持　售后服务　联系电话：(0411) 84710309

版权所有　侵权必究

举报电话：(0411) 84710523

如有印装质量问题，请联系营销部：(0411) 84710711

国家社会科学基金重大项目“国民福利核算理论、方法与中国实践研究”（项目编号：22&ZD165）阶段性成果

本书由东北财经大学学术专著出版资助

前言

习近平主席在博鳌亚洲论坛2018年年会开幕式讲话中明确提出要“加快融合发展”。融合发展思想是根据新时代的历史特点提出的完整的理论、路线、方针、政策体系，是马克思主义发展观在新时代的创新。融合发展思想以要素融合为前提条件、以产业融合为关键之举、以空间融合为地理载体、以体制改革为基本保障，为探索文化和旅游融合高质量发展提供理论指导和政策引领。就文化对旅游的影响而言，旅游的各个组成部分均受到不同层次文化的影响，旅游活动带有文化的特征。就旅游对文化的影响而言，旅游从时间和空间上都参与文化生产过程，旅游活动具有文化生产的功能。文化为旅游提供丰富的内涵和资源基础，旅游为文化提供重要载体和拓展空间，二者显露出融合发展的迫切性。

文旅融合发展是一项长期任务，需要多维度、多层面、多领域、多阶段地加以推进。文化和旅游是内涵丰富、外延广泛的两大领域。在现实发展中，二者的确存在很大交集，但并非完全等同。文化和旅游既有共同特征，也有各自特点。目前，文旅融合的研究正在兴起，其理论体系亟待完善。研究文旅融合能够在独立的理论体系基础上进行交叉补充，使得两大理论体系之间建立联系，进而夯实文旅融合发展的理论依据。同时，文旅融合发展不仅需要依靠多方面（如体制机制、法规政策、产业统计、资金、人才培养和科学研究等方面）的系统支持，还需要对原有基础进行客观、全面评估，并对其进行系统的整合和优化。

本书尝试从统计视角完善文旅融合发展的体制机制，建立文化和旅游产业统计数据平台，编制文化和旅游投入产出表，构建文旅融合发展统计指标体系，定量分析文旅融合发展的影响因素和拉动作用，对文旅融合发展的政策效果进行统计评估，为促进文旅融合高质量发展奠定理论和实践基础。

本书是国家社科基金重大项目“国民福利核算理论、方法与中国实践研究”（项目编号：22&ZD165）的阶段性成果，感谢我的硕士生席浩男、王静娴、章巧妹、吴云靓、陈湖江、曹蕴琦、袁丽彬等对本书数据整理和分析所做的大量细致工作，本书的出版得到了东北财经大学学术专著出版资助，在此一并致谢。

金　钰

2024年6月于大连

目录

1
绪论

1.1 研究背景

近年来，文化产业在经济全球化的大趋势下获得了巨大发展，其中的文化创意产业附加值高、发展可持续，因此备受发达国家重视。相较于整体国民经济增速，文化创意产业的经济增速更高，推动了发达国家经济转型。放眼未来，文化创意产业有着巨大潜力，必将推动世界经济发展焕发出新的活力。

“十三五”时期，我国文化产业发展迅速。2018年，文化及相关产业实现增加值4.1万亿元，比2015年增长了1.4万亿元，文化产业对国内生产总值（GDP）的贡献显著提升。2019年，我国规模以上文化及相关企业共有5.8万家，相较于2015年增加了23.4%。在这种效应下，2015—2018年，规模以上文化及相关企业营业收入从7.3万亿元增长至8.9万亿元，2019年的增速达到了7%。文化产业如此庞大的增长正是得益于文化市场环境的成熟、文化元素的逐渐激活以及文化表现手段的不断丰富。近年来，我国社会大众展现出了更多为文化消费的意愿，这是因为产业现代化以及统计口径有所调整，文化及相关产业的内部结构越来越稳定。在新冠疫情导致的全球经济低迷的形势下，涌现了一大批新兴数字文化产业，既满足了人们的生产生活需求，又拓展了新的消费场景。2020年政府工作报告也指出，文化产业应该抓住跨越式发展的新机遇，要有适应新技术发展的能力，如数字化、智能化、云计算等技术，促进“互联网+”贯穿于社会的方方面面，在数字经济中创造更多新的优势，进一步激发社会创造力。

2016年12月，国务院发布《“十三五”旅游业发展规划》，提出要牢固树立和贯彻落实创新、协调、绿色、开放、共享的新发展理念，以转型升级、提质增效为主题，以推动全域旅游发展为主线，加快推进供给侧结构性改革，努力建成全面小康型旅游大国，将旅游业培育成经济转型升级重要推动力、生态文明建设重要引领产业、展示国家综合实力的重要载体、打赢脱贫攻坚战的重要生力军，为实现中华民族伟大复兴的中国梦作出重要贡献。

近年来，我国旅游产业不断发展，产业内部的市场秩序趋于平衡，产业体系也逐渐成熟。根据中华人民共和国文化和旅游部的数据，2018年我国旅游总收入为5.97万亿元，相较于2017年增长了10.5%；旅游业对国内生产总值的贡献占11.04%，为9.94万亿元。可以看出，旅游及相关产业在一定程度上为国民经济带来了新增长。同时，中国旅游业在全球范围内创造了7 991万个就业岗位，稳居世界第一，为全球生产总值贡献了15 090亿美元，位居世界第二。如今，跨界融合已成为大趋势，随着旅游业内涵的不断丰富和外延的不断扩大，旅游业不可避免地跟随了这种趋势，与包括农业、工业、交通行业、教育行业等众多行业实现了跨界融合，工业旅游、田园综合体、房车旅游、研学旅行、康养旅游等旅游新业态、新产品竞相发展。可以说，我们正迎来旅游大消费时代。

从现阶段来看，旅游产业已然成为推动经济增长的重要力量，而其本身发展状况与一部分传统产业相比也占据了一定的领先地位。世界旅游业理事会（WTTC）的统计数据显示，从产业乘数效应的角度来看，旅游产业的效应值大概在250%，这与其他产业的150%相比，旅游产业要明显更有优势。旅游产业作为综合性较高的产业系统，它不仅涵盖了旅游业本身，还涉及“吃、住、行”等多个领域。因此，旅游产业对其他产业的带动效应也变得越发明显。而在众多的产业中，旅游产业对文化产业的带动效应是最显著，也是最受关注的。这两大产业之所以可以进行相互促进、相互发展，主要是因为两大产业之间存在的联系。在当前市场背景下，旅游文化产业借助一定的技术手段，可以影响产业本身的内涵，如果再结合一定的创造力，就可使得这两大产业的发展方式发生变化，从而很好地推动两大产业的健康发展。

1.1.1 文化产业发展现状

文化产业发展迅速。2018年，我国文化产业实现增加值38 737亿元，同比增长2.58%，比2015年增长了48.7%，在国内生产总值中占比4.3%；文化及相关产业实现增加值41 171亿元，同比增长1.86%，比2015年增长了51.2%。对国民经济的贡献率也是增长迅速，2015—2019年，我国规模以上文化及相关企业从4.7万家增长到5.8万家。在企业数量迅猛增长的带动效应下，2018年规模以上文化及相关企业营业收入达到了8.9万亿元，而2015年这个数字为7.3万亿元，2019年营业收入保持在7%以上的高速增长。

在互联网和信息产业迅猛发展的带动下，文化产业涌现出了新业态。移动互联网逐渐替代了传统媒介（如报刊、广播和电视等），各种网络游戏、视频直播软件、线上社交平台等层出不穷，逐渐成为人们必不可少的日常需求，互联网行业和文化产业正向着深度融合的趋势发展，二者逐渐互相渗透、交叉。同时，在互联网上掀起了一波网络文学热潮，一些热门的文学IP被改编为影视剧或游戏，甚至衍生出了一系列有商业价值的相关周边产品，吸引了大众积极消费文化产品，从而促进了文化产业的发展。因此，以文化创意为核心的文化产业新业态正成为势头强劲的增长点。

文化产业现存问题：一是缺乏核心竞争力。虽然我国文化产业近些年发展迅速，但是距离其他文化产业大国还是有一定的差距，主要原因是文化企业品牌意识的缺乏，在发展过程中忽视了品牌的创立和宣传，使得产品形式单一，缺乏吸引力；另一个原因是创新能力不足，缺少文化创意产品，导致企业在市场竞争中处于劣势。二是高质量文化产品供给不足。中华优秀传统文化博大精深，而真正能吸引消费者的高质量文化精品仍不够多，当前我国文化产业的发展与市场需求的脱节在一定程度上抑制了其健康发展。三是资本融合程度不高。虽然如今我国已有众多的民间资本投入到文化产业，但对于这样一个资本密集型产业来说还是不够的，文化产业与资本没有充分对接，使得文化产业的经济效益并不理想，其发展受到了制约。

1.1.2 旅游产业发展现状

首先，旅游产业蓬勃发展。近年来，我国旅游产业总收入呈现稳步上升的趋势，2019年旅游产业总收入为6.63万亿元，同比增长11.1%，创2016年以来的历史新高。2019年，我国旅游及相关产业实现增加值44 989亿元，同比增长8.5%，在国内生产总值中占比4.56%，比2018年提高了0.05个百分点。从增长速度来看，2019年旅游娱乐、旅游住宿、旅游综合服务发展较快，其增加值与2018年相比分别名义增长了12.9%、10.4%和10.0%。此外，旅游餐饮、旅游游览的增加值分别为6 204亿元和2 141亿元。

其次，旅游产业发展模式迎来新业态。随着大数据时代的到来，旅游产业的发展模式也由传统模式逐步转变为智慧旅游模式，旅游产业不断与其他产业融合发展，衍生出了一系列新产品、新业态。在2020年新冠疫情的冲击下，旅游产业处于逆风的艰难时刻，这种现状倒逼旅游产业进行产品结构调整和转型升级，使其摸索出了新的发展路径。旅游产业在互联网与科技的加持下催生出了一系列虚拟景区、在线旅游等全新的旅游模式。比如，一些博物馆推出了在线文物展览活动，来吸引游客的目光，通过技术创新来满足游客的需求，降低新冠疫情对行业的影响。另一方面，如今大众的旅游和消费行为越来越多样化和个性化，这对旅游产业的转型升级提出了更高的要求，旅游企业通过探索智慧旅游、构建和完善智能化旅游服务和管理平台，让游客在旅游中获得更丰富的体验。这些都预示旅游产业在未来有着非常好的发展趋势。

最后，旅游产业当前存在若干问题。一是旅游基础设施建设比较薄弱。虽然我国的旅游资源非常丰富，但在旅游基础设施建设上的投入并不多，很多大型项目既简陋也不完善，尤其是西部偏远地区的景区，交通不发达，客运能力不强，影响了当地旅游产业的发展。二是旅游产业的服务水平亟待提升。我国很多景区只是照顾到了游客的一些基本需求，而对于游客在娱乐方面的多元化需求并未体现出丰富化与创新性，并且相关的服务配套设施与服务水平仍有待提高。三是区域发展不平衡。我国经济比较发达的城市或地区都是游客优先选择的旅游热点，而那些经济欠发达的城市或地区，尤其是中西部地区缺乏足够的吸引力。虽然近几年欠发达城市或地区的旅游产业正在发挥自身优势不断追赶，但对区域经济发展的贡献仍然有待提高。

1.2 政策背景

随着中国经济的逐渐兴盛、人均收入的不断增长和国内消费结构的不断改善，旅游也在逐渐进入人们的日常消费中。在人们传统的看法中，总是认为出门旅游就是去“看山、看水、看景色”，发展某个地区的旅游业仅仅是为了“圈山、圈水、收门票”。旅游业就是要保护和开发好山水秀丽、风景宜人的自然资源，以及各种历史文化遗迹。大多数的旅游目的地都是以传统的游览观赏为主，缺乏亲身体验性，缺少文化特色创意性，甚至各个地区的旅游景区几乎没有差别，都是重复性的旅游开发。在这种情况下，旅游业的更新换代不可避免，旅游业不仅需要提升自身的管理与服务水平，还需要寻求与外部资源的整合、与其他产业的融合，以促进旅游业的可持续发展。1993年11月，国务院办公厅转发国家旅游局《关于积极发展国内旅游业的意见》。这是我国第一次在国家文件中提出旅游是离不开文化的，同样我国文化的传播发扬也离不开旅游业的进步。文旅融合不仅可以传播我国的文化传统，还可以提高旅游业的质量。2009年9月，文化部和国家旅游局联合出台了《关于促进文化与旅游结合发展的指导意见》，明确提到了要促进文化和旅游的融合。之后文化和旅游一体化结合就上升为一个重点关注的话题。2018年3月，第十三届全国人民代表大全第一次会议通过了《国务院机构改革方案》，会议上将文化部和国家旅游局的工作结合起来共同管理，组建了中华人民共和国文化和旅游部（以下简称文化和旅游部），以提升我国整体的文化自信和中华传统文化的影响力，从而提高国家文化软实力。这充分体现了国家发展的战略思想——整体协调两个产业资源的开发和分配，做好文化旅游资源的统计、发掘和保护工作，维持文化旅游市场发展的秩序，促进文旅深度融合，推动文化输出工作顺利发展，为打造文化强国奠定基础。

1.3 产业融合现状

1.3.1 融合发展成为不可避免的大趋势

文化产业和旅游产业通过这些年的摸索，正在有机巧妙地一体化发展，形成了全新的综合性文化旅游产业。随着中国社会主要矛盾发生变化，我国人民有了更高、更丰富的精神文化需求，这使得文化和旅游市场不断扩大，企业间竞争日趋激烈。人民日益增长的美好生活需要促进了文化产业和旅游产业向着融合的方向发展，为游客提供了更丰富的旅游体验。比如，乡村旅游、红色旅游、艺术旅游等形式成为了当下炙手可热的文化旅游模式，也催生了一些创意文化旅游产品，为文化和旅游产业增加了更多收益。

1.3.2 文旅融合模式单一化

我国的文化旅游资源丰富多样，各地区利用这些资源开发了很多文化旅游产品，但是在文旅融合模式方面还较单一化。一方面，文化产业和旅游产业各自都有很多分支，从两大产业的融合情况来看，二者的融合仅局限于表面上的资源共享，各产业内部的很多细分行业之间缺少融合和互补，一定程度上延缓了文旅融合发展的进度，不利于两大产业合力共同繁荣发展；另一方面，在文旅融合的过程中，衍生出来的文化旅游产品也比较单一和大众化，文化主题不够突出、缺乏创新动力、精品不足，使得文化和旅游产业缺乏核心竞争力，产业链无法快速扩展，从而影响了两大产业的进一步深度融合。

1.3.3 经济效益不断提升，但也忽视了文化价值

市场上层出不穷的文化旅游产品为行业带来了非常可观的经济效益，但也存在文化品位不高、忽视文化价值的情况。文化旅游产品的品位能体现出产品真正的价值，影响游客在文化旅游中体验到的创意、主题、内涵等。很多企业在开发文化旅游资源时，过多地注重产品所带来的经济效益而大肆使用资源，忽视了文化自身的特色与传承问题，在没有采取保护措施的情况下，过度地开发文化旅游资源，缺少弘扬中华文明、民族精神的优秀文化旅游产品，缺少反映当代人幸福感的产品，影响了文化旅游产业的可持续发展，阻碍了文旅融合发展的脚步。

1.4 发展历程

改革开放以来，文旅融合的发展与我国的现代化进程同步，获得了巨大的发展成就。纵观文旅融合的发展历程，我们可以将这一历程分为以下四个阶段：

1. 1978—1991年：文旅融合的探索阶段

这一阶段我国的文旅融合发展基本处在探索文化和旅游产业发展规律、学习国外先进国家和地区文旅融合发展经验以及初步形成本国文旅融合发展基本产业体系的阶段，文旅融合发展对经济社会的进步和发展逐渐产生影响，其产业地位与发展贡献尚不显著。但是，这一阶段作为我国未来文旅融合发展的探索期和基本战略的定位期，对未来文旅融合的迅速发展产生了深远的影响。

2. 1992—2000年：文旅融合的成长阶段

1992年开始，我国的改革开放事业和现代化进程进入一个崭新的

发展时期，我国的文旅融合发展在社会主义市场经济体制逻辑和中国特色社会主义思想的双重支撑和引领下开始迅速成长和发展。在这一阶段，文旅融合发展获得了长足的进步，其规模和水平显著提高；文旅融合后的文化和旅游产业业态成为中西部地区旅游产业发展的基本业态；文化和旅游产业体系初步形成；为文化和旅游产业提供支撑的基础设施建设水平大幅度提高；中国文化在以文化和旅游产业为主要线索的产业发展进程中的全球影响力和传播力开始形成；通过文化和旅游产业的发展初步形成国内旅游、出境旅游和入境旅游三大市场结构。可以说，这一阶段通过文化和旅游产业的纵向深度融合，文旅融合发展的基本格局业已形成，文旅融合后的新产业已成为第三产业中重要的现代服务业和国民经济中的优势产业。

3. 2001—2016年：文旅融合的快速发展阶段

在这一阶段，党的重要文件中对文化、旅游和科技等的融合发展给出了最明确和系统性的阐述。党的十七届六中全会首次提出建设社会主义文化强国，大力发展文化事业和文化产业，系统地阐述了文化、旅游和科技等的融合发展是中国特色社会主义文化发展与文化和旅游产业发展的主要方向。在这一阶段，文旅融合发展进一步向深度发展，文化和旅游产业相互赋能，在科技的强大支撑下迅速衍生出众多新型文化和旅游产业业态；文化旅游产品的创新速度迅速提升，成为满足国内旅游消费者刚需的基本方式；国内部分地区形成了以文化和旅游产业为先导产业或支柱产业的新兴产业结构；文化和旅游品牌的发展及其影响力在进一步提高，形成了一批具有全球影响力的文化和旅游IP；中国成为全球第四大旅游目的地国家，文化和旅游产业是中国文化与国际文化交流的重要依托性产业。

4. 2017年至今：文旅融合的全面发展阶段

习近平总书记在《决胜全面建成小康社会 夺取新时代中国特色社会主义伟大胜利》的报告中，提到了对于文化和旅游产业发展的新政策，标志着文旅融合已全面进入新时代中国特色社会主义的战略架构中，习近平文化思想推进了文化和旅游深度融合发展。随着创新驱动发展战略的不断深化，物联网、通信网以及云计算等先进技术的广泛使用，我国基于大数据平台的智慧旅游的可持续性发展将成为可能。

1.5 研究意义

1.5.1 理论及学术价值

1. 梳理融合发展理论演进，为文旅融合发展提供理论支撑

关于文旅融合发展理论可以概括为以下三个阶段：在研究的初期阶段，学者们主要集中于对文旅融合的概念、关系、特性、意义等的分析；在研究的中期阶段，学者们主要集中于对文旅融合的动因、过程、模式、效益及内在机理等理论议题的探索；在研究的后期阶段，学者们将更多的目光集中于对融合程度测算等的定量分析，并在融合动力研究领域进行了拓展与深化，探索分析文旅融合中的协同创新过程。本书将基于对文旅融合发展路径的历史审视，扩展其概念内涵与外延理论，探究文化旅游与数字经济的融合，剖析文旅融合发展中的短板，探索其运行机制与实现路径。

2. 优化评估数据整合工作，为文旅融合发展提供数据支撑

文化和旅游数据采集是影响融合发展统计测度的基础性关键工作，数据的可得性与完整性是影响文旅融合发展准确测算的基础。因此，对于文化和旅游相关产业数据采集过程中存在的数据来源分散、统计口径不一致以及数据采集困难、存在缺失等问题需要进一步寻求解决对策。鉴于此，本书以全口径融合为切入点，在文化和旅游产业的数据采集、数据清洗与质量评估方面寻求突破。

3. 构建合理的融合发展统计测度模型，为文旅融合发展提供模型支撑

本书从产业关联视角和耦合关联视角出发，分析全口径文旅融合发

展的作用强度和协调发展程度。在此基础上对文旅融合发展的空间分布、空间依赖和空间异质性进行研究，探索文化和旅游的空间关联性和集聚现象，找出文旅融合发展的空间分布规律。引入协同创新思维，从多维度提出中国全口径文旅融合发展动力及其协同效应的理论假说，运用统计模型进行实证检验，以期对当今基于质性层面的融合体制机制作出更为深入的定量揭示。

1.5.2 应用价值与社会意义

1. 设计出完整的融合发展统计评估框架，构建加入数字经济的文化和旅游深度融合指数

文旅融合发展统计评估框架是以文旅融合发展理论的内涵和外延为基础，包括融合数据基础、融合水平评估、融合效应评估、融合政策评估四个方面，并将数字经济纳入文旅融合发展统计评估框架，梳理文旅融合发展的核心指标，将卫星账户核算方法作为文化和旅游产业统计的核算标准，构建加入数字经济的文化和旅游深度融合发展指数，以更好地实现“数字经济+文化+旅游”的产业融合。

2. 明确文旅融合发展方向，强化政策支撑

文旅融合政策评估是产业政策管理过程的一个重要组成部分。政策评估是政策运行过程中的重要环节，开展政策评估，对政策的效益、效率或绩效进行评价，或作出价值判断、判定政策效果，不仅有助于提高政策质量，降低政策成本，还有助于合理配置政策资源，判定政策取向，为后续政策提供宝贵信息。本书对文旅融合发展政策的评估要素进行了系统性分析，引入计量经济学中的方法优化政策评估，以便更好地了解政策实施前后文化和旅游产业的变化，为更好地落实文旅融合政策提供支撑。

3. 完善文旅融合发展的体制机制，提供统计支撑服务

高质量发展的前提是必须构建运行有效的体制机制，以体制机制不断引领高质量发展步入良性循环发展轨道。体制机制是调整生产关系和

上层建筑的顶层设计，创新体制机制的目的在于推动文旅融合政策更好地落实，检验政策落实效果就必须依赖统计提供支撑服务。一方面，文化和旅游产业统计体制机制需要创新；另一方面，文旅融合发展的多维统计测度体系也需要创新。

1.6 研究目标

1.6.1 理论创新目标

1. 系统梳理文旅融合发展历程，探索文旅融合发展的演变规律和内在机理

首先，从不同的角度梳理有关文旅融合发展的概念、内涵和外延，指出技术融合只是产业融合的第一阶段，要完成产业融合的全过程，还需要经过业务与管理融合、业务与市场融合两个阶段。其次，总结文旅融合发展的历史阶段，并对不同阶段的文旅融合发展的政策设计进行概括总结，阐述文旅融合发展的运行机制、实现路径和发展模式，通过对文旅融合发展现状的国际比较，找出我国在文旅融合发展上的短板与差距。最后，分析文旅融合发展的研究现状，总结研究特点，并对未来的研究趋势进行预判。

2. 完善文化和旅游产业数据处理流程，创建与文化和旅游相关的数据平台

随着大数据时代的到来，数据来源的分散、数据体系的庞大无疑是传统文化和旅游相关数据采集与预处理的一个挑战。同时，大数据处理技术意味着从大的、不同的、快速变化的数据中集中搜寻、处理、分析和提供有价值信息的能力。数据被纳入参与分配的生产要素，会鼓励数据作为生产要素发挥价值、促进新产业的蓬勃发展，也会更加明确数据收集和使用的行为规则。本书通过全面梳理、归纳和拓展文化和旅游产业数据采集、预处理方法，以期形成全面、完善的数据采集机制与数据预处理方法体系，并系统构建文化和旅游相关数据质量评估框架，丰富

文化和旅游相关数据处理的理论体系，最终形成文化和旅游的宏观、微观数据平台。

1.6.2 应用实践目标

1. 探究文旅融合发展空间分布特征和未来发展趋势

我国的文旅融合发展研究尚处于起步阶段，主要研究成果集中于文旅融合的现象描述、形式以及对策研究，缺少文旅融合发展的内涵、机理、模式的研究。现有研究大多从局部出发，针对某一地区或某些行业类别加以讨论，没有以全口径为出发点建立文旅融合发展的指标体系。本书从产业关联和耦合关联两个视角来分析全口径文旅融合发展的作用强度和协调发展程度，深入讨论文旅融合的空间演化问题，探索文旅融合发展的空间分布规律。本书将数字经济引入文旅融合发展中，编制文化和旅游深度融合发展指数，结合马尔可夫链、灰色预测模型、神经网络组合预测模型等方法对包含数字经济的文旅深度融合发展趋势进行指数预测，有效推动文旅融合发展指数理论体系的发展，为文旅融合发展研究提供新的研究范式。

2. 探索文旅融合发展协同效应的多维度评估方法，为创新文旅融合发展体制机制提供实证依据

通过对文旅融合发展内在机理的研究，探索文旅融合发展进程中的空间外溢效应与空间反馈机制，引入协同创新思维，提出我国全口径文旅融合动力及其协同效应的理论假说，运用前沿面板计量分析技术对理论假说进行实证检验。通过编制文化和旅游产业投入产出表，认清文化和旅游产业与其他产业存在的结构关系，分析文化和旅游产业对国民经济产生的带动效应。通过构建文化和旅游产业竞争力指标评价体系，并采用以文旅融合发展水平为门槛变量的门槛效应模型，来研究文旅融合动力因素对文化和旅游产业竞争力提升的非线性影响。

3. 对现有的政策评估方法进行比较分析，对双重差分方法在文旅融合发展政策效应评估中的适用性进行检验

文旅融合政策评估是产业政策管理过程的一个重要组成部分，合理有效的政策评估方法是政策制定的重要依据。目前的研究缺乏对文旅融合发展政策评估提供统一且完整的评估过程，评估结果的参考价值较小。本书通过构建政策评估体系，采用双重差分方法对我国文旅融合发展的政策效应进行定量分析。

1.6.3 服务决策目标

1. 完善文旅融合的理论体系

当前文旅融合仍面临许多的挑战，如融合领域不宽广、融合模式不成熟、融合机制和路径不顺畅等问题。探索文旅融合发展的模式、机制和路径，完善文旅融合的理论体系，有助于深化文旅融合理论的应用，发挥其对文旅融合过程的理论指引作用。

2. 创新体制机制，推动文旅融合的高质量发展

在加快新旧动能转换、推动经济高质量发展的背景下，文旅融合发展成为当前转型发展的新动能。文旅融合发展需要在新业态的培育、新产业的孵化、新模式的创建方面以协同创新来打破行业的条块分割、组织边界，实现生产要素高效聚合、产业资源有机配置。因此，政府和企业需要围绕文旅融合创新的关键领域和重大问题，多主体、多要素共同协作，互相补充，高效配合以协同创新的模式开展体制机制研究，推动文旅融合的高质量发展。

2
文旅融合的演化机理研究

2.1 概念界定

2.1.1 文化产业

国内外对于“文化产业”的定义至今还未形成统一的标准。从国外的情况来看，批判理论家Adorno和Horkheimer最早在两人合著的《启蒙辩证法》一书中提出这一概念，他们认为“文化工业”包含了静态和动态两个角度的意思。从静态的角度来看，文化产业是一种文化形态或文化产品，具有商品性、消费性等特征；从动态的角度来看，文化产业是一个生产和消费整个文化产品的系统。自20世纪下半叶以来，“文化产业”的概念逐渐进入了社会经济的视野，之后联合国教科文组织将其定义为所有文化工业的集合体。

英国政府认为创意在文化产业中发挥着重要作用，因此将其定义为“创意产业”，并将创意产业分为若干个大类和小类，推出了一系列政策架构来挖掘其中的巨大经济潜力。美国暂时没有对文化产业作出系统定义，但社会大众普遍认可“文化产业属于版权产业”，这是因为美国极其重视知识产权的保护，而文化产业的发展需要这种保护。日本学术界认为只要与文化有关联的，就属于文化产业，其在“文化产业”的定义上更偏向于强调文化产业的大众娱乐性，对文化产业的分类标准和我国的分类标准更为相似。

国内对文化产业定义的研究大约开始于30年前，大众文化在当时引起了社会广泛的讨论和政府的高度重视。我国于2000年首次引用“文化产业”概念，从此我国文化产业在政府层面得到了有力的支撑。2004年，我国发布了第一部《文化及相关产业分类标准》，此后根据国内文化产业发展情况陆续对其进行了不同程度的修订，2018年最新的标准将文化产业定义为“为社会公众提供文化产品和文化相关产品的生产活动的集合”，将文化及相关产业划分为9个大类、43个中类和146个小类，这也是本书所参考的定义与分类。我国对文化产业的定义与分类可以说是在借鉴国外研究成果和总结国内经验的基础上形成的，虽然这方面的研究起步较晚，但其发展迅速，经过诸多研究学者的努力，我国的文化产业理论日渐丰富，研究体系逐渐成熟。

目前，较多的学者对于文化产业的定义主要是从文化、产业、国家的角度来展开的。从文化角度来看，文化本质上是一种可以满足人们精神需求的产品，而文化产业就是与该产品相关的创造、交换和盈利的活动。从产业角度来看，文化产业活动主要是一些具有文化价值的商品的交易行为，而这些商品都是具有地方特点的符号性商品。从国家角度来看，不同的国家对于文化产业的定义也是不一样的。例如，美国、澳大利亚等国家认为文化产业可以等同于娱乐产业；韩国则认为，文化产业不仅包括文化产业本身，还包括文化产业经营过程中所涉及的其他行业。本书结合以上关于文化产业的定义，认为文化产业除了包括那些营利性的文化公司外，还包括一部分非营利性的文化事业单位。因此，本书主要用文化产业增加值、文化及相关产业等指标来测度文化产业发展水平。

2.1.2 旅游产业

“旅游”这个词最初起源于拉丁语，可以解释为“围绕一个中心点或轴的运动”。Leiper（1979）认为“旅游”一词来自英国，它是指一些英国的年轻贵族以从政为目的，从小接受优质教育并去往欧洲各国进行游学，等到学习了足够的知识再返回家乡的行为。与文化产业一样，目前国内外对“旅游产业”的定义也未形成统一的认识与标准，这是因为旅游产业并非像其他产业一样单一，它涵盖了交通运输业、餐饮业、旅行社服务业、娱乐业等众多行业，具有多样化和产业分散的特点。

国内外对“旅游产业”定义的研究主要可分为部门组成说、类型组成说、功能组成说和泛旅游产业说。部门组成说将旅游产业划分为旅行社业、旅游交通业、旅游住宿业、旅游景观业和旅游组织管理机构五个部门。类型组成说是从面向游客的角度，将旅游产业划分为三种类型：一是直接为游客提供产品或服务；二是为游客提供产品或服务支持；三是间接影响游客而直接对前两类产生影响的旅游开发机构。功能组成说是按照向游客提供旅游产品的功能和程度，将旅游产业划分为两个层次：第一层次包括交通运输业、住宿业和旅游服务机构；第二层次包括餐饮业、娱乐业、零售业和部分交通运输业。泛旅游产业说认为，旅游是一种“出游型消费经济”，在此基础上把旅游产业划分为七大类，即观光农业、会展产业、运动康体产业、参与型娱乐产业、休闲商业、博彩业、创意产业。

结合当前的研究目的，本书将参考最新的《国家旅游及相关产业统计分类（2018）》，对旅游产业进行定义与分类，即旅游产业包括旅游业和旅游及相关产业两大部分。

2.2 研究脉络

2.2.1 产业融合相关研究

20世纪60年代，Rosenberg（1963）深入研究了美国机械工业的发展情况，提出了基于数字融合的产业融合理论。1978年，麻省理工学院展示了计算机、印刷工业和广播技术三大产业系统的技术边界，并指出边界的交叉处会成为极具发展前景的新兴产业领域。20世纪80年代，欧美学者基于产业融合理论，提出了“数字融合”概念。20世纪90年代，传统产业的边界愈发模糊，国外学者蜂拥而上，对产业融合现象展开了研究。1997年，欧洲委员会发布了绿皮书，深入分析了产业融合现象，将产业之间存在的融合互动视为整个社会运作的革新，而不仅仅是技术层面上的融合。同时，绿皮书中还提出，市场运作、技术水平、政府管制会成为产业融合发展中的潜在影响因素。植草益（2001）着重分析了产业融合的内在驱动力，指出“在创新技术和放宽限制的基础上，产业融合能够极大地加强不同行业的竞争与合作关系”，同时将产业融合分为全面和部分两种模式，并指出部分融合模式为当下主要趋势。Hooper（2003）划分出了产业融合的五个维度，分别是管制融合、企业融合、网络融合、基础技术融合和设备融合。Stieglitz（2004）定义了产业融合的四种形式，并搭建了动态演化理论框架。Hacklin（2010）分析了知识、技术、应用对产业融合的作用。

对于产业融合的研究，国外起步较早也较为全面。1867年，马克思在《资本论》中第一次提出产业融合的思想。1890年，马歇尔在《经济学原理》中对产业融合理论进行了进一步的延伸和说明，他们都认为融合是随着分工精细的影响，行业的界线变得模糊，从而产生融合的过程，这就是早期产业融合思想的雏形。

美国学者Rosenberg（1963）通过对美国机械工具产业技术的演变研究，最早提出了“技术融合”的概念，标志着产业融合理论真正意义上的形成。这一理论为后续大部分学者的研究奠定了基础，如Lei（2000），Fai和Tunnelmann（2001）就是在此定义的基础上，指出技术融合实质上是不同产业相互分享技术和知识的过程。第二次世界大战后，信息技术推动了产业的快速变革，技术融合逐步被数字融合取代，学术界的研究方向开始发生转变，在产业融合这一概念上逐渐达成共识：产业融合已成为产业发展的必然趋势，它是一种从信息产业逐渐扩散到其他产业的经济现象，使得传统产业的结构形态不断重塑。

产业融合受到广泛关注是在19世纪70年代，典型的代表是Negroponte（1978）构建的计算、印刷、广播三个产业的简单融合模型，他以圆圈外围代表技术边界，三个圆圈相交处代表发展最快的领域。20世纪70年代末，Negropontc（1978）从理论研究角度出发，分析了产业融合带来的好处，产业融合成为一种主流的发展趋势。随着经济的不断发展，新的技术也层出不穷，许多产业边界出现了不明确性，出现了不同程度的相互渗透，最终形成新的经济增长点以及新的产业。因此，Greenstein等（1994）进一步总结了产业融合的含义，并认为产业融合是一种现象，是顺应产业发展所出现的边界模糊的现象。Paper（1997）立足于技术融合理念，创造性地提出，产业融合是产业联盟和合并、技术网络平台、市场三个维度的重合，产业融合不仅是个技术性问题，更是涉及服务、商业模式乃至整个社会运作的一种新方式，并把产业融合视为新条件下促进就业与增长的一个强有力的发动机，肯定了产业融合对世界经济融合发展的促进作用。此时，在学术界掀起了对产业融合研究的热潮。

进入21世纪后，学者们从不同的角度出发，对融合理论有了更深刻的阐释。Raghuram（2000）提出数字化驱动服务部门结构调整这一全新的融合理念不同于传统模式，新服务模式的传递是通过数字化网络进行大众定制化来服务于国际市场。Hackler和Jopling（2015）对技术融合效应作出了全面阐释，提出技术融合效应就是同一时空下的商业模式间发生摩擦，并使不同的产业互相融合、互相淘汰。关于产业融合的动力，日本学者植草益（2001）经过对比发现，自20世纪90年代以来，受到政府严格限制的企业被逐渐放宽限制，因此行业间的进入和退出壁垒随之降低，行业间的竞争也随着现代社会技术的快速发展而变得越来越激烈，进而推动了产业间的融合发展。基于产业视角，Bally等（2010）对产业融合的内涵进行了一定程度的扩展，并认为技术融合不仅会在信息产业中出现，还会在其他产业中出现。有关产业融合的类型，学者们从不同的角度给出了界定：Greenstein等（1995）通过对技术之间的替代和互补分析，将产业融合分为替代性融合和互补性融合两类；基于供需视角，Pennings等（2009）将产业融合分为了需求替代性融合、需求互补性融合、供给替代性融合和供给互补性融合四种类型；

基于技术视角，Hacklin（2012）依据融合技术的创新性将产业融合分为应用融合、横向融合和潜在融合三种类型。

国内对产业融合的研究最早由刃刚（1997）进行阐述，他指出产业融合的主要原因是技术创新、政府放松经济性规制、企业跨产业并购、组建战略联盟以及它们之间的相互作用。

早期具有代表性的有：张磊（2001）通过对产业融合现象的初步介绍和分析，提出了产业融合的标志是互联网，认为产业融合的推动力主要有技术创新、管制放松和管理创新三个方面；厉无畏和王振（2003）认为，产业融合的本质就是不同产业或同一产业的不同行业，通过相互渗透、相互交叉等形式融为一体，并逐步形成新产业的动态发展过程，其特征在于新产业或新增长点的出现；黎春秋和熊勇清（2011）认为两类产业在相互促进发展过程中会产生相互影响的多重效应，进而会优化传统产业结构。

在此基础上，学者们从不同角度对产业融合进行了划分：马健（2002）按融合程度，将产业融合分为完全融合、部分融合和虚假融合三种类型；胡金星（2007）将产业融合分为微观的标准融合和宏观的制度融合两类；周宇和惠宁（2014）从产业边界的视角，将产业融合分为技术、运作、业务和市场四种类型，还从产业发展的视角，将产业融合分为技术演进融合、产业间交叉融合和产业内部重组融合三种类型；同样是基于产业视角，翁钢民（2016）按融合方式，将产业融合分为由新技术所产生的渗透融合、由不同产业发展所形成的延伸融合、由产业内部发生的拆分或重组融合三种类型；李静（2017）在已有研究的基础上，对产业融合进行了进一步的分类，认为产业融合可以根据产业的性质进行区分；黄蕊（2018）认为，旅游融合包括产业间融合、产业内融合、地方融合和行政间融合四种类型。另外，还有大量文献研究从市场角度，将产业融合分为供给方面融合（技术融合）和需求方面融合（产品融合）；按融合方向，将产业融合分为横向融合、纵向融合和混合融合。

刘雅珊（2019）将产业融合的过程总结为四个阶段：第一阶段，任意两个产业的融合均是从技术融合开始的，不同行业间的技术共享不仅促进了产业间的融合，还为产业融合奠定了技术基础；第二阶段，不同产业在技术融合后，其工作过程也发生了融合，并制造出具有同质化的产品，这些产品不仅可以促进不同产业的融合，还可以在不同产业之间建立起关联；第三阶段，企业和组织方面的融合，随着技术与产品的融合，不同产业之间的界限变得模糊，通过企业和组织之间的进一步融合，来完成不同产业之间的融合；第四阶段，产业和市场方面的融合，通过前三个阶段在不同方面的融合，进一步促使产业融合达到最大的限度，使不同产业之间的边界消失并形成重叠。

近年来，学术界对融合发展有了新的认识，社会的经济发展与产业升级需要创新来引领和驱动。黄益军和吕振奎（2019）将业态创新和升级视为文化和旅游自身由初级形态发展到高端形态的重要标志。从产业属性来说，它们都提供满足精神需求的产品或服务，其服务对象也存在一定的交叉，因此彼此之间的跨界融合更容易发生。随着大数据产业的兴起，郭广军等（2019）指出大数据作为新兴产业，其自身发展能够带动经济的增长。通过大数据与实体经济深度融合的数据驱动方式来推动传统产业的转型升级，推进大数据与实体经济深度融合发展是实现经济高质量发展的必由之路。这一理论同样适用于文化和旅游产业。

2.2.2 文旅融合的理论基础

1. 文旅融合发展原理相关研究

国外学者对文化旅游的研究依旧处于起步阶段，以定性研究为主，量化分析成果较少。在文化旅游概念及文化旅游产品方面，Ronnie（2009）分析了旅游和文物机构之间的异同，指出二者的差别在于是否以经济利益为导向；Garau（2016）重新定义了文化旅游，并分析了个性化文化旅游活动的开展方式。

在文化和旅游产业相互影响方面，Taylor（2001）认为文化和旅游产业能够相互促进；Kole（2010）指出演艺活动极大地促进了当地旅游产业的发展；Aoyama（2007）指出文化产业对当地旅游经济发展具有助推作用；Guccio（2017）指出公共文化政策能够促进地区的旅游效率。

在文化和旅游产业与经济发展的互动关系方面，研究成果比较稀少，具有代表性的有：Schewr（2000）使用投入产出模型量化研究了航空旅游和经济发展之间的关系，研究发现航空旅游对地区经济增长有着正向的促进作用；Hyun （2004）运用了格兰杰因果检验法等统计检验方法来探究中国台湾地区旅游经济发展的问题，研究发现中国台湾地区的旅游产业与区域经济增长之间呈现正相关关系，并且二者处于长期均衡状态；Chi-Okoh（2005）使用格兰杰因果检验法，验证了韩国经济增长对旅游产业的正向效应。

文化和旅游产业的耦合是指将两大产业所涉及的那些相互影响、关联、协同的各个元素联结起来，最终形成一个新的文旅耦合系统。文旅耦合可以实现系统层面上的依赖与生存，它是内部子系统之间互相影响、互相作用所形成的结果。文化和旅游产业的耦合主要体现在以下两个方面：首先，两大产业的耦合可以打破产业之间相互独立的运作模式与途径，将这两个运行主体本身所具有的功能以及结构进行联结，通过突破各产业之间的边界，最终形成一个新的个体。同时，产业内部的系统结构也会得到一定的升级，这样可以使两大产业从整体上实现协调发展，最终实现经济的发展。其次，两大产业的耦合并不是简单地相加或糅杂，而是各元素之间相互渗透与延伸，促使各产业进一步优化和提升。

在概念上，文旅融合指的是两大产业的边界日益模糊，并且出现相互渗透和交叉的现象，最终结合成一个全新的业态的过程。文化旅游产业是两大产业融合到一定程度后的产物，该产业能够兼具文化和旅游产业的特征，延长两大产业的产业链，丰富内涵和外延，实现产业发展的优化提升。

文化和旅游产业之所以能够融合，究其根本是因为这两大产业具有天然的耦合性。文化和旅游产业之间具有很多共通之处，它们都具有消费性、消遣性、娱乐性、益智性、经济性和关联性，从某种意义上来说，所有的旅游活动都与文化活动密切相连，密不可分。一方面，文化是旅游的内核。文化产业的发展能够极大程度地丰富旅游产品的内涵，助力旅游产品的开发，提升旅游景区的魅力和影响力，推动旅游产业实现高质量发展。另一方面，旅游是文化的外在形式之一。旅游产业的发展能够为文化提供传播渠道和载体，能够进一步带动文化产品的开发，挖掘文化资源，拓宽文化市场，推动文化产业的发展。因此，推动文旅融合是发展文化和旅游产业的应有之义。

针对文旅融合发展路径，即“怎么融合”的问题，国内有相当多的学者进行了深入研究，并取得了大量的研究成果。其中，陆明明和石培华（2021）对已有文献进行了系统整理，并创造性地构建了文旅关系网络。他们将国内文旅融合发展的路径分为六类：一是职能融合。该融合路径离不开国家层面上的政府、科技和社会保障，离不开省级层面上的政府引导、体制创新和奖励机制，还离不开市级层面上的资源、功能、三产整合。二是市场融合。首先是市场主体的融合，各主体之间相互鼓励合作、发展引导、优化环境；其次是市场营销方面的融合，涉及营销方案的交叉渗透、创新IP的流行以及媒体营销的崛起；最后是市场监管部门的融合，需要重视完善联合执法、应急反应和信息监督制度。三是理念融合。旅游理念包括市场理念、“旅游+”理念、全域旅游理念；文化理念包括保护传承理念、事业和公共服务理念、传播社会主义核心价值观理念。四是服务融合。通过推动城乡统筹发展，促进服务均衡、配置优化和资源双流；通过建设场所设施，实现网络建设、公服生态和综合规划；通过公共服务转化，实现功能植入、资源转入和场馆改造。

五是交流融合。通过对共建“一带一路”倡议的实施，对宣传推介和节庆活动等的创新，实现文旅交流上的融合。六是产业融合。一边是供给端，文化和旅游产业除了自身的融合以外，还需要渗透到商业、教育、农业、工业、体育等诸多领域，以实现多领域、全方位的融合；另一边是需求端，通过培育文旅消费场景、创新应用文化元素、使用影视音乐等措施，倒逼供给端实现文旅融合发展。

在文旅融合发展的模式方面，我国幅员辽阔，地情各异，不同地区依据自身的资源情况因地制宜地开辟出不同的文旅融合模式。张普然和张晶（2020）总结了文旅融合发展模式的十大创新方法。第一，在实现全域范围内文化旅游开发时，要兼顾以点带动、多方联合、平台运营、资本输入和产业发展；第二，在开发单体文旅项目时，要注重文旅融合发展的定位、策划、规划、融资、投资、建设和运作七个进程；第三，在开发具体的文旅项目时，要灵活利用逆向思维，满足市场需求；第四，在构架文旅项目时，应将商业注入到文旅融合中，从而推动旅游目的地的发展；第五，在打造文旅项目平台时，要拥有平台化思维，构建文旅融合产业生态圈，争取资源利用率最大化；第六，在对文旅项目进行引流时，通过发挥文化底蕴的优势，提升整个项目的影响力和辐射范围，从而达到引流的目的；第七，在项目体验方面，主打沉浸式，增强旅客的认同感和归属感；第八，关于文旅项目收益方面，应找到定价的决定因素，完善定价机制，带动销售，进而提高经济效益，同时激发消费者的消费冲动，并使其付诸行动；第九，激发消费者的消费冲动，并使其付出行动；第十，利用发散思维，设定多种收益模型，保证文旅融合发展的可持续性。朱晓辉（2016）将国内的文旅融合总结为五大模式，分别为旅游与文化创意产业双向互动发展模式、旅游与龙头企业引领发展模式、“节日+会展+演艺”品牌模式、文旅区域合作发展模式和“生态+文化+旅游”深度融合模式。具体来说，国内已开辟出以东北地区为代表的冰雪文化旅游、以江西地区为代表的红色文化旅游，以及体育文化旅游、影视文化旅游、海洋文化旅游、黄河文化旅游、老字号文化旅游、宗教文化旅游等众多融合模式。

2. 文化产业和旅游产业融合发展程度量化相关研究

国内学者使用了多种模型，从不同角度开展量化测算研究。王琪延（2014）使用双比例平衡法重新编制了北京市的投入产出延长表，并计算了文化和旅游产业之间的关联度；刘玉玲（2014）运用了灰色关联度模型分析了河北省文化产业增加值和旅游产业收入之间的关系，并在此基础上提出了文旅融合发展的新思路；冯晓棠（2016）使用投入产出模型，研究了文化产业与其他产业的融合发展；刘雅珊（2019）使用耦合协调度模型，对我国京津冀地区的文旅融合进行实证研究，并建立了文旅融合系统结构；冯斐（2020）利用可视化知识图谱和历史分析法，系统分析了长江经济带的文旅融合发展情况，并对该地区的文旅融合发展阶段性特征进行了识别；黄锐等（2021）系统梳理了2009—2018年文化和旅游产业的所有相关政策，并使用向量自回归模型，分析了政策制度对文化和旅游产业发展的影响程度，提出从长远来看政策力度与文化旅游产业的发展较为均衡的观点。

2.3 内在机理

2.3.1 文旅融合的表现形式

文旅融合有以下三种表现形式：一是文化和旅游产业之间可以天然地融合在一起，如博物馆；二是文化和旅游产业之间界限明晰，无法打破，具有不可融合性，即天然不可融合；三是虽然文化和旅游产业分属两种产业，但可以采取一定的方式使二者融合起来，即人为可融合。其中，人为可融合有多种方式：第一种是“归并式”，即将一种因素合并到另一种因素中；第二种是“挖掘式”，即通过挖掘某一产业所具有的对方潜质来达到融合的目的；第三种是“推进式”，即天然融合体虽具有天然融合的性质，但通过进一步的推进可提高其融合程度，从而达到更好的效果。

2.3.2 文旅融合发展模式

我国的文旅融合发展模式有市场主体下的政府参与、文化和旅游资源整合下的战略合作、旅游产业的特色化创新和产业融合发展导向机制的构建四种。

1. 市场主体下的政府参与

在新时代的社会背景下，发展的逻辑同过去的发展逻辑不同。首先，社会的发展不再是单纯地追求数量的增长，而是更加注重质量层次的提升，尤其是在市场主体下如何打造政府部门参与的发展模式，满足人们多层次的文化和旅游需求。其本质内容就是要确保市场在文化和旅游资源配置中的主体作用，负责产业融合发展的科学性部署，建设完整的管理体系，实现文旅融合有效、快速的发展。其次，始终以市场需求作为根本性要求，将能够促进文化和旅游资源的产品进行转移，重点考虑区域内的文化和旅游资源的创意结合，适应新经济体系下的市场化运营状态。换言之，文旅融合产业应该成为独立的主体，按照市场发展的规律进行融合发展。最后，跨行业、跨区域的协调性发展也能够在一定程度上扩大产业规模，并实现在集团化运营的前提下保障相关企业的综合竞争实力。

2. 文化和旅游资源整合下的战略合作

文化和旅游资源整合下的战略合作主要是在文化产业开发、旅游宣传、旅游资源运营、交通互联等方面进行的合作。现有比较好的发展实例是陕西省的文化和旅游产业发展体系。陕西是我国的教育大省，拥有数量众多的科研院校，依靠院校知名度打造的文化和旅游产业开发项目，在其整合协调的过程中强调特色化产业品牌，将文旅融合产业的合理性因素控制在一定的范围内，积极构建有利于知识发展环境下的产业结构。

3. 旅游产业的特色化创新

旅游产业具有区域化的特征，能够通过文化载体得以体现。具体来看，旅游产业可以依托优势明显的文化和旅游景区，突出发展文化和旅游产业集群。这一方面有比较好的实践经验的是，山西省的具有宗教特色的五台山、江西省的“红色旅游”产业等。诸如此类的案例都是在良性协调的发展机制下，将一些科技含量较高的文旅融合产业纳入示范工程中。总体而言，文旅融合的发展需要依托市场扩大的背景，实现特色化创新，将独特的历史气息、文化气息展现在游客面前。

4. 产业融合发展导向机制的构建

文旅融合的特征已经得到了旅游市场的认可，合理利益的驱动是实现产业融合的重要条件。从消费者的角度来看，广大游客对文化和旅游产业的认可度已有明显的提升，随着人们意识的转变，多元化的文化需求为产业融合发展起到了促进的作用。我国的文化和旅游资源丰富多彩，具有显著的地域性特征。一方面，政府部门通过合理地开发和利用资源，有针对性地构建导向机制，加快产业整合的步伐，加大对文旅融合产业的支持；另一方面，文化和旅游部等部门通过设立专项资金，采取配套管理体系，来确保文化和旅游专项资金的充足，同时鼓励民间艺术、民间文化对旅游资源进行再加工创造。

2.3.3 文旅融合发展的运行机制

文旅融合的运行机制由激励机制、动力机制和保障机制三部分构成。其中，激励机制包括外部性激励和内生性激励；动力机制包括竞争机制和协同机制；保障机制包括创新机制和消费引导机制。这三个机制之间也会互相发生作用，从而共同促进文化和旅游产业的深度融合。关于我国政府在文旅融合发展机制方面发挥的作用，学者们主要是从直接和间接的规制方式、鼓励和限制的规制方向、供给和需求的规制对象三个维度来进行研究。

1. 激励机制

文旅融合的发生是旅游企业这一行为主体在外部性激励与内生性激励的共同作用下出现的。外部性激励基本上是在人类社会从传统的工业经济向现代服务经济的转型升级过程中出现的。现代技术的进步、模块化分工以及创意思维的成熟和扩散在给旅游企业带来巨大压力的同时，也给旅游企业带来了创新发展的动力。内生性激励主要是指市场环境的变化给旅游企业带来各种开拓旅游市场的机遇，包括共同生存的需要、保持与提升比较优势、频率依赖效应的影响和网络效应的作用。我国政府通过直接或间接的方式，对文旅融合的供给方进行产业激励；通过鼓励业态升级、提升资产通用性和限制不合格供给主体等手段，来影响文旅融合的发展；通过直接出台相关政策，来培育融合市场主体，促进业态升级。近年来，我国政府相继出台了一系列鼓励文旅融合的规划和意见（见表2-1），以加大对文旅融合的政策支持力度。

表2-1 **有关文旅融合发展的文件**

时间	发布机构	事件/文件	相关条文/目标
2012年2月	中共中央办公厅、国务院办公厅	《国家“十二五”时期文化改革发展规划纲要》	推动文化产业与旅游、体育、建筑等产业融合发展，增加物质产品和现代化服务业的附加值和文化含量
2013年4月	全国人民代表大会常务委员会	《中华人民共和国旅游法》	推动旅游休闲体系的建设，促进旅游与商业、卫生、体育、科教等领域的融合
2016年12月	国务院	《“十三五”旅游业发展规划》	向区域整合、产业融合、共建共享的全域旅游发展模式加速转变，旅游业与农业、林业、水利、工业、科技、文化、体育、健康医疗等产业深度融合
2018年3月	国务院办公厅	《关于促进全域旅游发展的指导意见》	推动旅游与科技、教育、文化、卫生、体育融合发展

除了直接引导业态升级外，我国政府还通过鼓励资产通用来间接促进文化和旅游产业的融合。政府在促进文旅融合发展方面的激励机制如图 2-1 所示。

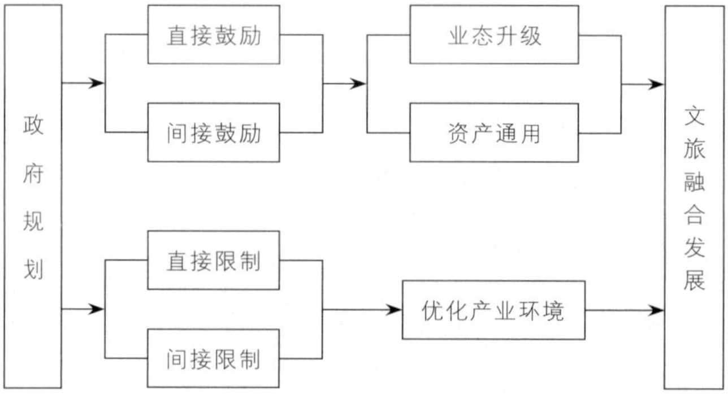

图 2-1　政府激励机制

2. 动力机制

文旅融合的动力机制主要包括竞争机制和协同机制两种。竞争机制可以促进旅游企业主动选择创新发展路径，与文化产业融合便是旅游企业实现产品创新的重要路径。可以说，竞争机制成为了文旅融合发展的一种重要的动力源。同时，文化和旅游产业的融合可以实现以“协同-发展-持续”为路径的可持续发展目标。

3. 保障机制

保障机制包括创新机制和消费引导机制两种。在创新机制方面，旅游产业是一种综合性和关联性很强的产业，与文化产业融合发展的水平取决于科技水平及其相关的政策制度。技术创新和制度创新均是保障文旅融合发展的有利条件。技术创新的扩散与溢出为文旅融合发展提供了动力。在规制影响技术创新的情况下，政府通过鼓励技术赋能、采用新技术标准和淘汰过时技术等手段来影响文化和旅游产业的融合。具体来说，一方面，政府通过政策直接扶持技术研发、鼓励产业融合实践中技术创新应用、制定行业生产技术标准，从而促进文旅融合领域中的企业积极开展技术创新及产品创新。关于这一方面的叙述，国家发布过《国家“十三五”时期文化发展改革规划纲要》《完善促进消费体制机制实施方案（2018—2020年）》《国务院办公厅关于促进全域旅游发展的指导意见》等文件。另一方面，政府通过对与文旅融合产业密切关联的科研机构、技术创新中心、技术转移中心、知识产权服务机构等的培育，以及在企业和科教机构之间搭建互动及合作平台等形式，从人才培养、技术转化、知识溢出等方面间接促进文旅融合领域的技术创新，形成文旅融合技术竞争优势。与此同时，政府部门积累的公共数据也间接地创造了新的生产力。截至2018年4月，我国已有46个省级以下地方政府建立了互联网政府数据平台，中国旅游研究院（文化和旅游部数据中心）会不定期发布旅游市场、旅游产业、文化事业、文化产业等的统计数据。除此之外，政府还通过执行强制性技术标准、鼓励采用推荐性标准、限制发放经营性技术牌照等途径，逐步淘汰了文旅融合领域中过时的技术，形成了良好的科技创新氛围。政府在促进文旅融合创新方面的创新机制如图2-2所示。

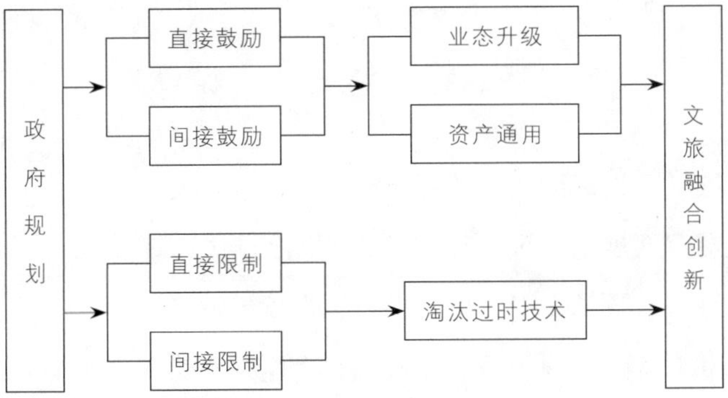

图2-2　政府创新机制

在消费引导机制方面，推动文旅融合是满足新时代人民群众美好生活需要的有效路径。反过来，消费需求的导向和拉动作用又是文化和旅游能够实现融合发展的最根本原因。现阶段，政府主要通过促进消费需求高级化和复合化，以及加强文化和旅游消费市场监管等手段影响文化和旅游产业的融合。一方面，政府直接通过政策鼓励文化和旅游消费升级，进而在全社会形成文旅融合的消费风尚；另一方面，政府通过制度创新间接地促进消费需求升级。当然，在消费的过程中也会出现盲目从众、过度消费、低俗化等不合理的消费现象，亟须政府及相关部门进一步加强对文旅融合的市场监管，并引导消费者养成合理的消费习惯，在全社会形成合理的消费氛围。政府在促进文旅融合消费方面的引导机制如图2-3所示。

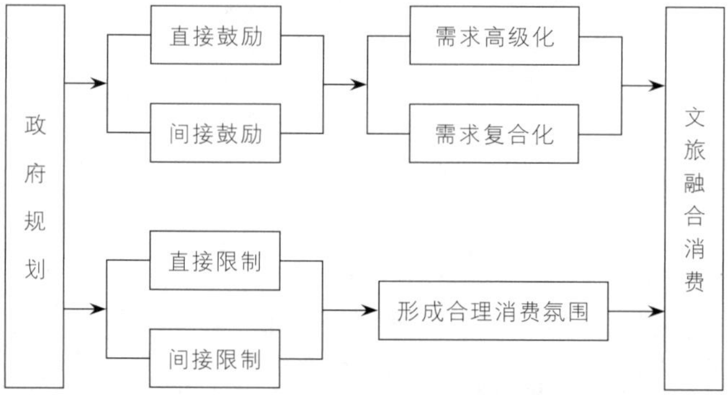

图2-3　政府消费引导机制

4. 文旅融合发展的实现路径

文旅融合发展的实现路径包括宏观路径与微观路径。

在宏观路径方面，国内外学者的研究结果表明，文旅融合发展与以下三点息息相关：第一，与国内外经济发展趋势相融合。文旅融合并不是独立发生的，而是受经济发展规律的限制。在全球经济一体化的生产关系中，不同国家或地区的各种生产要素可进行自由流动与配置，整体化、信息化、产业化成为世界经济的发展方向。因此，技术与理念的先进、发展模式的创新、产业结构的丰富，均成为文旅融合的新路径。如今，产业数字化成为了世界经济发展的趋势。近年来，建立在区块链+大数据之上的旅游信用体系，为文化和旅游产业提供的不仅是新的商业机会，还是全新的商业逻辑和商业模式。第二，与区域发展战略相融合。在市场机制的作用下，自由流动的生产要素极大地推动了地区间的文化和旅游产业的系统整合，加上交通能力的改善及人们出行能力的增强，跨区域、高品质的旅游方式逐渐形成，区域间的产业要素更加流动，文旅融合程度大幅度加深。第三，与地区产业分工及产业结构相融合。在市场机制的作用下，各生产要素寻求比较优势，自由流动，实现最佳组合，形成新的分工链条。文旅融合应按照现有产业基础，实现各生产要素在不同产业间的自由流动、最佳组合、新的分工链条，从而调整与升级地区的产业结构。

在微观路径方面，文旅融合路径及实现形式（见表2-2）包括：第一，资源融合途径。资源要素在文旅融合的过程中，相比其他产业要素更具优势，通过创新性组合和开发利用相关产业链条，衍生出新的资源，并渗入到文化旅游产品的价值链中，不断深化资源内涵，丰富产品种类，形成基于资源优势的融合路径。第二，市场融合途径。文化和旅游企业在市场需求的强大作用下，有着共同的市场，可采取并购、合作等形式达到共同利益最大化。当文化和旅游企业之间并未涉及对方产业领域时，为了尝试开拓新市场，在利益的作用下，企业间的价值契合点就成为产业融合的推动力。第三，人才融合途径。文化和旅游产业对人力资源的素质提出了较高的要求，无论是技术才能、文化知识储备、服务能力，还是经营管理能力、协调控制能力等，两大产业对人力资源的要求有相通之处，即从业人员所做的工作不仅承担了旅游产业的功能，还承担了文化产业的功能。第四，机构融合途径。文化和旅游产业的融合为未来的机构建设和定位提出了新的命题。第五，区位融合途径。良好的区位因素促使众多产业要素在同一区域内聚集化和模块化。目前，国内众多知名文化艺术品产业园区在模块化的基础上进行生产、加工、销售，通过与旅游产业融合发展，成为著名的商品购物点或旅游景点，取得了丰厚的旅游经济收益。第六，业务与管理融合途径。建立能够互融互通的管理方法和业务往来模式，可以更好地保障文化和旅游产业的融合。第七，功能融合路径。文化和旅游产业所能提供的产品或服务相结合，从而给消费者带来更好的文化旅游体验；第八，技术融合路径。技术融合是文化和旅游产业融合的重要前提条件，能够加速两大产业的升级改造。

表2-2　　文旅融合路径及实现形式

融合路径	实现形式
资源融合	文化和旅游
市场融合	休闲旅游、宗教旅游
人才融合	兼具旅游与文化才能的复合型人才
机构融合	影视中心、文化创意展览馆
区位融合	乡村旅游、城市旅游
业务与管理融合	文化和旅游工作部
功能融合	红色旅游
技术融合	动漫旅游、互联网旅游、大数据智慧旅游

2.3.4　融合现状：文旅融合发展的短板与差距

文旅融合后所诞生的文化旅游产业被称为21世纪具有巨大发展前景的黄金产业。它具有满足人们特殊精神需要的功能，对经济和社会的发展有着积极的促进作用，是我国的一个新兴产业，有着良好的发展前景。自改革开放以来，我国开始探索文旅融合的方法，在文旅融合发展方面已取得许多惊人的成就。

1. 文旅融合发展的环境

在政策环境方面，文旅融合在很大程度上得益于国策推动。2009年9月，文化部和国家旅游局发布了《关于促进文化和旅游结合发展的指导意见》；2013年2月，国务院办公厅印布了《国民旅游休闲纲要（2013—2020年）》，提出了要基本建成与小康社会相适应的现代国民旅游休闲体系；2011年10月，党的十七届六中全会首次提出建设社会主义文化强国，大力发展文化事业和文化产业，系统地阐述了文化和旅游、科技等融合发展是中国特色社会主义文化发展，特别是文化和旅游产业发展的主要方向；2013年4月，《中华人民共和国旅游法》颁布实施，这是我国第一部专门规范旅游主体行为规范、净化旅游市场秩序、保障旅游者和经营者双方权益的法律，对促进包括文化和旅游在内的整个旅游产业的健康发展具有宏观规范和引领的作用；2017年10月，习近平总书记在《决胜全面建成小康社会 夺取新时代中国特色社会主义伟大胜利》的报告中提到了关于文化和旅游产业发展的新政策。国家政策的支持使文旅融合得到了飞速的发展。

在经济基础方面，近年来，我国国民经济持续平稳增长，城乡居民收入持续增加，为城乡居民的文化和旅游消费提供强劲的经济支撑，并有力地拉动了文旅融合发展。截至2019年上半年，国内生产总值达到了450 223亿元，按可比价格计算，同比增长了6.3%；第一产业增加值达23 207亿元，同比增长3.0%；第二产业增加值达到了179 984亿元，同比增长了5.8%；第三产业增加值达到了247 743亿元，同比增长了7.0%。城镇居民人均可支配收入为21 342元，农村居民人均可支配收入为7 778元。总体来看，目前中国已经进入全民旅游休闲需求的旺盛阶段，包括文旅融合产业在内的第三产业已步入快速发展的黄金期。

在交通运输方面，交通运输是实现旅游通达性的基本保障。近年来，包括交通运输在内的基础设施建设保持了高速增长的态势，大大推动了文旅融合的发展。

在信息服务方面，互联网尤其是移动互联网的快速发展，颠覆了传统的旅游信息服务方式，使旅游信息传播更加快捷、透明，极大地方便了旅游信息的传播。追求旅游个性化体验的消费者，现在不必再依赖旅行社提供的信息服务和旅行决策，因此文旅融合可以大行其道。

在产业环境的支持下，文化和旅游产业在不断融合，主要体现在以下方面：首先，我国建造了很多以文化为主题的旅游公园，如世界之窗、锦绣中华等，这些公园是在区域特色文化的基础上建设的，在很大程度上展现出了区域文化的特点，以吸引更多的游客；其次，很多地区开发了以独特文化和旅游为主题的旅游胜地，如河南开封、云南大理等，这些地区将旅游胜地和社会文化背景进行融合，既突显了地方特色，又吸引了更多的游客；再次，很多地区开展了以民族特色、区域特色文化节日为主题的旅游节庆活动，如蒙古族的那达慕大会、傣族的泼水节等，现已发展成新型的旅游消费形式；最后，很多地区发展以演艺品牌为主的旅游产业，如《印象·刘三姐》，其主要是利用舞台的形式，将与区域民族特色、人民日常生活相关的内容展现给游客，这样既能够推动旅游业的进一步发展，又能够有效地传承并保护特色民族文化，实现文旅融合发展。

2. 文旅融合发展的短板与差距

我国的文化和旅游资源丰富，文旅融合发展又有国策推动，近年来出现了产业环境优化、投资增速、多业态并举、消费快速增长的局面。但是，与发达国家的文旅融合发展现状相比，我国在融合发展的资源开发、业态拓展、产业协作、人才支撑等方面还存在短板与差距。

（1）文化和旅游资源的开发和整合不当。

合理地开发文化和旅游资源是实现文旅融合的基础和前提。在开发文化遗产等以实物遗迹为特征的过程中缺乏有效的保护措施，主要表现为在开发一些所谓的特色项目时，破坏了其他遗迹，忽视了文化理念的传承问题，片面地追求经济利益。近年来，有许多景区为了打造所谓的特色文化名城，大肆宣扬一些文化专题，其内容已经背离了这些文化的真正理念，从而阻碍了文旅融合朝着正确的方向发展。此外，在文旅融合的过程中，存在管理不到位的情况。同一地区的旅游资源由不同部门进行管理，导致不同部门各自为政，有利可图的抢着管，无利可图的都不管，制约了文化和旅游产业的有效融合。因此，需要政府及时转变职能，简政放权，建立文化和旅游委员会，对文化和旅游产业进行统一的规划管理。与此同时，通过联合和保护等形式对现有的文化和旅游资源进行整合，组建更具有竞争实力的旅游集团，形成规模效应。

（2）知名品牌数量少，业态创新不足。

这个问题一直是一个弊病。在文旅融合的过程中，政府和企业常常忽略综合开发的重要性。文旅融合的发展需要政府和市场发挥好协同发力的作用。然而，许多区域的文旅融合仅仅是政府的单方责任，这就容易出现缺乏创新活力、项目单一的问题。同时，政府的行政作用很有限，无法实现对文化和旅游资源的充分开发，因此很难打造出知名品牌。

（3）整体各行业之间协作不力。

当前，许多地区的文旅融合产业，大部分都独立于其他行业，而且产业内部之间的协调性也很差，以致不能形成系统性的产业运营整体，导致产业效率低下。以各地区建设的文化产业园为例，因行业之间的协作不力，在建设文化产业园时出现了许多问题。首先，建设发展不科学。各地区在建设文化产业园时缺乏充分的考虑，规划不够，创意不足，导致园区重复建设严重，发生了资源配置不当和恶性竞争等情况。其次，出现大肆圈地的不良现象。文化产业园的建设是在地方政府和地方开发商的共同介入下得以形成的。许多文化产业园没有构建科学的盈利模式，一味地凭着旅游产业开发的由头，去抢占各种土地资源，并在获得土地后选择从事地产开发，这不利于文旅融合的发展。最后，产业化水平低下。一些文化产业园没有构建系统有效的产业体系，无法有较好的产出效益，因此依靠政府特殊政策的照顾以及卖地、租地来维持发展，很难形成可持续发展的局面。

（4）文化和旅游人才匮乏，管理水平和服务质量低下。

文旅融合发展的目标市场是追求深度旅游、个性化旅游的一族，对旅游管理水平和服务质量要求相对较高，文旅融合需要足够的服务从业人员以及具有创新性的人才队伍来支撑。目前，我国在旅游业方面就存在经营管理者视野狭窄、创新思维缺失以及基础服务人员素质低下的问题，这些问题阻碍了文化和旅游产业的深度融合。因此，在文旅融合的过程中，企业应该对从事服务岗位的人员实行持证上岗制度，把好上岗关口，对从业人员的岗位资格进行认证。与此同时，针对服务岗位与管理岗位的人员，企业应做好岗前培训工作，实现整体服务与管理水平的有效提升。另外，企业应加强与院校的合作，针对文旅融合中所需要的岗位人才开展对口人才培养合作，针对岗位要求制订人才培养计划，对口输出人才，针对旅游区域的导游服务加强监管，定期检查导游服务情况，不断对导游服务进行规范。

2.3.5 文旅融合的评估框架

国外学者主要针对文旅融合的具体业态进行研究，其核心观点认为文化和旅游产业的结合有利于提高旅游地的形象和旅游产品的文化内涵，能够促进两大产业的共同发展。Marion（1999）指出文化产业对可持续发展有着正向的激励和引导作用。Agba（2010）通过调查发现，重新制定旅游政策可以促进当地两大产业的共同发展和进步。虽然国外学者对融合发展的研究有着较长的历史渊源，但是针对文旅融合机制的研究尚不充分，其研究领域多集中在文化遗产旅游、创意旅游等方面。部分学者提出从融合视角去研究影视与旅游，有助于二者的共同发展，迄今为止，这一观点受到广泛认同，并在其原有概念的基础上被不断扩究。文旅融合涉及多种要素，包括自然、科技、教育等，并以观赏与休闲娱乐为消费内容，技术的支持与政府的放松管制将推动融合过程的实现。部分学者将文化旅游定义为文化和旅游产业结合而成的新业态，认为文化旅游是生产或提供能对旅游者产生吸引力的文化要素的企业及组织机构的集合；也有部分学者将文化旅游视为由文化和旅游资源开发出来的旅游产业，专指为满足人们的文化和旅游消费需求而产生的一部分旅游产业。Craik（1997）对文化和旅游的内涵进行了探讨，认为旅游行为的综合性和旅游内容的丰富性必须与旅游者对文化需求的多样性相匹配，要与文化传播的良好载体——旅游相互融合，创造出更大的价值。众多国外学者主要依靠文化遗产资源来分析文化和旅游在不同领域或地区的发展，很少有研究从产业融合的角度讨论文化和旅游。Lee和Ronnie（2001）针对博物馆和旅游之间的关系展开了探讨，认为博物馆虽是非营利性机构，和旅游营利的本质不同，但旅游活动是依托博物馆开展的。国内外学者普遍认为，具有一定关联性的产业才能寻求进一步的融合发展，Alexandres和Apostolakis（2003）认为，旅游需求的发展以及文化遗产和旅游间的关联性促使遗产旅游的出现，而旅游地角色是确定旅游地品牌与定位的关键因素，并运用经济学供求理论的相关知识证实了这一看法。Alexander（2009）认为，旅游需求的多样化和个性化以及旅游业与文化遗产之间的关联性均有助于文化遗产与旅游业的融合。

近年来，学者们相继提出了创意旅游，创意已经将文化和旅游从有形遗产转变为非物质文化，并越来越多地参与到日常生活中。Richards和Wilson（2006）基于市场角度从供给和需求方面的融合探讨了文化创意旅游的发展。Kole（2010）对夏威夷的文化和旅游产业进行研究，指出旅游演艺、节庆活动等都是文旅融合后产生的重要产品形式，为当地文化和旅游产业发展带来了更多生机。Chiara和Garau（2015）突破了文化和旅游的传统界限，结合当下最前沿的技术和模式，对文化和旅游作出了全新的阐释，提出特色文化和旅游新理念。

我国对文旅融合发展的研究也是近几年才兴起的。宋瑞（2019）认为，文化和旅游包含着多个层级，不能仅从单方面考虑二者的融合，应从理论层面、结构层面、功能层面、管理层面、支撑层面出发，多途径推进文旅融合发展。对文化及相关产业、旅游及相关产业的界定是研究文旅融合发展的基础和前提。把多勋（2018）将文旅融合发展过程划分为探索期、成长期、快速发展期、全面发展期四个阶段，并指出文化和旅游产业已成为国民经济中的优势产业和支柱产业。根据其研究，当前我国的文旅融合发展已进入全面发展期，为了全面评估文旅融合发展的情况，需要对文化及相关产业和旅游及相关产业进行一个明确的分类。《文化及相关产业分类（2018）》中所规定的文化及相关产业，是指为社会公众提供文化产品和文化相关产品的生产活动的集合，主要包括了两种活动：一是以文化为核心内容，为直接满足人们的精神需要而进行的创作、制造、传播、展示等文化产品（如货物和服务）的生产活动，具体包括新闻信息服务、内容创作生产、创意设计服务、文化传播渠道、文化投资运营和文化娱乐休闲服务等活动；二是为实现文化产品生产所需的辅助生产活动，以及作为文化产品实物载体或制作（使用、传播、展示）工具的文化用品和专用设备的生产活动（包括制造和销售）。本分类将文化产业分为文化核心领域和文化相关领域两类，共有9个大类、43个中类和146个小类。《国家旅游及相关产业统计分类（2018）》中所规定的旅游是指游客的活动，即游客的出行、住宿、餐饮、游览、购物、娱乐等活动；游客是指以游览观光、休闲娱乐、探亲访友、文化体育、健康医疗、短期教育（培训）、宗教朝拜，或因公务、商务等为目的，前往惯常环境以外，出行持续时间不足一年的出行者。该文件将旅游分为旅游业和旅游相关产业两类。旅游业是指直接为游客提供出行、住宿、餐饮、游览、购物、娱乐等服务活动的集合；旅游相关产业是指为游客出行提供旅游辅助服务和政府旅游管理服务等活动的集合。

其中，旅游业共有7个大类、21个中类和46个小类；旅游相关产业共有2个大类、6个中类和19个小类。

对于产业融合概念的研究，麻学锋等（2010）基于产业融合的理论基础，进一步分析了国内外有关文旅融合的过程及其原因，不仅对实际的案例进行了具体的分析，还在成功案例分析的基础上，总结了文旅融合发展的类型。张俊英（2013）认为文化和旅游产业的融合是二者向同一方向汇合或运动，并逐步形成新产品或新产业的过程与结果。基于产业视角，黄蕊（2018）将旅游融合概括为产业间融合、产业内融合、地方融合和行政间融合四种类型。霍艳莲（2015）提出了文化与旅游通过叠加的蝴蝶效应，发展成为文化旅游产业，并在产业融合视域下提出文旅融合的三层次框架：首先，在通过对立统一及价值链传递层次揭示其各自独立的同时，又具有内在耦合性；其次，将融合模式分为自然延伸式融合、互补与交叉式融合及嵌入与渗透式融合三种；最后，借鉴阶段递进规律将文旅融合分为共生、交叉感染和融为一体三个阶段。就目前来看，国内学者主要以融合的动因、模式和路径为框架来解读文化和旅游产业的融合。

融合动因：关于产业融合动力机制的一种划分角度是基于消费者、政府和产业自身三个方面。白长虹和王红玉（2015）将产业融合的根本原因归于消费者的消费升级所带来的市场需求变化。鲁皓（2015）着重强调政府部门的作用，指出我国的文旅融合离不开政府的引导和机制的建立，当前应以体制机制为核心，促进文旅融合的发展。刘祥恒（2016）从产业自身出发，指出系统内部存在一组特定的约束关系，在这一约束下，竞争与协同是推动产业融合实现自主演化的动力，竞争有效激发了经济系统的子系统之间发生非线性相互作用，协同又强化了这种非线性关系，进一步加剧了子系统之间竞争的激烈程度，在竞争与协同机制的共同作用下，各个子系统之间频繁发生冲突和碰撞，催生出了新产品、新业态。因此，融合发展归根结底在于企业生存和发展的需要。刘江涌（2017）在对前人的理论和经验进行总结和梳理后，指出产业融合是为了更好地促进经济发展，市场需求的增强是融合的根本动因，两大产业自身及相互发展的需要是融合的内在动力，新技术的推动和政府的扶持作为融合的外部推力共同促进两大产业融合发展。

融合模式：一般来讲，产业融合模式主要包括纵向的延伸型融合、横向的重组型融合和渗透型融合三种，实现产业融合的关键在于技术与资源的融合。三种模式并不是孤立存在的，而是相互联系、结合使用的。例如，尹华光等（2015）在对武陵山地区如何实现文旅融合发展的研究中就采取了延伸型与重组型一体化的模式。唐慧（2017）提出文旅融合的根本就是资源共享，通过对新疆景区资源分布情况及其融合发展模式的分析，阐述了不同模式下的发展成果，以旅游产业为主导，带动文化产业发展，进而实现二者的融合协调发展。

融合路径：关于融合发展的路径研究，有学者从不同角度给出了针对性的建议。张采青（2015）从广义上进行分析概括，认为旅游产业与其他产业应从资源、技术、功能、业务、空间和市场六条路径来实现融合发展，全面拓宽与延伸旅游全价值链；刘雅珊（2019）指出文化产品需要在规划和创新中制造产品和提供服务，从而使相关旅游产品更加独特和多样化，可以通过客户群融合、人才融合和企业融合三条路径丰富旅游资源，传播文化产品；金龙（2019）主张以创新引领发展，提出在文旅融合背景下公共图书馆研学旅游的服务创新策略。

2.4 研究范式

2.4.1 数据收集

数据的收集和处理是进行融合统计评估的第一步。在数据的收集和处理过程中，应遵循科学性、综合性、可操作性、动态性、独立性和主成分性等原则。国外众多学者通过建立面板数据模型研究旅游需求。

Ledesma-Rodriguez等（2001）使用面板数据模型估计特内里费岛游客的短期和长期弹性；Naude和Sayman（2005）使用1996—2000年确定旅游人数的43个非洲国家的数据，并以游客的国家截面数据和面板数据来确定43个非洲国家旅游者目的地；Roget和Gonzalez（2006）采用面板数据模型检验加利西亚的乡村旅游需求；Sakai等（2000）运用面板数据来分析人口结构变化对日本人旅游倾向的影响。

在评估方法的选择方面，很大程度上取决于采集到的数据。Galogero等（2017）通过条件效率评估方法，选取意大利2004—2010年的旅游数据，对文化参与在旅游目的地表现中所扮演的角色进行了研究，认为旅游目的地对文化资源的管理离不开文化参与，积极的文化参与对旅游目的地的文化表现有着正向作用，且与此相关的公共文化政策对旅游地区的效率有促进作用。

数据是文旅融合发展的战略性资源。数据采集是企业创新的底层技术，也是对融合进行统计测度的前提。戴斌（2019）指出，市场既是数据汇集的主要平台，也是大数据的使用者，在数字化和大数据背景下，线上消费数据具有极大的借鉴意义。文化和旅游部可利用行政资源整合文化、旅游、统计、交通、银行、公安、市场监管、商务、税收等部门的数据资源，在允许的范围内向企业开放，通过平台系统以发布报告等方式提供给产业主体。以高效的数据开放共享机制推动和促进企业创新，在文旅融合发展的新时代，做好文化资源调查和旅游市场分析，构筑融合发展的底层器件。数据分析对于找出隐藏在数据中已知与未知之间的关联，寻求进行客观决策的隐藏模式有极大的帮助，这正是大数据的核心所在（李广健和化柏林，2014）。阮冬茹等（2015）根据河北省旅游网站建设情况采集了省级、市级层面的旅游数据，用来挖掘可用信息，使用汉语词法分析系统ICTCLAS，对采集到的文本数据进行分词、去噪，得到实验文本数据，然后采用Word2Vec进行聚类分析，得到文本中的热词及其热度，以及文本中隐含的关联关系，进而结合河北省文化和旅游产业的实际情况分析相关结果。

关于指标选取和数据来源，相关学者的研究多是采用各省份的统计年鉴及统计公报中相关产业的统计数据。为确保数据的客观性，刘雅珊（2019）在研究中选取的数据主要来源于2008—2017年的《中国旅游统计年鉴》《中国文化文物统计年鉴》《中国文化及相关产业统计年鉴》，以及历年的国民经济和社会发展统计公报，然后利用熵值法确定各项指标的权重，以确保科学、客观地反映各个指标对融合水平的影响程度，并构建耦合度模型来反映文旅游融合发展的情况。

刘楚楚（2018）认为旅游产业系统与文化产业系统具有天然的耦合性，两大系统相互独立却又不可分割，单一指标无法表达各产业系统的复杂性，因此需要构建两大系统综合评价指标体系，即选取了八项旅游业系统指标和七项文化业系统指标，借助《中国旅游统计年鉴》《新中国六十年统计年鉴》《山西文化产业发展概览》，以及山西省政府统计公报等，使用算术平均法、趋势外推法和回归系数法对评价指标进行赋值，再对文化和旅游产业的发展指标进行分析。

李凌雁和翁钢民（2015）尝试将融合度和探索性空间数据分析法引入文旅融合发展研究中，同样借助《中国旅游统计年鉴》《中国统计年鉴》《中国文化文物统计年鉴》《中国文化及相关产业统计年鉴》，以及各省市统计年鉴及统计公报等，采用2004—2013年的面板数据，从时间和空间两个维度对文旅融合的发展水平和时空差异进行定量分析，以期为我国的文旅融合发展提供决策参考。

2.4.2 关于融合统计测度的实践探索

国外研究进程：对产业融合程度的测量方法主要有专利数据法、赫芬达尔指数法、投入产出法、层次分析法、相关系数分析法等。Fai和Tunzelmann（2001）用相关系数分析法测算了美国的化学、电子、机械和交通运输四个产业部门的技术融合度，从美国867家公司中选取了1930—1990年有专利活动记录的32家公司，分五个年度，将它们被授予的专利分为上述四个产业部门，分别计算了各个产业所占的专利百分比，然后运用计量经济分析法中的相关系数分析法，测算了产业之间的专利份额的相关系数，以相关系数的变化趋势来衡量产业间的技术融合程度。Gambardella和Torrisi（1998）首次将赫芬达尔指数引入产业融合的度量中，对电子信息产业的技术融合状况进行了研究，通过收集电子信息产业内各行业（包括计算机、电信设备、电子元件、其他电子产品和非电子技术五大行业）的专利资料来计算行业间的技术融合程度。在文旅融合发展的研究中，学者们常常利用耦合度模型测定文化和旅游产业的融合度。Vefie（1996）对耦合的概念作出了界定，耦合是指两个或者更多的系统或运动形式之间彼此相互作用以达到协调的现象。产业关联分析运用的是投入产出方法，量化产业之间的技术经济联系，因此产业关联理论也称投入产出理论。投入产出模型是定量研究产业关联较为有效的方法，是由美国经济学家华西里·列昂惕夫（Wassily Leontief）首先提出的。基于这一模型，Park（1989）通过26个国家不同收入水平的投入产出表检验了制造业和服务业之间的关系。

很多学者认为技术是产业之间发生融合的基础。Yoffie（1997）从技术融合的理念出发，提出产业融合在本质上是采用数字技术后，原本各自独立产品的组合与基于数字技术的企业融合，并提出CHESS模型，从创新组合、外部性和标准设定、范围经济、规模经济和捆绑、系统聚焦过程等维度来解释数字融合的复杂性。该模型主要适用于在行业中占据主导地位的企业和创业公司。他还指出企业实现融合的前提是采用新技术和新的发展战略，这必将促进数字技术的广泛需求和应用。Jonas（2005）回顾了定义市场的各种理论和实践方法，并提出了用技术变化和产业生命周期的框架来分析融合现象。不少学者还提出应对文旅融合进行政策评估。

国内研究进程：对融合效应进行评估的关键在于融合度的测算，耦合度模型和投入产出模型是国内学者较为常用的分析模型。从横向上来看，王霞等（2013）将融合看作是一定区域范围内不同产业或领域之间协同演进、相辅相成、良性互动的一种科学发展格局或发展状态，而各测算要素之间的耦合关系恰恰反映了融合测度这个概念；从纵向上来看，融合测度主要表现为两大要素的交互影响、融合状况测算及评价，他们选用层次型测度指标体系，利用SPSS软件进行聚类分析，对融合程度作出了评估。刘雅珊（2019）指出文化和旅游产业之间的关联度极高，难以划分出确切的产业边界，这使得两个产业有着天然的耦合特性，自成一个系统，因此提出用耦合度模型描述两大产业之间互相作用、互相影响的机制。叶露等（2018）提出产业关联是产业融合的基础，只有具有一定关联性的产业才能寻求进一步的融合发展，两大产业通过资源共享和服务延伸在资源、技术、市场、功能、资金、人才、组织等方面达到互补和交叉的目的，进而实现产业融合，逐步形成新业态，体现了产业融合从资源融合阶段逐渐向市场融合阶段发展的规律。叶露（2017）基于部门的投入产出表，采用投入产出理论中的直接消耗系数、完全消耗系数、直接分配系数、完全分配系数、影响力系数、感应度系数、价格波及效应等指标来测算两大产业的融合程度。由于文旅融合的基础是产业关联，因此文化和旅游之间的关联性是测算融合度的重要因素。在测算产业间关联程度时，常用直接消耗系数来表示；在测算产业间的融合度时，则常用投入产出模型来测算两大产业之间的直接消耗系数、间接消耗系数。刘江涌（2017）使用的投入产出表是价值型的，主要由三个部分组成：第一部分是由主栏为中间投入和宾栏为中间使用这两栏名称和计量单位相同、排列次序对应的产业部门纵横相交而成的方形表格，并通过对文化和旅游产业中各部门的具体归类，对获取的投入产出表进行了整理；第二部分是根据整理的数据计算直接消耗系数、间接消耗系数和产业融合度；第三部分是根据三个指标的计算数值，并综合实际情况评价贵州的文旅融合发展程度。费苓芳（2017）根据浙江省14个部门的投入产出表，实证分析了旅游产业融合与旅游产业结构协调演化的过程，即旅游产业融合效应。首先，根据中间分配系数和中间消耗系数描述浙江省十年来旅游产业与其他产业的融合程度；其次，通过最终消费系数、劳动者报酬系数、固定资产折旧系数和营业盈余系数来反映旅游产业融合的内部作用；最后，通过计算感应度系数和影响力系数，来证明旅游产业融合的外部影响。王晴晴（2019）指出研究产业耦合发展的前提是产业之间存在关联，因此在进行耦合度测算之前要先进行产业关联的研究。

部分学者利用空间模型对两大产业协调发展的影响因素进行研究。李凌雁和翁钢民（2015）运用融合度模型与探索性空间数据分析相结合的方法以中国31个省份的文旅融合发展问题为研究对象，基于面板数据，结合融合度模型及探索性空间数据分析法，分析中国各地区文化和旅游产业融合发展水平和时空差异。龚腾飞（2018）的研究表明各地级市文化和旅游产业之间存在紧密的联系，整体上处于融合状态，但是融合度并不能完全说明各地级市的文旅融合协调程度，所以进一步计算出各地级市的融合协调度进行时空差异分析，并使用全局莫兰指数度量各地级市融合协调度空间分布的聚集或离散程度，探索融合协调水平。

部分学者根据产业融合过程的阶段性特点，利用赫芬达尔指数法，将产品与业务和市场融合程度的测算加入其中，在分阶段测算的基础上作出综合评价。李锋等（2013）就赫芬达尔指数法，选取技术融合、业务融合、市场融合等指标来衡量旅游产业融合的创新程度。李扬等（2017）通过运用主成分分析法，构建基于离差系数最小化的融合度模型，对中国31个省份“新四化”融合发展水平进行了测度，并在此基础上进一步对我国东部地区和中西部地区的发展水平进行差异化分析。袁俊和高智（2018）以珠三角地区为例，构建文化产业与旅游业融合发展评价指标体系，运用熵值权重法和融合度分析模型对珠三角地区9个城市2008—2015年文化产业与旅游业融合发展水平进行测度，结果表现为文旅融合发展水平的“两极分化”趋势。

2.5 研究述评

对于产业融合的研究，国外开始较早，且研究范围和深度也在不断扩大，但大多是分析产业融合的机制和效应，对其研究的深度与广度相比国内学者更偏重市场化、跨领域，是对具体的融合产品的分析，缺乏系统的理论研究和定量研究；相对来说，国内起步较晚，但是也取得了很多研究成果，大多是在梳理总结国外成果的基础上进一步发展完善并延伸出新的理论。国内学者在产业融合的概念、动力和影响等方面都进行了深入的分析，提出了相应的研究成果，但无论在理论上还是在实践上，都未形成较为完整科学的方法论体系。总体来讲，产业融合经历了从技术融合走向数字融合的阶段。当前，国内相关领域的研究大多集中在概念、类型、过程、动因、发展趋势等方面，研究以发达国家市场经济理论、制度理论、技术条件等为背景。目前，学术界对产业融合尚未明确形成统一的定义，在系统理论的融合模式、路径和实现机制方面仍存在许多不足。鉴于此，本书将对融合发展进行系统性研究，并扩充其概念内涵与理论外延，深入探究融合与高质量发展的实现问题。

国内外对文化和旅游两大产业融合发展机制的研究历史较短，大部分研究是基于某一特色领域进行的，研究视角多偏重宏观和中观，研究理论以经济学理论为主，研究方法以归纳总结为主，缺乏系统的理论研究与定量研究，研究口径较为狭窄，未能将文化和旅游及其相关的所有产业包括在内。近年来，随着文化和旅游产业的发展，学者们对文旅融合的研究逐渐增多，从一开始的概念界定、融合影响因素等基础理论研究，到目前对融合模式、动力机制、创新路径等方面的研究，取得了较大进展，在实证分析方面的研究也更加深入。但这些研究都是学者们从自己的专业角度及立足点出发，从而导致研究多样化，学术界尚未形成统一的理论框架，因此缺乏整体性研究。

在我国，文化和旅游产业受到高度重视，以习近平同志为核心的党中央从顶层设计和战略高度强调“文化自信”，部署发展文化产业；国务院积极指导推进全域旅游，促进文化和旅游产业融合和集聚发展。现阶段我国的文旅融合已进入全面发展期，文旅融合已经是全口径的融合。鉴于此，本书根据国家统计局发布的《国家旅游及相关产业统计分类（2018）》《文化及相关产业分类（2018）》，对文化和旅游及其相关产业进行更加全面和准确的归纳，并对前人成果加以总结梳理，构建文旅融合发展模式、机制与路径研究框架，对当前文旅融合发展进行理论解读与统计评估。

旅游业的数据包含在各个行业的数据中，很难剥离开来，这部分数据难以从现有的统计中直接获取；对于文化产业的研究同样面临这一困境，有的文献使用的文化产业数据仅包括服务业中的文化产业，对于制造业中的文化产品并没有包括在内。就研究文化和旅游产业而言，这些数据在全面性上有所欠缺，不能完全反映产业的整体发展状况，研究口径过于狭窄。鉴于此，本书采用历次经济普查数据和投入产出调查数据，综合制造业和服务业中的相关产业数据，采用全口径的文化和旅游产业标准对文旅融合发展进行统计测度。

文旅融合是两大产业之间互相作用、互相影响、互相协调发展的结果。国外学者善于运用归纳法，即从个案出发，通过问卷调查、深度访谈等方法进行定性研究；而国内学者更加注重定量研究，文旅融合的实证研究已成为国内学者研究的一个新方向。由于产业融合理论本身并没有形成统一的体系，因此目前学术界对产业融合度的测算尚未构建测算指标体系，且研究主体多为微观的企业、景区，缺乏从时间和空间两个角度的宏观实证研究。本书将基于产业关联视角和耦合关联视角对文旅融合发展水平进行测算，并进一步分析融合发展的时空差异，剖析文旅融合发展的协同效应与政策效应。

3
去伪存真：多源文旅数据的采集、清洗与预处理

3.1 数据现状：文化和旅游产业统计面临的机遇与挑战

随着科技的进步和互联网的发展，数据量呈现爆发式增长的态势，传统的统计方法与常规软件已无法满足捕捉、管理和处理数据的需求。目前，世界已经进入由数据主导的“大时代”。大数据时代的到来对文化和旅游产业而言既是机遇也是挑战。一方面，文化和旅游产业统计数据基础薄弱、分类粗糙和产业部门间不协调等问题仍待解决，而随着大数据时代的到来，数据来源的分散、数据体系的庞大无疑是对统计数据采集与预处理的一个挑战；另一方面，大数据处理技术意味着从不同的快速变化的数据中集中搜寻、处理、分析和提供有价值信息的能力。大数据处理技术的出现为文化和旅游产业统计数据的采集与处理提供了新的思路与方向。通过对国内外文化和旅游产业统计数据相关研究的梳理，以及对国际经验的系统研习，本书从数据采集、预处理及质量评估三个方面分析了当前文化和旅游产业统计数据方面存在的不足，并针对当前大数据的发展，分析了文化和旅游产业统计数据方面的机遇与挑战。鉴于此，本书从文化和旅游产业统计数据的采集、预处理及质量评估三个方面出发，针对文化和旅游产业统计数据方面存在的不足和缺陷提出解决方案。同时，本书将传统的统计数据处理方法与大数据技术结合，为文化和旅游产业统计数据的采集和处理提供新的思路和方向。

3.2 数据采集：多源数据平台的构建

文化和旅游产业统计数据的采集是影响文旅融合发展体制机制效果评估的基础性关键工作。目前，国际上尚未建立较全面的文化和旅游产

业相关数据采集体系，主要原因在于文化和旅游产业统计数据来源分散、类型多样、结构复杂，且数据采集困难，存在数据缺失问题。针对文化和旅游产业统计数据存在的诸多问题，本书拟构建多元化、多类型、多结构的文化和旅游产业数据采集机制。

本书遵循以下数据采集原则：一是先计算流量数据，再计算存量数据；二是优先遵循“从下到上”的原则，即先采集子部门、子分类数据，再汇总计算上级数据；三是若子部门、子分类的数据不可得，则采用“从上到下”的方法，即由上级目录数据分解计算出下级数据。

3.2.1 传统数据采集方法

1. 宏观统计数据的采集

宏观统计数据是文化和旅游产业相关数据的主要来源，如文化和旅游产业中的国内旅游收入、旅游外汇收入、人均市区生产总值、国内旅游人数、人民币汇率数据等均属于宏观统计数据。宏观统计数据主要是以国家权威组织与机构发布的数据为主，因此采集渠道主要包括《中华文化文物统计年鉴》《中国旅游统计年鉴》《全国星级饭店统计调查报告》，以及国家统计局网站和中经网统计数据库等官方网站及数据库。采集方法主要是从相关网站及数据库进行数据收集。

2. 投入产出调查数据的采集

随着文旅融合的快速发展，投入产出分析作为比较成熟的分析工具被越来越多的学者采用。由于文化和旅游产业的内涵和外延本身存在争议，因此基于投入产出表只能对文旅融合进行粗略测度。近年来，国家统计局以《国民经济行业分类》（GB/T 4754—2017）第四次修订为契机，相继发布了《文化及相关产业分类（2018）》和《国家旅游及相关产业统计分类（2018）》。上述分类标准的发布，为从国民经济行业分类体系的角度对部门细分的文旅融合的内在构成以及所形成的产出规模进行准确测度奠定了统计基础。鉴于此，本书尝试根据投入产出表的既有数据、《国民经济行业分类》（GB/T 4754—2017）以及其他相关行业分类标准，利用经济普查数据中详细的数据，分离出与文化和旅游产业活动相关的数据，对全口径文旅融合发展情况进行估算。

3. 经济普查数据的采集

投入产出表的数据比较宽泛，经济普查的主要目的是全面调查我国第二产业和第三产业的发展规模、布局和效益，了解产业组织、产业结构、产业技术、产业形态的现状以及各生产要素的构成，摸清全部法人单位资产负债状况和新兴产业发展情况，进一步查实各类单位的基本情况和经济活动。经济普查提供了全面的行业数据，可以弥补投入产出表的数据在行业分类宽泛方面的不足，从而以全口径角度来研究文旅融合的程度。借鉴张车伟等（2017）的研究方法，以《国民经济行业分类》（GB/T 4754—2017）、《文化及相关产业分类（2018）》和《国家旅游及相关产业统计分类（2018）》等为依据，为不同的细分行业赋予不同的权重，以确定不同行业部门的文旅融合程度。

4. 数据信息系统的采集

数据信息系统具备数据管理、系统支撑、账户表生成、统计分析、地理分析等多项功能，是实现采集文化和旅游产业相关数据的重要系统。此系统可实现数据采集的常态化和数据编制的信息化。例如，广东省于2014年建设的旅游相关产业数据信息系统，不仅提升了旅游统计核算工作的自动化和信息化水平，还提高了旅游统计数据发布的时效性，以及政府部门获取旅游经济数据的时效性，使旅游统计数据更好地服务于政府部门及相关产业。

除上述采集渠道外，文化和旅游产业的某些核算指标可能没有专门的统计机构进行统计调查，但这类指标存在于部分企业或者机构的相关统计数据中，如企业的业务报告、财务报表与核算资料、会计决算资料（包括银行、保险、运输等方面的决算资料）、行政管理资料等均可能涉及与文旅融合发展相关的数据。因此，我们可以通过以政府为主导、企业为主体、相关机构参与的方式获取潜在的与文化和旅游产业相关的数据，并采用数据融合技术，确保所获取的数据的全面性和准确性。同时，文化和旅游产业相关数据的采集可以通过与政府部门或企业签订共享交换协议，建立信息共享机制来完成，还可以从第三方购买相关数据。

3.2.2 大数据采集方法

在信息化和数字化高度发展的今天，大数据已经成为各个行业领域的重要资源。大数据的采集作为整个大数据处理流程的第一步，其重要性不言而喻。因此，需要具有更强决策能力、洞察发现能力和流程优化能力的处理模式来处理海量、高增长和多样化的信息资产。现代测量技术和智能设备的不断发展使得数据形式由单一的结构化数据演变为由结构化数据、半结构化数据和非结构化数据组成的复杂数据，而互联网、移动互联网的快速发展提供了分享数据的平台，由此产生的海量数据被加以发现和利用，从而形成了“大数据”的概念。

目前，全球已经进入由数据主导的“大时代”。党的十八届五中全会通过的《中共中央关于制定国民经济和社会发展第十三个五年规划的建议》提出，实施国家大数据战略，推进数据资源开放共享。因此，深入探索大数据所引领的经济发展、社会发展等方面的社会科学研究是国家战略的重要需求。本书立足国家发展战略，探究大数据环境下文化和旅游产业数据的采集、预处理与质量评估方法。

大数据环境下，文化和旅游产业数据是指通过非传统调查渠道，从第三方获取的数据，它不是专门为统计目的而收集的数据。作为经济社会活动的附带品，大数据的生成过程具有一定的不可控性和无序性，数据的统计特征不明显，因此需要应用技术手段和计量模型进行数据处理分析，从中挖掘有价值的数据规律。文化和旅游产业数据的采集，既要对产业发展数据、行业管理数据进行定期跟踪采集，又要对公众社交数据、互联网舆情数据、产品反馈数据进行有针对性的采集，更要对市场监管数据、景区客流量数据、视频监控数据进行全天候的自动采集。本章参照原始数据的生成方式，将大数据环境下的文化和旅游产业数据划分为五种类型：①行政记录数据，即政府部门和公共部门在行使行政管理职能的过程中，通过注册登记等方式记录的大量信息数据；②商业记录数据，即企业和个人在生产经营管理和商业交易过程中记录的商业数据；③互联网数据，即通过互联网使用而产生的数据；④电子设备传感数据，即通过电子传感和测量设备而生成的数据；⑤其他数据，即政府统计机构以外的有关单位收集、加工和发布的数据。

行政记录数据是来自行政系统的数据，如文化和旅游产业中交通运输的自营运输费用、文化和旅游产业中R&D专利授权量等均属于行政记录数据。由于各行政部门及相关组织机构均开发了专属的信息系统，并拥有较为完善的信息采集平台，因此本章数据可以通过与政府及相关组织机构签订信息共享协议，通过其专属的信息系统进行一手数据采集，从而保证数据的全面性和准确性。

商业记录数据来自企业之间、个人之间以及企业与个人之间在生产经营管理和商业交易过程中产生的数据，如文化和旅游产业中企业的资金往来数据等。商业记录数据的采集渠道主要有商业数据平台和商业数据库，采集方法主要以网络采集为主，并以实地调查、走访调查、电话调查等方式作为辅助。

互联网数据来自互联网使用过程中所产生的海量数据。对于互联网数据的采集，可以构建数据源头与数据需求的双向采集机制。在互联网上，通过数据集成、搜索下载、网络爬虫、载体监测等方式来获取数据，并依据文化和旅游产业的数据需求对数据进行筛选和处理，进而制定出采集标准和具体的数据收集指标，再通过政府主导、企业参与等方式，借助互联网、物联网和手机移动终端等自动采集与文化和旅游产业相关的数据。

电子设备传感数据是由感知设备或传感设备感受、测量及传输的数据。感知设备或传感设备包括一个或多个传感器，可以实时、动态地收集物联网中大量的时序传感数据。传感数据种类繁多，如人身体的传感数据、网络信号的传感数据和气象的传感数据等。传感数据也广泛存在于文化和旅游产业中，由于电子设备传感数据与物联网联系密切，因此本书可以借鉴物联网相关技术，进一步实现对电子设备传感数据的采集与使用。

3.2.3 构建文化和旅游相关产业数据信息综合应用平台

通过构建文化和旅游相关产业数据信息综合应用平台，可以有效地存储、管理数据，以满足文化和旅游产业在融合发展中的各种应用需求。

根据文化和旅游产业的实际情况，将文化和旅游相关产业数据信息综合应用平台分为宏观数据库和微观数据库。

1. 宏观数据库结构设计

宏观数据包括文化产业系统表和旅游产业系统表。宏观数据库的具体指标见表3-1。

表3-1 **宏观数据库**

表名	反映信息	指标
文化产业系统表	文化产业规模	文化产业总产值、文化产业总增加值、文化事业费占财政支出的比重
	文化产业机构数目	世界遗产数量、文物馆数量、博物馆数量、艺术表演团体个数
	文化产业收支占比	文化产业财政收入占比、文化产业财政支出占比、文化产业在社会固定资产投资中的占比
旅游产业系统表	旅游产业收入	国内旅游收入、国外旅游收入、旅游创外汇收入、旅游收入占国内生产总值的比重
	旅游者人数	国内旅游人次、国外旅游人次、入境过夜旅行者人次
	旅游企业机构	旅行社数量、星级饭店数量、旅游景区总量、4A级以上景区景点的数量

2. 微观数据库结构设计

微观数据库包括数字创新投入表、企业效益表、文化和旅游产业人员数目表。微观数据库的具体指标见表3-2。

表3-2 **微观数据库**

表名	反映信息	指标
数字创新投入表	知识型人才投入	数字知识型人才比重、高等教育投入、企业人员高等教育学历所占比重
	研发资本投入	数字型企业R&D经费占收入比重、数字研发人员人均经费比重
	信息技术投入	智能硬件整体发展水平、智能软件整体发展水平、信息技术服务整体发展水平
企业效益表	文化产业收益	文物部门所属机构营业收入、文化部门所属机构营业收入、文化部门所属机构经营收入
	旅游产业收益	国际旅行社收入、国内旅行社收入、旅行社劳动生产率
文化和旅游产业人员数目表	文化产业人员数目	艺术表演团体从业人员数、文化产业中重点企业从业人员数
	旅游产业人员数目	各星级饭店从业人数、各旅行社从业人数

3.3 数据清洗：多源数据的预处理

3.3.1 文化和旅游数据预处理的基本方法

1. 文化和旅游数据预处理的必要性

由于文化和旅游产业涉及大量的宏观统计数据、经济普查数据、投入产出数据和调研数据，因此文化和旅游数据具有来源广泛、类型多样、结构复杂等特点。另外，在数据采集的过程中，原始数据中包含大量的重复值、异常值和缺失值，数据采集具有复杂性、多样性和不确定性，因此在数据使用前必须对采集的数据进行清洗。此外，由于文化和旅游数据来自多个部门和机构，数据存在统计口径不一致等问题，若不作处理直接使用，则会产生错误的结论。因此，对采集的数据进行统计口径的调整是不可或缺的数据预处理步骤。目前，国内外对文化和旅游数据的统计口径调整问题不够重视，缺少可供借鉴的研究成果。

鉴于此，本部分系统梳理和研究了文化和旅游数据的预处理方法，主要包括重复值的甄别和筛选、异常值的检测与插补、统计口径的调整等，以期形成一套完整的文化和旅游数据预处理方法体系。

2. 数据重复值的处理

重复值是指数据中存在重复数据或者数据采集过程中对同一事件进行重复采集。因为重复值在很大程度上影响了文化和旅游数据的精度，所以去除数据中的重复值十分必要。在处理重复值时，需要对采集的数据利用主键和联合主键的唯一性，实现重复值的甄别与筛选，本部分主要采用了以下三种方法：①统计学方法。根据不同数值型属性的均值和标准方差值，设置不同属性的置信区间来识别异常属性对应的记录，识别出数据中的重复记录，加以消除。②相似度计算。相似度计算是重复数据清洗过程中的常用方法，通过计算数据各属性的相似度，并考虑每个属性的不同权重值，进行加权平均后得到数据的相似度。如果两条数据相似度超过了某一阈值，则认为两条数据是重复的。③基本近邻排序算法。在按关键字排序后的数据上移动一个大小固定的窗口，通过检测窗口内的记录来判定它们是否相似，从而确定重复记录，该方法可以减少记录的比较次数。

3. 数据异常值的处理

在数据的采集过程中，由于受多种主客观因素的影响，数据通常会存在异常值。异常值，又称离群值，是指在所获数据中误差相对较大、与其他数据明显不一致的数据。异常值通常是由数据质量问题导致的，为避免误判，在检测出异常值后应判断其是否为真正的异常值。检测异常值的方法主要有偏差检测、统计学方法、基于距离的方法和基于密度的方法等。本部分采用偏差检测中的聚类算法，通过将大量数据归为若干个类别，从而挑选出不属于任何一类的异常数据；然后，采用插补法处理异常数据，处理后的数据可用于替代异常值。

4. 数据缺失值的处理

由于文化和旅游相关数据来源分散、类型多样、结构复杂，导致数据往往杂乱无章，未经处理的原始数据中某些属性数据缺失是经常出现的情况，如某条数据的属性值被标记为NULL、空缺或“未知”等，从而影响数据分析的准确性。常用的缺失值处理方法包括删除法、多重插补法、建模填充法和模糊填充法等。通过对文化和旅游数据缺失值处理方法的系统研究，并在常规处理方法的基础上，本书综合应用均值插补法、回归插补法、Logistic多重插补法、Logistic近邻择优插补法和极大似然估计法对缺失值进行回归估计。同时，针对特殊类型数据的缺失值，本书采用专门方法进行专项插补，如采用产出法或者投入法估算无酬劳动的价值，以补充无酬劳动数据缺失问题，并形成专门的数据缺失值处理指导手册，为文化和旅游数据缺失值处理提供指导性方案。

5. 统计数据口径的调整

目前，关于“规模以上”统计口径的处理，常用方法是删除前后不一致的样本，如在1998—2010年的数据库中剔除2 000万元以下的样本，以便同2011年后的“规模以上”统计口径统一。这样做看似合理，但实际上损害了数据库的信息。这是因为1998年的2 000万元与2013年的2 000万元的产值规模的量级相差甚远，所以即便要统一“规模以上”标准，也必须考虑通货膨胀、固定资产投资价格指数等因素。针对统计口径问题，本书对所有企业都采用了当年全国的PPI或固定资产投资价格指数且进行了平减。其中，货币型指标使用PPI，资产型指标使用固定资产投资价格指数。在需求/供给比率调整方面，如地区的投入产出表提供了文化和旅游产业中商品的供给数据，但与地区的总需求数据口径出现差异，本书使用需求/供给比率的全国平均值乘以地区的文化和旅游产业中每种商品的总供给来进行口径调整。加拿大的旅游商品调整数据就是采用了此方法。

3.3.2 传统数据的预处理方法

政府机构公开发布的宏观统计数据、经济普查数据和投入产出数据，都会因人为干扰、体制缺陷等存在数据质量问题。为确保宏观统计数据、经济普查数据和投入产出数据的质量，必须对数据进行严格的诊断。对横截面数据的质量诊断主要基于计量模型，通过各种诊断统计量来进行，而对时间序列数据的质量诊断主要通过时间序列分析来进行。具体的诊断方法包括：

1. 传统统计数据的因果性分析

如果某个变量的统计数据存在异常，则可利用与其存在因果关系的变量进行推论，得到该变量的真实数据，以对其进行修正。因果关系检测的方法包括相关分析法、单侧分布滞后法、双侧滞后法、最终预测误差检验因果关系法、多元自回归移动平均模型等。

2. 行业数据之间的匹配关系判断

国民经济各行业之间存在一定比例关系，把握主要经济指标的合理数量界限，界定其趋势范围，是检验这些数据质量的关键。利用主要经济指标间的比例关系，能够检测出未来短期内的数据置信程度。

3. 时间序列的预测值与实际值的比较

以指标的现有数据为基础，利用各个变量自身发展情况的走势进行最优化模拟，建立相应的时间序列模型，对相应指标进行预测，可得到该指标在理论上应该达到的数值，然后与实际数据相对比，以此评价实际数据与理论值的接近程度。

3.3.3 调研数据的预处理方法

由于微观调研数据（如企业调研数据和公众舆情调研数据等）可能存在被调研对象不配合、抽样方法选取不当、问卷设计不合理等问题，因此需要对调研数据进行预处理，主要分为数据审查、数据清理和数据验证三个步骤。

1. 数据审查

数据审查阶段主要是对数据进行信度和效度检验，利用描述及探索性分析手段对调研数据进行基本的统计考察，初步认识调研数据的特征。具体来说：①信度和效度检验，主要是通过获取样本信息以推断数据的总体特征是否真实、可靠，这取决于样本信息的准确性和代表性。如果样本不具有代表性，那么调研数据无法真实有效地反映文旅融合发展的情况。信度检验主要采用相关分析法，以衡量对同一调研对象多次重复进行调研或测量后所得结果的一致程度。效度检验主要采用相关分析法和因子分析法，以衡量调研结果反映调研对象的准确程度。②描述性及探索性分析。描述性分析主要是对调研数据开展频数分析、描述统计分析和列联表分析。频数分析是利用相关产业分类代码、非连续变量的频数表，找出变量数量、记录数和缺失数值等。描述统计分析主要是计算从业人员、机构数量等连续变量的均值、标准差、最小值、最大值、偏度、峰度等，以查找出超出范围的数据或极端值。列联表分析主要起到交叉分类的作用，从中可轻易地发现逻辑上不一致的数据。探索性分析主要是利用图形直观地考察调研数据所具有的特征。例如，通过使用茎叶图、箱形图、散点图、直方图、折线图、条形图等来反映调研数据的分布特征、发展趋势、集中和离散状况。

2. 数据清理

数据清洗阶段针对调研数据审查过程中的错误值、缺失值、异常值、可疑数据，选用适当的方法进行“清理”，使“脏”数据变为“干净”数据。

对缺失数据的处理方法则是采用插补法。插补法的基本思路是利用辅助信息，为每个缺失值寻找替代值，根据变量特征在简单及加权算术平均数、中位数、众数中选用合适的平均数，用其代替缺失值。

对于异常值的处理，首要任务是检测出孤立点。由于异常值可能是数据质量问题所致，因此检测出异常值后必须判断其是否为真正的异常值。检测异常值的方法主要包括统计学方法、基于距离的方法和基于偏离的方法。检测出真正的异常值后，对异常值进行处理，处理方法主要是采用数据平滑技术，如分箱、聚类、回归等。

3. 数据验证

数据验证阶段需要确认上述数据预处理操作的正确性与有效性，检查数据的逻辑转换是否对数据造成扭曲或偏差，再次利用描述性及探索性分析来检查数据的基本特征，对数据之间的平衡关系及协调性进行检验，以确保调研数据的质量。

3.3.4 大数据信息的预处理

1. 文化和旅游大数据的特点

在大数据环境下，文化和旅游数据的采集相对容易，但所采集的数据往往存在缺失值、噪声异常、多源异构、非结构化等问题。

（1）数据质量不高。

由于文化和旅游大数据存在噪声异常、特征含糊、冗杂缺失、标准不一等问题，因此数据清理是文化和旅游大数据应用的重要基础环节。经验表明，数据清理环节占数据整个处理过程的50%~80%，因此建立完善的预处理标准与方法体系，是文化和旅游大数据应用的前提条件。

（2）数据处理复杂。

对海量、无序、冗杂的文化和旅游大数据无法运用统一的算法和模型进行自动分析和处理，而选用不同的数据处理方法和模型则可能得出不同的结果。因此，如何运用智能模型、机器学习等方法进行数据处理，是文化和旅游大数据应用所面临的技术难题。

（3）数据不稳定。

文化和旅游大数据中存在大量的主观判断和偏见信息，不确定性较大，容易出现数据失实、失真的问题，且表现为数据集较强的不稳定性和发散性。

2. 文化和旅游大数据的预处理方法

（1）多源异构数据的处理。

由于文化和旅游大数据在属性、量纲、时间和内容等方面都不尽相同，难以对其进行统一的数据处理，因此需要采用融合技术对文化和旅游大数据中的多源异构数据进行多源归一化处理。本部分运用特征级和决策级层面的融合技术以及基于信息论和认知论的信息融合技术，解决多源异构问题。

（2）非结构化数据处理。

文化和旅游大数据中存在大量的非结构化数据，如文本、视频、图片等数据。这类数据的特点是价值密度较低，且有大量的噪声。本部分采用文本挖掘、数据挖掘等算法对非结构化数据信息进行提取，将其转化为结构化数据。

3.4　数据质量评估：多源数据的准确性、可得性和质量诊断

3.4.1　数据质量评估的必要性

目前，中国的数据质量评估通常以单项数据质量评估为主，缺乏综合、全面的质量评估体系。同时，对数据质量内涵的理解较为狭窄，主要围绕数据准确性进行评估，对数据质量的其他方面不够重视。此外，在评估过程中，没有实现社会公众和用户的充分参与，评估机制缺乏透明性和有效性，未能取得社会各界对数据质量的充分理解和认可。由于文化和旅游数据来源分散、类型多样、结构复杂，因此缺少数据质量评估将会导致文化和旅游数据在应用中存在较大的不确定性。

3.4.2　数据质量评估框架

通常情况下，数据质量评估框架可分为数据投入、数据预处理过程和数据产出三个部分，并采用多维度、多要素的评估方法。数据投入和数据产出分别包括数据源、元数据、数据三个质量维度，每一维度包括

若干个质量要素，每一质量要素包括若干个需要考虑的质量因素，并进行逐项评估。借鉴国际经验，构建文化和旅游数据质量评估框架应遵循以下原则：

1. 质量的先决条件

文化和旅游数据质量评估框架主要针对统计工作中的众多主体，如国家统计局、文化和旅游部、文化和旅游相关企业和公众等。虽然质量的先决条件不能作为衡量数据质量的一个维度，但它可以担当着保证文化和旅游相关产业数据质量的先决条件或制度前提的角色。质量的先决条件主要包括：①法律和制度环境。了解数据源生成的目的、环境、法律和制度基础，论证数据源生成过程的透明度和独立性等。②资源。各种数据资源与文化和旅游数据的需求相匹配。③相关性。文化和旅游数据及其所研究领域的相关信息。④隐私和安全。了解数据源隐私与信息安全、数据共享开放程序、数据保密硬件和软件技术、制度规定等保障措施，确保这些措施符合国家政策和法规的要求。⑤可持续性。数据源应具有一定的稳固状态，在一定时期内保持相对稳定，并且可持续获取、采集和应用，能够生成时间序列数据。⑥技术程序。了解数据源在业务流程关键节点上的程序变化、使用限制和风险等，当数据源不能按协议传输时应有应急备份方案。

2. 可得性

可得性原则是指确保数据本身和描述数据属性的信息在易于获取和无偏的基础上，以一种清楚的易于理解的方式呈现，且要求描述数据属性的信息是实时更新和相关的，以及可得到便捷、专业性的服务支持。该原则对应的要素有：①数据的可得性。数据在无偏的基础上，以清楚且易于理解的方式呈现。②描述数据属性信息的可得性。可获得实时更新和相关的数据属性信息。③兼容性或可比性。与统计标准的兼容程度，包括总体范围和变量定义与国家统计标准的可比性；概念定义和口径范围与其统计预期用途的一致性；标准定义在时间变化上的一致性等。④稳态性。检查数据范围、变量、标准、标识、程序、代码、规则、默认值等历史变化。⑤对数据使用者的帮助。数据使用者可得到便捷、专业性的服务支持。

3. 客观性（或诚信）

客观性（或诚信）原则描述了“统计体系应建立在与统计数据收集、编辑和公布环节的客观性原则相一致的基础上”。统计机构应在统计数据收集、加工整理和公布过程中遵守客观性（或诚信）原则。该原则对应的要素有：①专业性。统计政策与统计工作以专业性原则为指导，从统计角度选择调查方法和统计方法。②透明度。统计政策与统计工作是透明的、客观公正的，能让用户了解统计数据的编制和公布所依据的法律政策。

4. 方法的健全性

文化和旅游数据的统计应采用科学的统计方法，要求获取数据的方法论基础应是健全的，并且这种健全性应以国际通用的标准、统计概念、方法、范围和分类为基础。方法的健全性包括四个要素：①概念和定义。所使用的概念、定义与国际通用的统计框架相一致。②范围。数据范围与国际认可的标准、指导方针相一致。③分类或分区。数据分类/分区系统与国际认可的标准、指导方针相一致。④计量基础。流量/存量的估价和记录与国际认可的标准、指导方针相一致。

5. 适用性

适用性原则主要是评估文化和旅游数据能否涵盖目标领域的相关信息、能否在合理的期限内及时公布、数据集内部及与其他主要数据集之间是否一致，以及是否附有定期修订政策等。适用性原则对应的要素有：①期限与及时性。数据提供的时限应符合国际数据公布标准。②一致性。数据集内部及与其他数据来源/统计框架之间相互一致。③修订政策与实践。数据修订遵循定期及公开的程序，通过各种途径及时了解和掌握社会对统计信息的需求情况，以适应社会经济管理的需要。

3.4.3 文化和旅游数据质量评估的方法

1. 微观数据的质量评估

该层面属于统计生产的事中质量评估范畴，是统计部门进行数据质量控制和数据修订的基本途径，主要存在于统计调查的中间环节。本部分采用的评估方法主要有统计分布检验、基于重复调查的偏差估计和误差效应识别。

（1）统计分布检验。

当掌握了统计指标在基层单位的个体数据，以及部门和地区的分类汇总数据，并且已知总体应服从特定的概率分布时，就可以对微观基层数据的具体分布形态与特定分布进行比较。若二者趋于一致，则表明统计数据准确；若二者不一致，则表明统计数据存在误差。

（2）基于重复调查的偏差估计。

基于重复调查的偏差估计是普查和大型抽样调查中普遍采用的质量评估和控制手段，利用对随机子样本二次调查所获得的数据与初始调查数据进行比较，既可对数据的准确性进行评估和纠正，又可实现对调查实施现场人员（主要是调查员）工作情况的监督和警示。

（3）误差效应识别。

对于统计调查的误差效应识别，需要结合统计调查项目实施的背景进行细致分析，辨别出各种可能的误差来源，并针对有关误差的统计特性设置假定，进而利用误差分解模型进行估计和分析。误差效应识别是各类统计数据准确性评估方法中仅有的一类关注于统计调查方差的方法。误差效应的测量评估通常采用重复调查法和随机实验法。重复调查法是针对初始调查子样本，用于调查测量方差，要求调查条件尽可能地与初始调查保持一致，是与初始调查程序相独立的重复实施的调查方法。随机实验法，又称交叉子样本法，是将相同设计、基本同质的随机子样本分配到与待测特定误差有关的不同处理（如不同的调查员、不同的问卷设计、不同的调查方式等）中去，对不同处理下的统计调查结果进行比较，采用方差分析等方法来估计具体的误差效应值。

2. 宏观数据的质量评估

本部分的研究客体为宏观数据。宏观数据是政府统计部门将微观层面的基层单元数据汇总加工后向社会发布的宏观层面的总量数据。本部分应用的评估方法为逻辑规则检验、经验参数比对、相关指标变动趋势比对、基于模型的异常数值识别与参数稳定性分析。

（1）逻辑规则检验。

该方法主要依据的是，由国民经济核算理论所揭示的各项、各级同度量统计指标之间在统计口径和范围方面的单向包含或相互平衡的内在逻辑关系。逻辑规则检验是以遵循逻辑关系进行对比的同度量统计指标彼此互为参照标准，为对方设立统计核算规则所允许的动态的取值范围。如果进行对比的统计指标间违背了特定的逻辑关系，表明其中必定有某个（或多个）统计指标的数值超出了正常的取值范围。

（2）经验参数比对。

该方法主要依据的是，由国民经济核算理论与宏观经济学理论所揭示的若干社会经济指标之间较为稳定的关联性或协同变动的规律性。通过对这些指标关联性的长期分析，可以得到指标间基本固定的经验数据标准，利用这些经验参数作为统计数据准确性评估的参照标准。如果统计指标间的比率或比例关系与经验参数偏离较大，则可初步判定待评估统计指标的准确性存在问题。

（3）相关指标变动趋势比对。

该方法要求寻找与待评估指标保持较高相关性的、已知正确的其他统计指标，来作为评估参照标准，并根据其变动趋势，检验待评估指标的准确性。

（4）基于模型的异常数值识别与参数稳定性分析。

该方法主要依据的是，由经济理论所揭示的各项经济统计指标之间的相关性，以及由计量经济学和统计诊断理论所揭示的异常数据下计量经济模型的稳健性。该方法的评估结论依赖两种分析途径：一是分析被解释变量实际统计值与模型拟合值之间的差异情况，从中识别出偏差较为显著的异常数值；二是分析模型参数估计值的时期稳定性，判断模型所反映的经济运行机理是否明显有悖于社会经济常识。

4 文旅融合成效评估：以长三角城市群为例

4.1 问题的提出

浙江位于我国的东南沿海地段，长三角南部，旅游文化资源比较丰富，浙江旅游文化产业的总资源基地包括江南水乡、名山名湖、钱潮奇观、文化之邦、海天佛教等。近些年，为了推动当地文化产业和旅游产业的融合发展，浙江省实施了一系列有效的政策措施。2019年7月23日，浙江省文化和旅游厅发布了《关于加快推进文旅融合IP工程建设的实施意见》，指出将继续保持文化和旅游部所提出的文旅融合发展总体思路，落实好各机构部门关于文旅融合发展工作的重要部署，浙江省将文旅融合IP（Intellectual Property）建设作为出发点，重点推动浙江省文化产业和旅游产业的高质量发展，助推浙江省成为全国文旅融合发展模范基地。2017年，浙江省的文化和旅游产业进一步提升。其中，文化产业增加值达到3 744.68亿元，同比增长了15.83%，旅游产业总收入达到9 322.67亿元，同比增长了15.14%。无论在中国还是在全球，旅游产业始终是当地经济增长的重要影响因素。目前，旅游导向型经济增长假说（Tourism-Led Growth Hypothesis，TLGH）是较多学者所认可的观点。在文旅融合的大趋势下，旅游产业通过带动文化产业本身及文化产业之外的其他产业，给浙江省经济的增长更是带来了前所未有的改变。以杭州市为例，文化产业增加值2012年达到483.58亿元，2018年达到1 862.93亿元；旅游产业增加值2018年较2012年增长了57.78%。

2016年5月，在国务院常务会议上批准通过的《长江三角洲城市群发展规划》中，正式对长三角城市群的覆盖范围进行了界定，具体涵盖了安徽省、浙江省、江苏省、上海市在内的27个城市。该地区人文底蕴浓厚，旅游资源丰富，具有文旅融合发展的先天优势。2018年11月25日，首届长三角三省一市旅游协会联席会议在苏州召开，经联席会议协商，上海市旅游行业协会、江苏省旅游协会、浙江省旅游协会和安徽省旅游协会联合发布《苏州宣言》，提出“设立长三角旅游事务协调共商发展机制，建立长三角地区三省一市旅游协会联席会议制度”。2019年6月1日，长三角经济一体化文旅融合论坛在杭州举行，提出文旅IP是一项极具价值的知识产权，应将文旅IP融合作为文化和旅游产业发展的特色之一。2020年10月15日，第三届长三角三省一市旅游协会联席会议召开，会议上各地旅游协会签署框架协议，致力于共同打造长三角地区文旅融合高质量发展旅游目的地，并举行了“生态旅游长三角，绿水青山再出发”启动仪式。从长三角地区的整体情况来看，文旅融合发展的程度位居我国前列，但各城市在融合发展上的差异是不容忽视的。只有通过对各城市的文旅融合程度进行测算分析，来了解文旅融合发展与区域经济增长之间的互动关联，才能对文旅融合的现状进行全面评估，并为长三角全域文旅融合发展中现存的问题和其未来发展方向提供建议对策，从而推动我国经济更好、更快地发展。

4.2 长三角城市群文化和旅游产业评价体系的构建

4.2.1 指标构建原则

1. 科学性原则

产业发展水平的评价指标体系应当遵循产业发展的客观规律，遵循科学性原则，选取的指标必须能够反映产业发展的真实情况。指标体系的科学性若不足够强，则很容易使评价结果与真实情况产生偏差。因此，本书在构建指标体系时坚持严谨的态度，尊重科学的原则，统筹兼顾，把握文化和旅游产业发展的固有规律。

2. 数据可获取性原则

在构建指标体系时，应确定所选取的指标数据能够通过一定的渠道取得，否则指标体系构建得再全面、再科学都没有意义。由于本书的研究范围较广，涉及26个城市，因此在确保指标数据的可获取方面较为困难。为遵循数据可获取性原则，本书选取的指标较为简洁。

3. 系统性原则

产业发展水平的评价指标体系应该做到多角度、全面系统地评价产业发展水平的高低。为此，本书在评价文化和旅游产业的发展水平时，选取了能够反映资源情况、就业情况和产业绩效水平的指标。指标越全面系统，越能准确评价产业的发展情况。

4. 重要性原则

在选取指标时，宜精不宜多，否则会使数据收集难度加大，甚至使评价体系偏离重点。因此，本书在选取指标时，筛选出了最能代表产业情况的关键指标，淘汰了不太重要的指标。

4.2.2 指标体系构建与数据来源

1. 评价指标体系的构建

本书的研究对象为长三角城市群的26个城市（江苏省镇江市的数据缺失较多，未纳入本次研究范围），其文化和旅游产业的统计数据较为零散，部分城市的数据缺失较多。为了使指标数据满足可获得性和系统性原则，本书选取了产业资源、就业吸纳和产业绩效三个指标来衡量文化和旅游产业的发展情况（见表4-1）。

2. 数据来源

本书选取了2011—2019年长三角城市群的26个城市的面板数据，来研究文旅融合发展情况以及其与区域经济发展之间的关系。数据来源于2011—2019年各城市发布的《统计年鉴》《国民经济和社会发展统计公报》《中国旅游统计年鉴》《中国文化文物统计年鉴》等公开文件。其中，部分未公布的数据通过网络及电话咨询各城市的统计局、文化和旅游局、宣传部等部门获取。

表4-1 **文化和旅游产业评价指标体系**

产业类型	一级指标	二级指标	单位
文化产业	产业资源	图书馆藏书量	千册
		博物馆数量	个
		艺术表演团体演出场次	场
		文化馆、文化站数量	个
	就业吸纳	文化及相关产业从业人数	万人
	产业绩效	文化产业增加值	亿元
旅游产业	产业资源	旅行社数量	个
		星级饭店数量	个
		A级景区数量	个
	就业吸纳	餐饮、住宿业从业人数	万人
	产业绩效	旅游总人数	万人
		旅游总收入	亿元

4.3 长三角城市群文化和旅游产业发展评价测度

4.3.1 测度方法

本书在为各指标赋权时，使用了客观赋权法中的熵值法。熵是度量系统不确定性的一个指标。指标的熵值与系统中所包含的信息量成反比，与该系统的不确定性成正比，反之亦然。通过计算熵值，可以判断一个系统的随机性和混乱程度，即某个指标的离散程度。熵值越大的指标，对综合评价就越有影响力。因此，通过计算指标的熵值，可以求得指标在该评价体系中的权重。另外，由于本书使用的数据是面板数据，而非普通的截面数据，因此为了能够对不同城市不同年份的产业发展情况进行横向和纵向的对比，本书在熵值法中加入了时间变量，从而使计算结果更具有现实意义。改进后的熵值法的计算步骤如下：

第一步：构建初始数据矩阵。

根据选择的文化和旅游产业的各项评价指标，构建初始数据矩阵。

$$X = X_{\theta ij} \tag{4-1}$$

式中，$\theta = 1, 2, \cdots, r$表示各年份，$i = 1, 2, \cdots, n$表示各城市，$j = 1, 2, \cdots, m$表示各指标，$X_{\theta ij}$表示第θ年第i个城市的文化产业或者旅游产业的第j项指标的值。

第二步：无量纲化处理。

由于不同指标数值在数量和单位上都具有较大的差异，且不同城市的体量和规模也不同，因此不能直接使用初始数据进行计算。为了保证每个评价指标具有统一的无量纲区间，需要对指标进行标准化处理。

$$Y'_{\theta ij} = \frac{X_{\theta ij} - \min\left(X_{\theta ij}\right)}{\max\left(X_{\theta ij}\right) - \min\left(X_{\theta ij}\right)} + 0.001 \tag{4-2}$$

式中加上0.001是为了防止数据为0，在后续的计算中需要取对数，这样就能保证计算结果是有意义的。

第三步：计算在第j项指标下，第i个城市的贡献度或特征比重。

$$p_{\theta ij} = \frac{Y'_{\theta ij}}{\sum_{\theta}\sum_{i} Y'_{\theta ij}} \tag{4-3}$$

第四步：计算第j项指标的熵值。

$$e_j = -\frac{1}{\ln(nr)}\sum_{\theta}\sum_{i} p_{\theta ij}\ln\left(p_{\theta ij}\right) \tag{4-4}$$

第五步：计算第j项指标的权重。

$$W_j = \frac{1 - e_j}{\sum_{j} 1 - e_j} \tag{4-5}$$

第六步：计算每个城市不同产业的综合发展水平得分。

$$S = \sum_{j=1}^{m} W_j Y'_{\theta ij} \tag{4-6}$$

4.3.2 文化产业发展水平分析

通过熵值法，计算文化产业评价指标权重，见表4-2。

表4-2 **文化产业评价指标权重**

指标	权重
图书馆藏书量	0.332
博物馆数量	0.154
艺术表演团体演出场次	0.162
文化馆、文化站数量	0.054
文化及相关产业从业人数	0.185
文化产业增加值	0.114

从表4-2中可以看出，图书馆藏书量、艺术表演团体演出场次两个指标的权重最大，说明它们对于文化产业发展水平的代表性较强，文化馆、文化站数量的权重最小，说明该指标代表性较弱。

根据上述指标权重，计算2011—2019年各城市文化产业发展水平综合得分，见表4-3。2011—2019年各城市文化产业梯队划分，见表4-4。

表4-3 **2011—2019年各城市文化产业发展水平综合得分**

城市	2019年	2018年	2017年	2016年	2015年	2014年	2013年	2012年	2011年
上海	0.960	0.914	0.865	0.837	0.836	0.794	0.803	0.773	0.728
马鞍山	0.080	0.066	0.056	0.049	0.048	0.042	0.054	0.055	0.036
芜湖	0.192	0.180	0.144	0.110	0.102	0.116	0.110	0.129	0.075

续表

城市	2019年	2018年	2017年	2016年	2015年	2014年	2013年	2012年	2011年
黄山	0.115	0.109	0.107	0.100	0.097	0.100	0.087	0.085	0.081
池州	0.030	0.029	0.027	0.027	0.024	0.023	0.023	0.023	0.022
安庆	0.127	0.121	0.109	0.105	0.101	0.096	0.085	0.072	0.064
宣城	0.091	0.087	0.082	0.078	0.074	0.071	0.063	0.063	0.063
铜陵	0.045	0.044	0.042	0.039	0.028	0.024	0.023	0.022	0.021
滁州	0.079	0.072	0.065	0.062	0.057	0.056	0.045	0.049	0.043
合肥	0.267	0.253	0.233	0.219	0.200	0.181	0.164	0.158	0.139
杭州	0.540	0.452	0.444	0.393	0.350	0.331	0.319	0.298	0.263
宁波	0.325	0.287	0.255	0.218	0.162	0.180	0.157	0.143	0.140
绍兴	0.179	0.173	0.192	0.178	0.172	0.154	0.155	0.133	0.130
湖州	0.140	0.167	0.149	0.133	0.120	0.089	0.069	0.064	0.066
嘉兴	0.190	0.175	0.166	0.159	0.150	0.145	0.127	0.130	0.116
金华	0.192	0.180	0.171	0.157	0.143	0.128	0.126	0.121	0.108
舟山	0.066	0.064	0.064	0.058	0.052	0.050	0.048	0.045	0.044
台州	0.199	0.175	0.145	0.121	0.114	0.097	0.096	0.099	0.096
南京	0.298	0.324	0.301	0.308	0.292	0.278	0.245	0.242	0.269
无锡	0.219	0.215	0.205	0.192	0.173	0.163	0.156	0.157	0.155
苏州	0.193	0.221	0.262	0.203	0.223	0.213	0.187	0.158	0.140
常州	0.103	0.092	0.091	0.090	0.078	0.069	0.063	0.061	0.045
南通	0.142	0.138	0.130	0.115	0.104	0.094	0.084	0.075	0.072
盐城	0.124	0.111	0.099	0.094	0.091	0.088	0.084	0.084	0.081
扬州	0.103	0.115	0.101	0.095	0.085	0.084	0.081	0.081	0.077
泰州	0.120	0.109	0.107	0.101	0.099	0.090	0.083	0.076	0.066

表4-4　　2011—2019年各城市文化产业梯队划分

年份	第一梯队（≥0.2）	第二梯队（0.1~0.2）	第三梯队（<0.1）
2019年	上海、杭州、宁波、南京、合肥、无锡	台州、苏州、金华、芜湖、嘉兴、绍兴、南通、湖州、安庆、盐城、泰州、黄山、扬州、常州	宣城、马鞍山、滁州、舟山、铜陵、池州
2018年	上海、杭州、南京、宁波、合肥、苏州、无锡	芜湖、金华、嘉兴、台州、绍兴、湖州、南通、安庆、扬州、盐城、黄山、泰州	常州、宣城、滁州、马鞍山、舟山、铜陵、池州
2017年	上海、杭州、南京、苏州、宁波、合肥、无锡	绍兴、金华、嘉兴、湖州、台州、芜湖、南通、安庆、泰州、黄山、扬州	盐城、常州、宣城、滁州、舟山、马鞍山、铜陵、池州
2016年	上海、杭州、南京、合肥、宁波、苏州	无锡、绍兴、嘉兴、金华、湖州、台州、南通、芜湖、安庆、泰州	黄山、扬州、盐城、常州、宣城、滁州、舟山、马鞍山、铜陵、池州
2015年	上海、杭州、南京、苏州	合肥、无锡、绍兴、宁波、嘉兴、金华、湖州、台州、南通、芜湖、安庆	泰州、黄山、盐城、扬州、常州、宣城、滁州、舟山、马鞍山、铜陵、池州
2014年	上海、杭州、南京、苏州	合肥、宁波、无锡、绍兴、嘉兴、金华、芜湖	黄山、台州、安庆、南通、泰州、湖州、盐城、扬州、宣城、常州、滁州、舟山、马鞍山、铜陵、池州
2013年	上海、杭州、南京	苏州、合肥、宁波、无锡、绍兴、嘉兴、金华、芜湖	台州、黄山、安庆、盐城、南通、泰州、扬州、湖州、常州、宣城、马鞍山、舟山、滁州、铜陵、池州

续表

年份	第一梯队（≥0.2）	第二梯队（0.1~0.2）	第三梯队（<0.1）
2012年	上海、杭州、南京	苏州、合肥、无锡、宁波、绍兴、嘉兴、芜湖、金华	台州、黄山、盐城、扬州、泰州、南通、安庆、湖州、常州、宣城、马鞍山、舟山、滁州、铜陵、池州
2011年	上海、杭州、南京	无锡、宁波、苏州、合肥、绍兴、嘉兴、金华	台州、黄山、盐城、扬州、芜湖、南通、湖州、泰州、安庆、宣城、常州、舟山、滁州、马鞍山、池州、铜陵

根据上述的结果，我们可以得出以下结论：

从时间范围上来看，长三角城市群的文化产业综合得分都在随着时间的推移而递增，说明该区域的文化产业发展水平在这9年间确实得到了显著的提升。其中，文化产业综合得分增幅最大的城市是芜湖，2019年的得分为2011年的2.56倍，宁波、常州、马鞍山、湖州、铜陵、台州和杭州7个城市的增幅均超过了100%。此外，城市间文化产业综合得分的差距也呈现扩大的趋势。

从空间范围上来看，上海市的文化产业发展水平始终领先于其他城市，浙江省和江苏省的各城市文化产业发展情况较为相近，安徽省的整体情况落后于前三者。对2019年各城市的情况进行分析，按照发展水平的高低依次是安徽省的合肥、芜湖、安庆、黄山、宣城、马鞍山、滁州、铜陵和池州；浙江省的杭州、宁波、台州、金华、嘉兴、绍兴、湖州和舟山；江苏省的南京、无锡、苏州、南通、盐城、泰州、扬州和常州。

从整体上来看，可以将26个城市进行等级划分。第一梯队包括上海、杭州、宁波、南京、合肥和无锡；第二梯队包括台州、苏州、金华、芜湖、嘉兴、绍兴、南通、湖州、安庆、盐城、泰州、黄山、扬州和常州；第三梯队包括宣城、马鞍山、滁州、舟山、铜陵和池州。各城市的文化产业发展水平与区域经济发展水平是大体相当的。

4.3.3 旅游产业发展水平分析

旅游产业发展水平的综合得分计算方法和文化产业相同。通过熵值法，计算旅游产业评价指标权重，见表4-5。

表4-5 **旅游产业评价指标权重**

指标	权重
旅行社数量	0.273
星级饭店数量	0.145
A级景区数量	0.086
餐饮、住宿业从业人数	0.128
旅游总人数	0.163
旅游总收入	0.206

从表4-5中可以看出，旅行社数量的权重最大，说明该指标对旅游产业发展水平的代表性较强；旅游总收入、旅游总人数、星级饭店数量和餐饮、住宿业从业人数的权重也都比较大，这在一定程度上说明了旅游产业的发展水平；A级景区数量的权重最小，说明该指标的代表性较弱，各城市在A级景区数量方面的差异较小。

根据上述指标权重，计算2011—2019年各城市旅游产业发展水平综合得分，见表4-6。2011—2019年各城市旅游产业梯队划分，见表4-7。

表4-6　　2011—2019年各城市旅游产业发展水平综合得分

城市	2019年	2018年	2017年	2016年	2015年	2014年	2013年	2012年	2011年
上海	0.951	0.908	0.859	0.812	0.750	0.752	0.740	0.728	0.701
马鞍山	0.099	0.074	0.076	0.084	0.084	0.075	0.045	0.039	0.037
芜湖	0.124	0.113	0.103	0.090	0.087	0.113	0.072	0.063	0.056
黄山	0.143	0.134	0.132	0.128	0.135	0.137	0.125	0.120	0.115
池州	0.115	0.108	0.097	0.094	0.094	0.081	0.074	0.069	0.062
安庆	0.172	0.160	0.148	0.135	0.130	0.131	0.123	0.109	0.095
宣城	0.111	0.112	0.110	0.098	0.095	0.090	0.080	0.071	0.064
铜陵	0.033	0.034	0.033	0.029	0.021	0.020	0.018	0.019	0.017
滁州	0.086	0.080	0.073	0.046	0.052	0.050	0.048	0.043	0.040
合肥	0.315	0.291	0.271	0.249	0.237	0.175	0.195	0.190	0.175
杭州	0.567	0.543	0.480	0.441	0.403	0.390	0.369	0.344	0.334
宁波	0.333	0.288	0.294	0.271	0.251	0.235	0.227	0.232	0.230
绍兴	0.221	0.212	0.211	0.192	0.181	0.172	0.139	0.126	0.114
湖州	0.223	0.207	0.173	0.144	0.125	0.111	0.088	0.083	0.072
嘉兴	0.252	0.234	0.206	0.182	0.158	0.145	0.131	0.116	0.106
金华	0.260	0.240	0.213	0.192	0.170	0.150	0.136	0.123	0.118
舟山	0.133	0.131	0.112	0.093	0.086	0.077	0.071	0.070	0.067
台州	0.220	0.207	0.184	0.154	0.130	0.113	0.090	0.078	0.068
南京	0.384	0.365	0.341	0.324	0.312	0.311	0.300	0.290	0.275
无锡	0.234	0.228	0.221	0.208	0.198	0.191	0.186	0.183	0.157
苏州	0.344	0.307	0.290	0.277	0.264	0.256	0.246	0.249	0.232
常州	0.173	0.162	0.148	0.137	0.136	0.134	0.130	0.119	0.108
南通	0.169	0.141	0.139	0.133	0.132	0.127	0.130	0.125	0.116
盐城	0.122	0.115	0.109	0.109	0.106	0.101	0.094	0.088	0.083
扬州	0.173	0.164	0.139	0.135	0.129	0.127	0.123	0.106	0.100
泰州	0.104	0.102	0.099	0.094	0.097	0.075	0.066	0.065	0.062

表4-7　2011—2019年各城市旅游产业梯队划分

年份	第一梯队（≥0.2）	第二梯队（0.1~0.2）	第三梯队（<0.1）
2019年	上海、杭州、南京、苏州、宁波、合肥、金华、嘉兴、无锡、湖州、绍兴、台州	常州、扬州、安庆、南通、黄山、舟山、芜湖、盐城、池州、宣城、泰州	马鞍山、滁州、铜陵
2018年	上海、杭州、南京、苏州、合肥、宁波、金华、嘉兴、无锡、绍兴、湖州、台州	扬州、常州、安庆、南通、黄山、舟山、盐城、芜湖、宣城、池州、泰州	滁州、马鞍山、铜陵
2017年	上海、杭州、南京、宁波、苏州、合肥、无锡、金华、绍兴、嘉兴	台州、湖州、常州、安庆、南通、扬州、黄山、舟山、宣城、盐城、芜湖	泰州、池州、马鞍山、滁州、铜陵
2016年	上海、杭州、南京、苏州、宁波、合肥、无锡	绍兴、金华、嘉兴、台州、湖州、常州、扬州、安庆、南通、黄山、盐城	宣城、泰州、池州、舟山、芜湖、马鞍山、滁州、铜陵
2015年	上海、杭州、南京、苏州、宁波、合肥	无锡、绍兴、金华、嘉兴、常州、黄山、南通、台州、安庆、扬州、湖州、盐城	泰州、宣城、池州、芜湖、舟山、马鞍山、滁州、铜陵
2014年	上海、杭州、南京、苏州、宁波	无锡、合肥、绍兴、金华、嘉兴、黄山、常州、安庆、南通、扬州、台州、芜湖、湖州、盐城	宣城、池州、舟山、马鞍山、泰州、滁州、铜陵
2013年	上海、杭州、南京、苏州、宁波	合肥、无锡、绍兴、金华、嘉兴、常州、南通、黄山、扬州、安庆	盐城、台州、湖州、宣城、池州、芜湖、舟山、泰州、滁州、马鞍山、铜陵

续表

年份	第一梯队（≥0.2）	第二梯队（0.1~0.2）	第三梯队（<0.1）
2012年	上海、杭州、南京、苏州、宁波	合肥、无锡、绍兴、南通、金华、黄山、常州、嘉兴、安庆、扬州	盐城、湖州、台州、宣城、舟山、池州、泰州、芜湖、滁州、马鞍山、铜陵
2011年	上海、杭州、南京、苏州、宁波	合肥、无锡、金华、南通、黄山、绍兴、常州、嘉兴	扬州、安庆、盐城、湖州、台州、舟山、宣城、池州、泰州、芜湖、滁州、马鞍山、铜陵

根据上述的结果，我们可以得出以下结论：

从时间范围上来看，各城市的旅游产业综合得分都在随着时间的推移而递增。其中，旅游产业综合得分增幅最大的城市是台州，2019年的得分为2011年的3.24倍，湖州、马鞍山、嘉兴、芜湖、金华和滁州6个城市的增幅均超过了100%。此外，旅游产业综合得分也同文化产业综合得分一样，极差正在逐年扩大。

从空间范围上来看，旅游产业的发展情况大体上同文化产业类似，2011—2019年，上海市的旅游产业发展水平始终领先于其他城市，浙江省和江苏省各城市的发展情况相近，安徽省的整体情况落后于前三者。对2019年各城市的情况进行分析，按照发展水平的高低依次是安徽省的合肥、安庆、黄山、芜湖、池州、宣城、马鞍山、滁州和铜陵；浙江省的杭州、宁波、金华、嘉兴、湖州、绍兴、台州和舟山；江苏省的南京、苏州、无锡、常州、扬州、南通、盐城和泰州。

从整体上来看，可以将各城市进行等级划分。第一梯队包括上海、杭州、南京、苏州、宁波、合肥、金华、嘉兴、无锡、湖州、绍兴和台州，其中上海、杭州、南京、苏州和宁波5个城市在9年间一直稳居第一梯队；第二梯队包括常州、扬州、安庆、南通、黄山、舟山、芜湖、盐城、池州、宣城和泰州；第三梯队包括马鞍山、滁州和铜陵。2011—2019年，旅游产业处于第一梯队的城市数量显著增加，从2011年的5个城市上升到了2019年的12个城市，处于第三梯队的城市数量也显著减少，从2011年的13个城市减少到2019年的3个城市，位于第二梯队的城市数量较为稳定。各城市的旅游产业发展水平与区域经济发展水平是大体相当的。

综上所述，2011—2019年长三角地区的26个城市的文化和旅游产业均处于快速发展期，且各城市的文化和旅游产业发展水平与区域经济发展水平是大体相当的。与此同时，经济富裕地区和经济落后地区的产业水平差距正在逐年扩大。

4.4 长三角城市群文旅融合程度测算分析

本书在测算长三角城市群的文旅融合程度时，选取了三个模型，分别为同步性模型、耦合度模型和耦合协调度模型。通过建模结果，我们可以对不同城市的文旅融合程度进行城市间的横向比较和时间上的纵向比较，从而对长三角区域的整体文旅融合情况有所了解。

1.同步性模型

一个城市在不同产业的发展进程中会有先后之分，有的城市旅游产业会更为发达一些，有的城市会凭借客观资源条件大力发展文化产业，所以一个城市的文化产业和旅游产业是存在发展优先和发展滞后的相对关系的。运用同步性模型计算出同步性指数，用于测度出不同城市的文化和旅游产业之间的关系，为二者的融合发展提供借鉴意义。同步性指数的计算公式为：

$$P = \frac{S_c}{S_t} \tag{4-7}$$

式（4-7）中，P表示两大产业的同步性指数，S_c表示文化产业的综合评价得分，S_t表示旅游产业的综合评价得分。根据P值的大小，可以将文化和旅游产业的发展进程分为三种类型：当$P<0.9$时，说明城市的文化产业相对滞后；当$0.9\leqslant P\leqslant 1.1$时，说明城市的文化和旅游产业较为同步发展；当$P>1.1$时，说明城市的旅游产业相对滞后。

2.耦合度模型

耦合度是物理学领域的专有名词，现在可用于多个领域，表示系统中的各子系统之间互相影响和作用的过程。耦合度模型的计算公式为：

$$C_n = n \times \left\{ \left(S_1 \times S_2 \times \cdots \times S_n \right) \left[\prod S_i + S_j \right] \right\}^{\frac{1}{n}} \tag{4-8}$$

式（4-8）是多个子系统之间的耦合度计算公式，而本书只计算文化和旅游产业之间的耦合度，即仅涉及两个子系统，因此式（4-8）可以简化为：

$$C = 2\sqrt{\frac{S_c S_t}{\left(S_c + S_t \right)^2}} \tag{4-9}$$

耦合度的大小，即C值可以反映两个系统之间相互影响的程度，C值的取值范围为［0，1］，且C值越大，两大产业的耦合度越高。根据C值，可以将文旅耦合等级划分为四类：当C为0~0.3时，属于低度耦合；当C为0.3~0.5时，属于较低程度的耦合；当C为0.5~0.8时，属于较高程度的耦合；当C为0.8~1时，属于高度耦合。

3.耦合协调度模型

耦合度只能反映文化和旅游产业之间的关联程度。所谓的关联是不分利弊的，无法体现出各系统的水平。比如，当一个城市文化和旅游产业的发展较为落后时，其文旅耦合度仍可能非常高，这样的计算结果与本书的初衷有所偏离，为了在研究融合程度时体现出各系统的水平，更科学地表示两大产业是高位促进还是低位制约，本书引入了耦合协调度模型。耦合协调度表示两大系统在相互作用中的良性耦合程度的大小，能够体现出协调状况的好坏。耦合协调度模型的计算公式为：

$$F_i = \omega_t S_t + \omega_c S_c \tag{4-10}$$

$$D_i = \sqrt{C_i F_i} \tag{4-11}$$

式（4-10）和式（4-11）中，D_i表示第i个城市的文旅耦合协调度，C_i表示第i个城市的文旅耦合度，F_i表示第i个城市的文旅综合协调指数，ω_t和ω_c分别表示文化和旅游产业综合得分的权重。由于文化和旅游产业具有同等的重要性，因此二者的权重均取0.5，S_t和S_c分别为文化和旅游产业的综合评价得分。耦合协调度，即D值的取值范围同耦合度一样，为［0，1］。根据耦合协调度的大小，可以将不同城市的文旅融合情况进行划分。根据廖重斌（1999）提出的“十分法”，可以将耦合协调度划分为10个等级，见表4-8。

表4-8　**耦合协调度等级划分**

耦合协调度值	等级	耦合协调度值	等级
[0.000，0.100]	极度失调	[0.500，0.600]	勉强协调
(0.100，0.200]	严重失调	(0.600，0.700]	初级协调
(0.200，0.300]	中度失调	(0.700，0.800]	中级协调
(0.300，0.400]	轻度失调	(0.800，0.900]	良好协调
(0.400，0.500]	濒临失调	(0.900，1.000]	优质协调

4.5　长三角城市群文旅融合程度实证分析

4.5.1　长三角城市群文化和旅游产业发展同步性指数

根据同步性指数的计算公式，可计算出2011—2019年各城市文化和旅游产业的同步性指数，见表4-9。

表4-9　2011—2019年各城市文化和旅游产业的同步性指数

城市	2019年	2018年	2017年	2016年	2015年	2014年	2013年	2012年	2011年
上海	1.010	1.006	1.007	1.030	1.115	1.056	1.086	1.062	1.039
马鞍山	0.808	0.898	0.736	0.582	0.576	0.563	1.185	1.425	0.978
芜湖	1.549	1.599	1.392	1.219	1.184	1.034	1.531	2.054	1.348
黄山	0.799	0.817	0.813	0.778	0.717	0.729	0.696	0.708	0.709
池州	0.257	0.272	0.277	0.287	0.255	0.289	0.308	0.327	0.354
安庆	0.741	0.758	0.738	0.781	0.780	0.729	0.694	0.663	0.671
宣城	0.812	0.772	0.742	0.790	0.779	0.793	0.783	0.897	0.992
铜陵	1.357	1.276	1.252	1.347	1.322	1.221	1.258	1.155	1.247
滁州	0.916	0.902	0.900	1.356	1.086	1.115	0.923	1.154	1.073
合肥	0.848	0.872	0.861	0.878	0.843	1.033	0.841	0.831	0.794
杭州	0.953	0.833	0.923	0.891	0.869	0.849	0.863	0.866	0.785
宁波	0.977	0.994	0.867	0.803	0.645	0.766	0.690	0.614	0.610
绍兴	0.808	0.812	0.910	0.926	0.952	0.896	1.117	1.060	1.146
湖州	0.627	0.804	0.857	0.927	0.965	0.805	0.782	0.769	0.916
嘉兴	0.755	0.747	0.805	0.874	0.947	1.001	0.974	1.119	1.095
金华	0.739	0.747	0.802	0.817	0.840	0.855	0.927	0.985	0.916
舟山	0.500	0.490	0.569	0.625	0.605	0.644	0.681	0.637	0.654
台州	0.903	0.844	0.789	0.786	0.872	0.856	1.066	1.258	1.412
南京	0.774	0.886	0.882	0.951	0.936	0.895	0.817	0.833	0.976
无锡	0.937	0.944	0.928	0.921	0.874	0.855	0.840	0.856	0.990
苏州	0.561	0.721	0.903	0.734	0.848	0.833	0.760	0.632	0.601
常州	0.594	0.569	0.611	0.657	0.573	0.511	0.486	0.511	0.421
南通	0.844	0.980	0.930	0.862	0.790	0.740	0.648	0.601	0.617
盐城	1.011	0.968	0.903	0.858	0.861	0.865	0.894	0.961	0.977
扬州	0.598	0.699	0.726	0.704	0.659	0.663	0.661	0.756	0.767
泰州	1.148	1.069	1.090	1.072	1.025	1.192	1.247	1.174	1.063

从表4-9中可以看出，上海是两大产业发展一直较为同步的城市。除了上海外，大部分城市属于文化产业发展滞后的年份居多，少数城市属于旅游产业发展滞后的年份居多。其中，黄山、池州、安庆、舟山、常州和扬州6个城市在9年间一直都是文化产业相对滞后；池州、舟山和常州3个城市均是文化产业相对旅游产业滞后的情况较为严重，同步性指数常年小于0.7；铜陵是唯一一个在9年间旅游产业发展一直滞后的城市。从整体上来看，可以根据9年间各城市同步性指数的波动，对26个城市进行划分，见表4-10。

表4-10　**各城市同步性类型划分**

类型	城市
同步发展型	上海
文化滞后型	马鞍山、黄山、池州、安庆、宣城、合肥、湖州、舟山、南京、苏州、常州、南通、扬州
旅游滞后型	芜湖、铜陵、滁州、泰州
同步发展-文化滞后型	绍兴、嘉兴、金华
文化滞后-同步发展型	杭州、宁波、无锡、盐城
旅游滞后-文化滞后型	台州

各城市在发展两大产业时会有所侧重属于正常现象。例如，黄山和池州的自身文化资源相对薄弱，而旅游资源相对丰富，拥有国内知名旅游景点，在其发展时必然会倾向于开发旅游产业。但是，如果一个城市过度依赖单一产业，而忽视其他产业的发展，不能做到均衡发展，则会导致城市的抗风险能力较差。因此，各城市应该在立足于自身优势产业的同时，促进其他产业的均衡发展。通过对文化和旅游产业的同步性分析，可以掌握26个城市两大产业的发展程度，从而促进两大产业实现更加优质的融合发展。

4.5.2 长三角城市群文化和旅游产业发展耦合度

根据耦合度的计算公式，可计算出2011—2019年各城市文化和旅游产业的耦合度值，见表4-11。

表4-11 2011—2019年各城市文化和旅游产业的耦合度值

城市	2019年	2018年	2017年	2016年	2015年	2014年	2013年	2012年	2011年
上海	1.000	1.000	1.000	1.000	0.999	1.000	0.999	1.000	1.000
马鞍山	0.994	0.999	0.988	0.964	0.963	0.960	0.996	0.985	1.000
芜湖	0.977	0.973	0.986	0.995	0.996	1.000	0.978	0.939	0.989
黄山	0.994	0.995	0.995	0.992	0.986	0.988	0.984	0.985	0.985
池州	0.807	0.820	0.825	0.832	0.805	0.834	0.849	0.862	0.879
安庆	0.989	0.990	0.989	0.992	0.992	0.988	0.983	0.979	0.980
宣城	0.995	0.992	0.989	0.993	0.992	0.993	0.993	0.999	1.000
铜陵	0.988	0.993	0.994	0.989	0.990	0.995	0.993	0.997	0.994
滁州	0.999	0.999	0.999	0.989	0.999	0.999	0.999	0.997	0.999
合肥	0.997	0.998	0.997	0.998	0.996	1.000	0.996	0.996	0.993
杭州	1.000	0.996	0.999	0.998	0.998	0.997	0.997	0.997	0.993
宁波	1.000	1.000	0.997	0.994	0.976	0.991	0.983	0.971	0.970
绍兴	0.994	0.995	0.999	0.999	1.000	0.998	0.998	1.000	0.998
湖州	0.973	0.994	0.997	0.999	1.000	0.994	0.992	0.991	0.999
嘉兴	0.990	0.989	0.994	0.998	1.000	1.000	1.000	0.998	0.999
金华	0.989	0.989	0.994	0.995	0.996	0.997	0.999	1.000	0.999
舟山	0.943	0.940	0.962	0.973	0.969	0.976	0.982	0.975	0.978
台州	0.999	0.996	0.993	0.993	0.998	0.997	0.999	0.993	0.985
南京	0.992	0.998	0.998	1.000	0.999	0.998	0.995	0.996	1.000
无锡	0.999	1.000	0.999	0.999	0.998	0.997	0.996	0.997	1.000

续表

城市	2019年	2018年	2017年	2016年	2015年	2014年	2013年	2012年	2011年
苏州	0.960	0.987	0.999	0.988	0.997	0.996	0.991	0.974	0.968
常州	0.967	0.962	0.971	0.978	0.962	0.946	0.938	0.946	0.913
南通	0.996	1.000	0.999	0.997	0.993	0.989	0.977	0.969	0.972
盐城	1.000	1.000	0.999	0.997	0.997	0.997	0.998	1.000	1.000
扬州	0.968	0.984	0.987	0.985	0.979	0.979	0.979	0.990	0.991
泰州	0.998	0.999	0.999	0.999	1.000	0.996	0.994	0.997	1.000

从表4-11中可以看出，2011—2019年各城市文化和旅游产业的耦合度值均在0.8以上，最高为1，最低为0.805，说明各城市的文旅融合都处于高度耦合的状态，两大产业的关联程度非常高。但受到耦合度模型的局限性，该结果并不能体现出各城市文化和旅游产业自身的发展水平，也不能体现出这种关联程度的好坏。因此，为了进一步明晰各城市9年间两大产业融合协调发展的情况，本书在耦合度模型的基础上，运用耦合协调度模型对各城市的情况进行实证分析。

4.5.3 长三角城市群文化和旅游产业发展耦合协调度

根据耦合协调度的计算公式，可计算出2011—2019年各城市文化和旅游产业的耦合协调度值，见表4-12。各城市文化和旅游产业耦合协调度等级分布，见表4-13。

表4-12　2011—2019年各城市文化和旅游产业的耦合协调度值

城市	2019年	2018年	2017年	2016年	2015年	2014年	2013年	2012年	2011年
上海	0.977	0.954	0.928	0.908	0.891	0.879	0.878	0.866	0.845
马鞍山	0.298	0.265	0.254	0.253	0.251	0.237	0.223	0.216	0.192
芜湖	0.395	0.380	0.351	0.315	0.307	0.338	0.299	0.302	0.255

续表

城市	2019年	2018年	2017年	2016年	2015年	2014年	2013年	2012年	2011年
黄山	0.357	0.347	0.344	0.336	0.337	0.341	0.322	0.318	0.310
池州	0.242	0.237	0.226	0.224	0.218	0.209	0.202	0.199	0.193
安庆	0.384	0.373	0.356	0.345	0.338	0.334	0.319	0.297	0.278
宣城	0.316	0.313	0.306	0.295	0.288	0.282	0.266	0.258	0.251
铜陵	0.197	0.198	0.193	0.183	0.156	0.149	0.143	0.143	0.139
滁州	0.287	0.275	0.262	0.232	0.233	0.230	0.215	0.215	0.205
合肥	0.537	0.520	0.500	0.482	0.466	0.422	0.422	0.415	0.394
杭州	0.741	0.699	0.677	0.643	0.611	0.597	0.585	0.566	0.543
宁波	0.574	0.536	0.523	0.494	0.441	0.449	0.431	0.423	0.420
绍兴	0.440	0.432	0.445	0.428	0.419	0.402	0.383	0.360	0.349
湖州	0.424	0.432	0.401	0.372	0.350	0.314	0.279	0.270	0.263
嘉兴	0.463	0.445	0.427	0.411	0.391	0.380	0.359	0.350	0.333
金华	0.471	0.448	0.431	0.411	0.393	0.372	0.361	0.349	0.336
舟山	0.300	0.296	0.285	0.267	0.256	0.247	0.240	0.235	0.231
台州	0.457	0.436	0.405	0.370	0.349	0.323	0.305	0.297	0.284
南京	0.580	0.586	0.565	0.562	0.549	0.541	0.519	0.514	0.521
无锡	0.472	0.468	0.458	0.445	0.428	0.418	0.411	0.410	0.394
苏州	0.503	0.508	0.519	0.485	0.491	0.482	0.464	0.448	0.427
常州	0.358	0.346	0.337	0.329	0.318	0.308	0.300	0.291	0.265
南通	0.387	0.371	0.363	0.347	0.338	0.328	0.321	0.310	0.301
盐城	0.350	0.336	0.322	0.318	0.313	0.307	0.298	0.293	0.286
扬州	0.349	0.359	0.336	0.330	0.320	0.320	0.315	0.304	0.295
泰州	0.334	0.324	0.320	0.312	0.312	0.287	0.273	0.266	0.253

表4-13　　各城市文化和旅游产业耦合协调度等级分布

耦合协调度值	等级	2011年	2015年	2019年
[0.000，0.100]	极度失调	—	—	—
(0.100，0.200]	严重失调	马鞍山、池州、铜陵	铜陵	铜陵
(0.200，0.300]	中度失调	芜湖、安庆、宣城、滁州、湖州、舟山、台州、常州、盐城、扬州、泰州	马鞍山、池州、宣城、滁州、舟山	马鞍山、池州、滁州、舟山
(0.300，0.400]	轻度失调	黄山、合肥、嘉兴、金华、无锡、绍兴、南通	芜湖、黄山、安庆、湖州、嘉兴、金华、台州、常州、南通、盐城、扬州、泰州	芜湖、黄山、安庆、宣城、常州、南通、盐城、扬州、泰州
(0.400，0.500]	濒临失调	宁波、苏州	合肥、宁波、绍兴、无锡、苏州	绍兴、湖州、嘉兴、金华、台州、无锡
[0.500，0.600]	勉强协调	杭州、南京	南京	合肥、宁波、南京、苏州
(0.600，0.700]	初级协调	—	杭州	—
(0.700，0.800]	中级协调	—	—	杭州
(0.800，0.900]	良好协调	上海	上海	—
(0.900，1.000]	优质协调	—	—	上海

根据上述的研究结果，可以得出以下结论：

1.长三角城市群整体上的文旅融合发展程度较低，但呈现递增态势

从整体情况来看，2011—2019年26个城市的文旅耦合协调度的均值均小于0.5，因此长三角地区的文旅融合发展程度较低，仍处于失调的状态。但是，文旅耦合协调度正在逐年递增，不同城市的增长速度存在差异。

2011年，长三角地区的文旅耦合协调度的均值为0.329，标准差为0.140，处于轻度失调的状态。其中，上海的耦合协调度值为0.845，处于良好协调的状态，铜陵的耦合协调度值为0.139，处于严重失调的状态。上海、合肥、杭州、宁波、绍兴、嘉兴、金华、南京、无锡和苏州10个城市的耦合协调度值都高于均值，这些城市大多位于江浙沪，其综合实力较强。

2015年，长三角地区的文旅耦合协调度的均值为0.375，标准差为0.144，仍处于轻度失调的状态。其中，上海的耦合协调度值为0.891，处于良好协调的状态，铜陵的耦合协调度值为0.156，处于严重失调的状态。上海、合肥、杭州、宁波、绍兴、嘉兴、金华、南京、无锡和苏州10个城市的耦合协调度值仍都高于均值。值得注意的是，严重失调的城市只剩下铜陵，马鞍山和池州都达到了中度失调的状态，芜湖、安庆、湖州、台州、常州、盐城、扬州和泰州8个城市都达到了轻度失调的状态，合肥、无锡和绍兴3个城市由轻度失调状态调整为濒临失调状态，杭州由勉强协调状态调整为初级协调状态。

2019年，长三角地区的文旅耦合协调度的均值为0.430，标准差为0.159，处于濒临失调的状态。其中，上海的耦合协调度值为0.977，处于优质协调的状态，铜陵的耦合协调度值为0.197，处于严重失调的状态。除了前面提到的10个城市的耦合协调度值都高于均值外，又新增了一个城市台州。铜陵仍处于严重失调的状态，宣城达到了轻度失调的状态，湖州、嘉兴、金华和台州4个城市达到了濒临失调的状态，合肥、宁波和苏州3个城市由濒临失调状态调整为勉强协调状态，杭州由初级协调状态调整为中级协调状态，上海由良好协调状态调整为优质协调状态。没有城市存在协调发展倒退的现象。因此，从整体上来看，各城市的文旅融合发展程度有了很大幅度的提升。

2.长三角城市群地区间差异增大

从整体上来看，9年间上海的文旅耦合协调度一直领先于其他城市，2011年处于良好协调的状态，2019年更是达到了优质协调的状态，浙江省各城市的文旅耦合协调度的均值一直位居第二，安徽省各城市的文旅耦合协调度的均值一直落后于上海、浙江省和江苏省的各城市，位居第四。

从差异性来看，2011—2019年26个城市的文旅耦合协调度值从0.689逐年递增到了0.785，标准差也从最初的0.137逐年递增到了0.158，说明各城市之间文旅融合发展的差异性正在扩大。9年间，安徽省的耦合协调度的极差从0.251递增到了0.332，标准差从0.070递增到了0.091。其中，合肥是文旅耦合协调度最好的城市，由轻度失调状态调整为勉强协调状态；铜陵是文旅耦合协调度最差的城市，且一直处于严重失调的状态；由于芜湖、黄山、安庆、合肥4个城市的文化和旅游产业基础较好，因此在促进文旅融合发展方面均位于前列；马鞍山、池州、宣城、铜陵和滁州5个城市在促进文旅融合发展方面则略微滞后。江苏省的文旅耦合协调度的极差和标准差都较为平稳，极差的最小值为2015年的0.245，最大值为2018年的0.271，标准差一直在0.88附近波动。苏南地区（包括南京、无锡、苏州、常州）的文旅耦合协调度要好于苏中地区（包括扬州、南通）和苏北地区（包括盐城、泰州）。浙江省的文旅耦合协调度的极差从2011年的0.312递增至2019年的0.414，且标准差也从0.090递增至0.113，说明各城市之间的差距正在扩大，作为新一线城市的杭州和宁波9年间一直领先于其他城市，作为三线城市的舟山在文旅融合发展方面相对落后。

综上所述，长三角城市群除了上海外，总体上仍然处于文旅融合发展的初级阶段，但各城市的耦合协调度正在稳步提升，说明文旅融合发展的程度正在改善。2019年，近半数城市的耦合协调度值大于0.5，处于协调状态。同时，各城市之间的文旅融合发展存在空间差异，上海领先于浙江省和江苏省，安徽省相对落后。总体来说，除了上海达到了优质协调的状态外，其他城市在促进文旅融合方面有着广阔的提升空间。

4.6 长三角城市群文旅融合发展与区域经济增长关系分析

4.6.1 时间演变分析

在对文旅融合发展和区域经济增长之间的相互关系进行深入研究之前，本书先在时间演变层面上对二者进行分析。图4-1为2011-2019年长三角地区人均国内生产总值与文旅耦合协调度均值变化及其增长率变化。

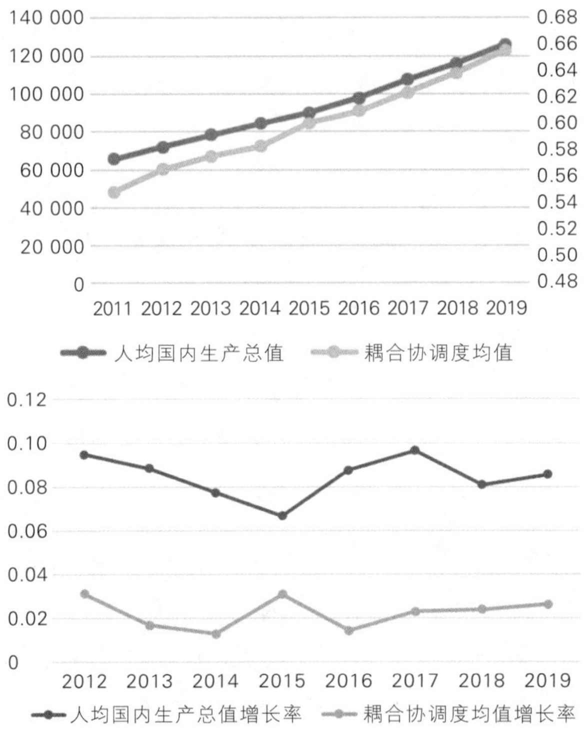

图4-1 2011—2019年长三角地区人均国内生产总值与文旅耦合协调度均值变化（上图）及其增长率变化（下图）

由图4-1可知，2011—2019年，长三角地区整体的经济发展水平和文旅融合发展水平正在逐年提升。其中，人均国内生产总值增长率和文旅耦合协调度均值增长率的变化趋势不尽相同，人均国内生产总值增长率始终高于文旅耦合协调度均值增长率。根据二者增长率的变化情况，可将2011—2019年长三角地区的发展情况划分为两个阶段：

第一阶段为减速阶段（2011—2014年）。该阶段文旅耦合协调度均值和人均国内生产总值都在减速增长。虽然在该阶段我国出现了内生性增长动力不足等情况，但社会经济发展较为稳定。2012年，长三角地区的文化产业正式进入了全面提升阶段，随着文化产业发展的规模化和集约化，旅游产业的发展进一步加快，但在文旅融合发展上缺乏强劲的动力。

第二阶段为加速阶段（2015—2019年）。在该阶段文旅耦合协调度均值和人均国内生产总值都由减速增长变为加速增长。虽然部分年份的增长率有所波动，但在整体上都是加速增长的，说明长三角地区的文旅融合发展不断加深，成为促进区域经济增长的强劲动力。

4.6.2 文旅融合发展与区域经济增长的模型分析

1.变量选取、数据来源和模型建立

本书选取了文旅耦合协调度表示各城市的文旅融合程度，以及人均国内生产总值表示各城市的经济增长情况。通过对这两个指标建立PVAR模型，来研究文旅融合与区域经济增长之间的相互关系。本书建立的PVAR模型如下：

$$y_{it} = \beta_0 + \sum_{j=1}^{p} \beta_j y_{it-j} + \alpha_i + \gamma_t + \varepsilon_{it} \quad (4-12)$$

式（4-12）中，i表示不同的城市，t表示不同的年份，$y_{it} = [D, G]$表示列项量，它包括两个内生变量，分别为文旅耦合协调度（D）和地区人均国内生产总值（G），p表示滞后阶数，β_0表示截距项向量，β_j表示待估参数矩阵，α_i表示个体固定效应，γ_t表示时间效应，ε_{it}表示随机扰动项。

本部分使用的数据，一个是文旅耦合协调度，该数据在上文中已经计算得出，另一个是人均国内生产总值，其来源于26个城市2011—2019年的《统计年鉴》，共有234个样本观测值，数据真实可靠。通过stata软件对其进行描述性统计分析，见表4-14。

表4-14 **变量描述性统计结果**

变量	样本数	均值	标准差	最小值	最大值
D	234	0.37 854	0.15 098	0.1387	0.97 737
rGDP	234	81 375.29	35 370.44	21 608	180 044

从表4-14中可以看出，由于城市经济水平和文旅融合发展的差异性，文旅耦合协调度和人均国内生产总值的标准差相差比较大，因此在后续的步骤中应对其进行差分处理。

随后，对人均国内生产总值和文旅耦合协调度进行初步的相关关系检验，见表4-15。

表4-15 **相关系数矩阵**

变量	D	rGDP
D	1.0000	
rGDP	0.5835	1.0000
	（0.0000）	

从表4-15中可以看出，文旅耦合协调度与人均国内生产总值具有较强的正相关关系，相关系数为0.5835，且在1%的水平上显著。

2.单位根检验

在建立PVAR模型之前，需要对数据进行平稳性检验，即单位根检验。该步骤是为了确保数据具备平稳性。如果所用到的面板数据不具备平稳性，那么在后续的建模过程中容易出现“伪回归”现象，从而影响最终结果的准确性。因此，对数据进行单位根检验，是进行实证分析的第一步。在单位根检验不通过的情况下，可以考虑对原始数据使用一阶差分或者选取对数等方法进行数据变换，对变化后的数据再次进行单位根检验，直至通过。

单位根检验有许多种方法，本书使用了LLC检验、HT检验和IPS检验三种方法对原始数据进行单位根检验，这三种检验的原假设均为面板数据含有单位，即面板数据不具备平稳性，其备择假设为面板数据平稳。

单位根检验的结果表明，通过三种检验方法检测的原始面板数据都不具备平稳性。为了使数据变得平稳，对原序列进行差分处理，并再次使用上述检验方法进行单位根检验，见表4-16。在0.05的显著性水平上，一阶差分后的文旅耦合协调度和人均国内生产总值均平稳，不存在单位根问题。

表4-16　　**面板数据单位根检验**

检验方法	原始变量				差分后变量			
	rGDP		D		drGDP		Dd	
	统计量	P值	统计量	P值	统计量	P值	统计量	P值
LLC	5.669	1.0000	6.0748	1.0000	4.4676	0.0000	-5.2486	0.0000
HT	0.9044	0.9997	0.8660	0.9975	0.0796	0.0000	-0.1765	0.0000
IPS	5.2647	1.0000	5.2307	1.0000	1.9029	0.0285	-3.9105	0.0000

3.模型滞后期选择

建立PVAR模型时，需要确定最佳滞后阶数，这样可使建模结果更加准确。一般而言，在确定最佳滞后阶数时，需要参考AIC、BIC和HQIC准则，并找到使这三个值最小的阶数，即最佳滞后阶数。使用stata软件计算出最佳滞后阶数，见表4-17。根据少数服从多数的原则，

PVAR模型的最佳滞后阶数为滞后四期。

表4-17　　最佳滞后阶数结果

滞后期	AIC	BIC	HQIC
1	15.5541	16.6489*	15.9987
2	17.6668	18.9903	18.2045
3	16.3053	17.9326	16.9645
4	15.0675*	17.1221	15.89*
5	21.7447	24.4464	22.7805

注：*表示AIC、BIC和HQIC准则的最小值，即最佳滞后阶数

4.PVAR模型估计

为了反映文旅耦合协调度和人均国内生产总值的滞后项对各个变量的影响，本书采用广义矩估计法（GMM）来研究二者之间的关系。其估计结果，见表4-18。

表4-18　　PVAR模型的GMM估计结果

变量	h_Dd	h_drGDP
L1.h_Dd	−0.172	211 452.600
	0.632	0.183
L1.h_drGDP	−0.004	0.152
	0.043*	0.304
L2.h_Dd	−0.170	156 236.600
	0.510	0.227
L2.h_drGDP	−0.001	0.035
	0.578	0.821

续表

变量	h_Dd	h_drGDP
L3.h_Dd	0.049	127 967.900
	0.827	0.188
L3.h_drGDP	-0.002	0.026
	0.387	0.858
L4.h_Dd	-0.104	61 984.970
	0.463	0.326
L4.h_drGDP	-0.001	0.198
	0.372	0.050*

注：*表示在5%的水平上显著；h表示对各个变量进行前后均值差分；L1、L2、L3、L4表示相应变量的滞后阶数。

从表4-18中可以看出，以文旅融合发展为被解释变量，滞后一期的区域经济增长对其的影响系数为0.043，且在5%的水平上显著，说明区域经济增长对文旅融合发展有较强的促进作用；以区域经济增长为被解释变量，滞后四期的区域经济增长对其自身发展的影响系数为0.198，在5%的水平上显著，说明区域经济增长对其自身发展也有正向的影响，即区域经济增长存在依赖自身发展的惯性。

但是，由于PVAR模型属于一种乏理论模型，利用GMM估计出的回归系数的正负、大小和显著性均不具备实际意义，并且面板向量自回归模型属于一种动态模型，使用GMM也不能全面地反映文旅融合发展与区域经济增长之间的相互关系，因此在研究二者之间的相互关系时，应更多地参考格兰杰因果检验、脉冲响应分析和预测方差分解的结果。

5.格兰杰因果关系检验

由于数据在差分处理后通过了单位根检验，且确定了最佳滞后阶数，因此可对原数据进行格兰杰因果检验。另外，还需要确定因果关系究竟是从文旅耦合协调度到人均国内生产总值，还是从人均国内生产总值到文旅耦合协调度，或者是双向因果关系，格兰杰因果检验的结果则可提供一定的参考。格兰杰因果检验是一种假设检验的统计方法，该方法能够检验一组序列是否为另一组序列的原因。该方法是基于以下思路：如果x是y的原因，但y不是x的原因，那么x的过去值可以帮助预测y的未来值，而y的过去值却不能帮助预测x的未来值。

对文旅耦合协调度序列和人均国内生产总值序列进行格兰杰因果检验，见表4-19。

表4-19　**格兰杰因果检验结果**

原假设	卡方统计量	P值	结论
Dd不是drGDP的格兰杰原因	1.9617	0.743	不拒绝
drGDP不是Dd的格兰杰原因	14.211	0.007	拒绝

从表4-19中可以看出，在滞后四期的情况下，当原假设为Dd不是drGDP的格兰杰原因时，不拒绝原假设，说明文旅耦合协调度不是人均国内生产总值的格兰杰原因；当原假设为drGDP不是Dd的格兰杰原因时，拒绝原假设，说明人均国内生产总值是文旅耦合协调度的格兰杰原因。该结果显示，文旅融合发展和区域经济增长之间存在因果关系，即区域经济增长对文旅融合发展的作用较为显著，而文旅融合发展对区域经济增长的作用相对不显著。也就是说，一个城市的人均国内生产总值可以在一定程度上预测该城市文旅融合发展的未来情况。

需要注意的是，格兰杰因果检验的并非真正意义上的因果关系，它只是一种动态的相关关系，反映的是一种变量能够对另一种变量具有的“预测能力”，从某种意义上来说，在不考虑非线性的因果关系时，格兰杰因果检验只是检验因果关系的必要条件，并且其结果在很大程度上依赖于样本的情况。所以，为了进一步分析区域经济增长和文旅融合发展之间的相互关系，本书进行了脉冲响应分析和方差分解分析。

6.脉冲响应分析

本书可通过脉冲响应函数进一步分析文旅融合发展和区域经济增长之间的相互关系。脉冲响应函数能够分析某一个内生变量对其他变量产生冲击后，被冲击变量的相应路径。也就是说，一个内生变量发生变化后是如何影响另一个内生变量的当期值和未来值。

本书利用1 000次蒙特卡罗模拟估计了文旅耦合协调度和人均国内生产总值变量之间的脉冲响应函数，如图4-2和图4-3所示。

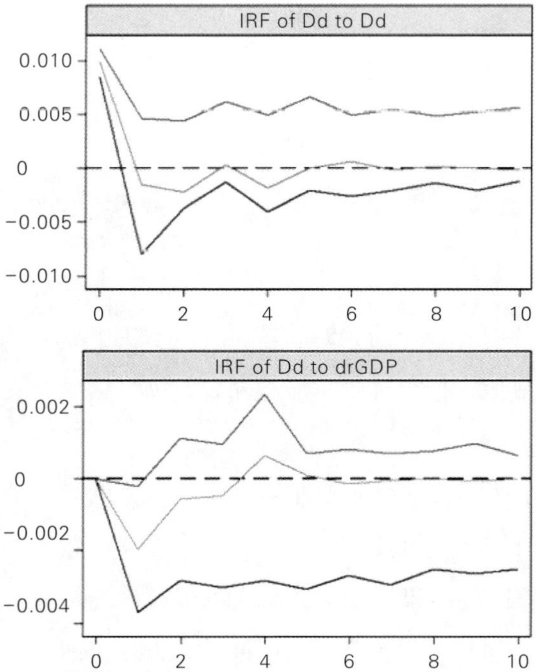

图4-2　文旅耦合协调度对文旅耦合协调度（上图）和人均国内生产总值（下图）的脉冲响应

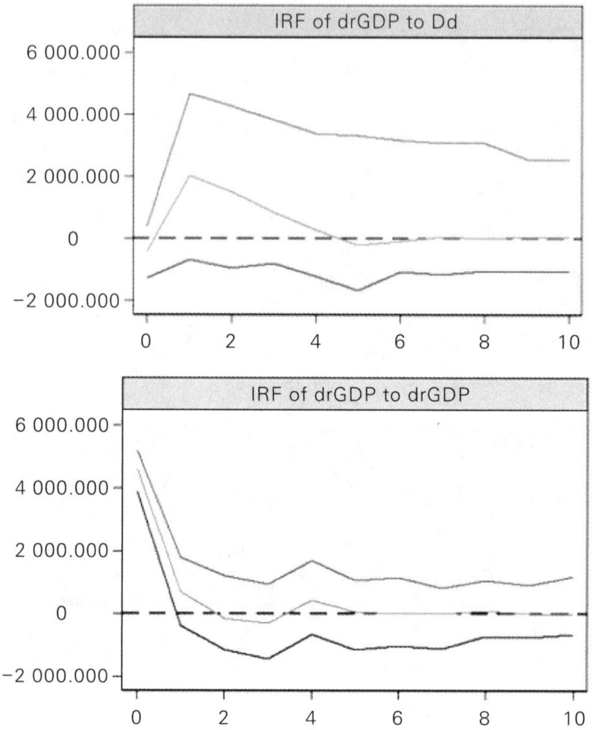

图4-3　人均国内生产总值对文旅耦合协调度（上图）和人均国内生产总值（下图）的脉冲响应

其中，上下两条线表示95%的置信区间的边界，中间那条线表示脉冲函数的响应值，横坐标表示滞后期数，纵坐标表示变量所受到的脉冲响应的程度。

图4-2中上图的结果显示，在给文旅耦合协调度一个标准差的冲击时，其自身会在当期达到正向最大值，随后逐渐收敛于0。

图4-2中下图的结果显示，在给人均国内生产总值一个标准差的冲击时，文旅耦合协调度先会产生负向冲击，再在第四期左右转为正向冲击，并达到峰值，随后逐渐收敛于0。

图4-3中上图的结果显示，在给文旅耦合协调度一个标准差的冲击时，人均国内生产总值会在当期产生短暂的负向反应，随后迅速变为正

向反应，并在第一期达到峰值，接着逐渐收敛于0。

图4-3中下图的结果显示，在给人均国内生产总值一个标准差的冲击时，其自身会在当期迅速达到正向最大值，随后逐渐收敛于0。

综上所述，从文旅耦合协调度和人均国内生产总值之间的响应值来看，在相同的阶段上，人均国内生产总值对文旅耦合协调度的响应值普遍大于文旅耦合协调度对人均国内生产总值的响应值，且在前四期文旅耦合协调度会对人均国内生产总值产生正向影响，而人均国内生产总值会对文旅耦合协调度产生负向影响，说明文旅融合发展对区域经济增长起到了促进的作用，而区域经济增长对文旅融合的促进具有一定的滞后性，即区域经济增长在短期内会抑制文旅融合的发展，但随后会慢慢过渡到促进文旅融合的发展。文旅耦合协调度和人均国内生产总值之间的响应值在第五期后趋向0，这说明文旅融合发展和区域经济增长之间的影响时效较短。

7.方差分解分析

脉冲响应函数能够直观地反映出文旅融合发展和区域经济增长之间的影响方式，而方差分解能够通过具体的数据来深入分析每个内生变量对其他内生变量的贡献程度。因此，在脉冲响应分析的基础上采用方差分解，来进一步分析文旅融合发展和区域经济增长的相互关系。方差分解结果，见表4-20。

表4-20 **方差分解结果**

期数	人均国内生产总值		文旅耦合协调度	
	人均国内生产总值	文旅耦合协调度	人均国内生产总值	文旅耦合协调度
1	99.2%	0.80%	0	100.0%
2	83.5%	16.5%	3.7%	96.3%

续表

期数	人均国内生产总值		文旅耦合协调度	
	人均国内生产总值	文旅耦合协调度	人均国内生产总值	文旅耦合协调度
3	76.8%	23.2%	3.8%	96.2%
4	75.0%	25.0%	4.0%	96.0%
5	74.9%	25.1%	4.2%	95.8%
6	74.9%	25.1%	4.2%	95.8%
7	74.9%	25.1%	4.2%	95.8%
8	74.9%	25.1%	4.2%	95.8%
9	74.9%	25.1%	4.2%	95.8%
10	74.9%	25.1%	4.2%	95.8%

表4-20的结果显示，文旅融合发展和区域经济增长的变动是由二者共同作用决定的，并且文旅融合发展对区域经济增长的方差贡献程度大于后者对前者的方差贡献程度，该结果与脉冲效应的结果一致。另外，文旅耦合协调度对人均国内生产总值的贡献程度由第一期的0.8%快速上升到第三期的23.2%，并于第五期上升至25.1%，随后保持稳定；而人均国内生产总值对文旅耦合协调度的贡献程度由第一期的0上升到第三期的3.8%，并于第五期上升至4.2%，随后保持稳定。因此，文旅融合发展和区域经济增长之间的相互影响具有较短的滞后期，无法在当期产生相互影响。从长期来看，文旅融合发展对区域经济增长的影响远大于后者对前者的影响。

4.7 小结

本章节以长三角城市群的文旅融合发展为主题，先是对该区域各城市文化和旅游产业的发展现状进行分析，得出2011—2019年各城市的文化和旅游产业综合得分。一方面，通过该得分划分各城市的产业发展梯度；另一方面，为后续的计算进行铺垫。接着，使用同步性模型、耦合度模型和耦合协调度模型分别对26个城市的文旅融合发展情况进行量化研究，对9年间各城市的文旅融合发展情况进行分析。最后，使用文旅耦合协调度表示文旅融合发展的程度，使用人均国内生产总值表示区域经济增长的情况，并建立PVAR模型，进行格兰杰因果检验、脉冲响应分析和方差分解分析，从而深入分析文旅融合发展和区域经济增长之间的关系。通过以上研究，得出以下结论：

1.长三角城市群的文化和旅游产业发展迅速

通过计算长三角城市群的文化和旅游产业综合得分，可知9年间各城市文化和旅游产业的发展都有显著的提升。其中，上海作为区域经济发达的城市，其文化和旅游产业的发展领先于其他城市，稳居第一位。浙江省和江苏省的文化和旅游产业的发展水平相近，安徽省的整体情况则是略微落后。同时，文旅融合发展的程度与区域经济的水平大体相当。此外，文化和旅游产业综合得分的极差正在逐年递增，说明各城市产业水平的差距正在加大。

2.长三角城市群的文旅融合处于起步阶段，且总体上呈现增长态势

文旅耦合协调度的研究结果显示，长三角地区除了上海的文旅融合达到了优质协调的状态，杭州的文旅融合达到了中级协调的状态，合肥、宁波、南京和苏州4个城市的文旅融合达到了勉强协调的状态外，其他城市的文旅融合都处于失调状态。因此，我国的文旅融合处于起步阶段。与此同时，我国文旅融合发展的空间巨大，9年间长三角城市群的文旅耦合协调度呈现增长态势，无一下滑，说明在各类政策、资源、经济的支持下，文旅融合有着良好的较大的发展动力。

3.文旅融合发展和区域经济增长之间的互动性较强

首先，从绘制的文旅耦合协调度和人均国内生产总值的折线图可知，二者之间具有相近的发展趋势，研究的相关系数显示，二者之间存

在正向的相关关系。其次，格兰杰因果检验的结果显示，文旅融合发展和区域经济增长之间存在因果关系，区域经济增长是文旅融合发展的格兰杰原因，即一个城市的区域经济增长情况能在一定程度上预测该城市的文旅融合发展程度。最后，脉冲响应函数和方差分解分析的结果也表明，文旅融合发展和区域经济增长之间存在关联，文旅融合发展能够促进区域经济的增长，而区域经济增长对文旅融合发展的促进作用具有一定的滞后性。

本书的建议是：

1. 丰富文化和旅游产业资源，重视相关领域的人才培养

本书使用熵值法对文化和旅游产业的各指标权重进行了计算，文化产业指标体系中的图书馆藏书量、博物馆数量、艺术表演团体演出场次和文化及相关产业从业人数的权重相对较大，旅游产业指标体系中的旅行社数量、星级饭店数量、旅游总收入和餐饮、住宿业从业人数的权重相对较大。该结果可为未来发展文化和旅游产业提供方向。一方面，丰富产业资源，各城市应通过提高人均拥有图书馆藏书量、建设博物馆、加大文物保护力度，以及鼓励各类艺术表演团体进行演出等方式来发展文化产业；通过对旅行社、星级饭店增量提质等方法来完善旅游服务机构，提升游客满意度，从而发展旅游业，增加旅游收入。另一方面，增加相关领域的从业人数，重视人才培训，为文化和旅游产业输送更多的高水平人才，从而实现产业的可持续发展。

2. 加大文旅融合发展力度，实现二者平衡同步发展

一个城市应做到各产业均衡发展，若过于依赖单一产业，则城市的抗风险能力较差。从整体上来看，长三角城市群的文化和旅游产业发展较为滞后，因此政府应在继续开发旅游产业的基础上，挖掘文化资源，开发文化项目，打造文化优势，让资金、资源、政策都向文化产业倾斜。同时，政府定期评估、复盘各产业的发展情况，均衡各产业的资源投入，除了使文化和旅游产业实现同步均衡发展外，还应使二者同其他

产业实现同步均衡发展，最终达到各产业百花齐放的景象。另外，各城市的文旅耦合度非常高，但是文旅耦合协调度总体上比较低，说明各城市的文旅融合程度处于低水平。因此，为了提升文旅融合发展水平，政府需要提升文化和旅游产业发展水平，创新融合发展模式，挖掘融合发展结合点，开发新业态，完善各类基础设施，打造文旅融合优势，优化文旅融合发展环境。

3.及时评估文旅融合的经济效益，以及经济发展对文旅融合的影响

文旅融合发展和区域经济增长之间存在互动关系，由于二者之间的影响并不能在当期体现出来，因此政府应高度重视二者在不同时期的影响结果，尤其是区域经济增长的情况可能会在短期内给文旅融合发展带来负面影响，把控好文旅融合发展的步伐，防止在经济高速增长的同时产业融合发生倒退。

5 文旅融合机制评估：基于五部门投入产出表

5.1 研究基础：投入产出法

投入产出法最早是由美国经济学家华西里·列昂惕夫于1936年提出的，他在《美国经济结构（1919—1929年）》《美国经济结构研究》中详细介绍了这个方法，阐述了投入产出法的基本原理。投入产出法主要是通过编制部门间的投入产出表、建立相应的数学模型和计算相关指标系数来反映国民经济各产业部门之间的相互关联情况及其对国民经济的影响作用。近年来，投入产出法被广泛地使用，逐渐成为比较成熟的分析产业关联性的工具。

5.2 评估文化融合机制下的五部门投入产出表

在使用投入产出法之前，要先编制投入产出表，它是投入产出法的核心内容。投入产出表分为实物型投入产出表和价值型投入产出表两类。实物型投入产出表是以实物为计量单位来编制的；价值型投入产出表是以货币为计量单位来编制的。本书选用了价值型投入产出表进行分析。投入产出表主要由中间产品矩阵、初始投入矩阵和最终使用矩阵三个部分组成，它能够将产业部门之间的各种生产与分配、消耗与产出等有机结合在一起，全面地反映社会再生产的全过程。投入产出表的基本结构见表5-1。

从表5-1中可以看出，第一象限是基础部分，反映了各产业部门之间的经济技术联系；第二象限反映了各产业部门所生产的产品的最终使用情况，包括最终消费、资本形成总额和净出口；第三象限是增加值构成象限，反映了各产业部门的初始投入情况；第四象限是第二、三象限

表5-1　　投入产出表的基本结构

产出／投入		中间使用	最终使用	总产出
		产业1　产业2　……　产业n　合计	最终消费　资本形成总额　净出口　合计	
中间投入	产业1 产业2 …… 产业n 合计	Ⅰ　x_{ij}	Ⅱ　I_{ij}	Y_i
初始投入	劳动者报酬 生产税净额 固定资产折旧 营业盈余 增加值合计	Ⅲ　N_{ij}		
总投入		X_j		

的延伸部分，与国民收入的再分配情况相关，但是目前对该象限的研究还不够成熟，因此本书暂不讨论此象限。

从横向来看，投入产出表反映了各产业部门所生产的产品在国民经济中被分配使用的情况。例如，x_{ij}表示i部门的产品分配给j部门在生产过程中使用的数量，也可表示i部门从j部门所获得的收入；Y_i表示i部门总产出中用于最终消费、资本形成总额和净出口的情况；N_{ij}表示全社会的劳动者报酬中分别来自各产业部门的劳动者报酬的数量。从纵向来看，投入产出表反映了各产业部门的产品在生产过程中的价值形成情况。例如，x_{ij}表示j部门在生产过程中对i部门产品的消耗量，也可表示i部门产品对j部门产品的投入量；N_{ij}表示j部门增加值的构成情况，即劳动者报酬、生产税净额、固定资产折旧和营业盈余分别所占的比例。

本书围绕文化及相关产业和旅游及相关产业，将官方发布的2012年和2015年42个部门投入产出流量表和2017年149个部门投入产出流量表编制成5×5部门投入产出表，再通过计算各种相关系数分析它们之间的技术与经济联系以及文化和旅游产业之间的融合性。

5.3 产业部门的划分与合并

5.3.1 产业划分的理论依据

在《文化及相关产业分类（2018）》中，文化及相关产业是指为社会公众提供文化产品和文化相关产品的生产活动的集合。本分类分为文化核心领域和文化相关领域，共有9个大类、43个中类和146个小类。在《国家旅游及相关产业统计分类（2018）》中，旅游是指游客的活动，即游客的出行、住宿、餐饮、游览、购物、娱乐等活动。本分类分为旅游业和旅游相关产业两大部分。旅游业是指直接为游客提供出行、住宿、餐饮、游览、购物、娱乐等服务活动的集合，共有7个大类、21个中类和46个小类。旅游相关产业是指为游客出行提供旅游辅助服务和政府旅游管理服务等活动的集合，共有2个大类、6个中类和19个小类。

本书在对文化和旅游产业的概念和范围进行界定的基础上，结合《国民经济行业分类》（GB/T 4754—2017），将文化及相关产业划分为文化服务业和文化制造业两个部分，前者在整个文化产业中占主要地位，是产业融合的核心力量，后者则包括了除文化服务业之外的所有剩余文化产业。需要注意的是，虽然文化办公用机械制造是与文化相关的制造业，但在文旅融合中所起的作用微乎其微，因此将其划分给“工业”来考察。

旅游及相关产业主要包括食、住、行、游、购、娱六大要素，这六大要素贯穿于餐饮业、交通业、邮电通信业、生活服务业（包括旅馆、旅行社以及文化、体育和娱乐业）等行业，与游客在旅游过程中的消费行为直接相关。因此，本书将结合官方发布的旅游抽样调查资料，从这六大要素出发，选取投入产出流量表中与旅游相关的产业部门，并将这些产业部门独立出来，与文化及相关产业和其他产业部门共同编制成新的投入产出表。

第一个产业部门为“农业”，即与农、林、牧、渔相关的产业，第二个产业部门为“工业”，即去除了“文化制造业”后的所有与工业相关的产业，第三个产业部门为“文化及相关产业”，第四个产业部门为“旅游及相关产业”，第五个产业部门为“服务业”，是去除文化服务业和旅游及相关产业的其他第三产业。整理合并后的产业部门分类及说明，见表5-2。

表5-2　　**产业部门分类及说明**

序号	部门名称	说明
1	农业	第一产业，即农、林、牧、渔业及其对应的服务业
2	工业	去除了文化制造业的第二产业，包括采选业、制造业、加工业和建筑业等
3	文化及相关产业	可分为文化服务业和文化制造业两大类，包括造纸和印刷业，文教和体育用品业，新闻和出版业，广播和电视制作业，文化、体育和娱乐业等
4	旅游及相关产业	旅游消费涉及的国民经济部门包括交通运输、仓储和邮政业，住宿和餐饮业，租赁和商务服务业等
5	服务业	去除文化服务业和旅游及相关产业的其他第三产业

国家发布的2012年和2015年投入产出基本流量表均包含了42个部门，而2017年的投入产出基本流量表则包含了149个部门，在部门分类上更为细致，针对投入产出流量表中各产业部门之间的差异，依据相关

标准进行了合并处理。另外，虽然本书提出的五部门名称与一般意义上的产业部门名称表述相同，但具体内容并不相同，其目的是更加简洁清楚地突出五部门的特征。下文中的所有关于投入产出表的分析，如无特殊说明，均按照这五部门划分标准进行。

5.3.2 五部门投入产出表的编制

根据上文对国民经济各产业部门的划分与合并，本书编制了5×5的投入产出表，并根据公式计算相关指标，从而分析文旅融合发展的情况。五部门投入产出表，见表5-3。

表5-3 **五部门投入产出表**

投入 \ 产出		中间使用						最终使用				总产出
		农业	工业	文化及相关产业	旅游及相关产业	服务业	合计	最终消费	资本形成总额	净出口	合计	
中间投入	农业	x_{11}	x_{12}	x_{13}	x_{14}	x_{15}		C_1	Z_1	J_1	x_1	Y_1
	工业	x_{21}	x_{22}	x_{23}	x_{24}	x_{25}		C_2	Z_2	J_2	x_2	Y_2
	文化及相关产业	x_{31}	x_{32}	x_{33}	x_{34}	x_{35}		C_3	Z_3	J_3	x_3	Y_3
	旅游及相关产业	x_{41}	x_{42}	x_{43}	x_{44}	x_{45}		C_4	Z_4	J_4	x_4	Y_4
	服务业	x_{51}	x_{52}	x_{53}	x_{54}	x_{55}		C_5	Z_5	J_5	x_5	Y_5
	合计											
初始投入	劳动者报酬	V_1	V_2	V_3	V_4	V_5						
	生产税净额	S_1	S_2	S_3	S_4	S_5						
	固定资产折旧	D_1	D_2	D_3	D_4	D_5						
	营业盈余	M_1	M_2	M_3	M_4	M_5						
	增加值合计	A_1	A_2	A_3	A_4	A_5						
总投入		X_1	X_2	X_3	X_4	X_5						

5.4 产业结构与旅游产业分析指标及数据来源

5.4.1 主要分析指标

首先，对各部门的产业结构与经济效益进行整体的分析，所涉及的指标和相关计算公式，见表5-4。其次，对文化和旅游产业之间的关联性进行分析，所涉及的指标和相关计算公式，见表5-5。

表5-4　**产业结构与经济效益相关系数**

分类	指标名称	公式	说明
初始投入系数	劳动者报酬系数	$\alpha_{Vj}=\frac{V_j}{X_j}(j=1,2,\dots,n)$	V_j表示j部门的劳动者一年的劳动报酬，X_j表示j部门产品的总投入
	生产税净额系数	$\alpha_{Sj}=\frac{S_j}{X_j}(j=1,2,\dots,n)$	S_j表示j部门一年的生产税净额，X_j表示j部门产品的总投入
	固定资产折旧系数	$\alpha_{Dj}=\frac{D_j}{X_j}(j=1,2,\dots,n)$	D_j表示j部门的固定资产折旧总额，X_j表示j部门产品的总投入
	营业盈余系数	$\alpha_{Mj}=\frac{M_j}{X_j}(j=1,2,\dots,n)$	M_j表示j部门当年的营业盈余，X_j表示j部门产品的总投入
最终使用系数	最终消费系数	$\alpha_{Ci}=\frac{C_i}{Y_i}(i=1,2,\dots,n)$	C_i表示i部门当年的最终消费，Y_i表示i部门产品的总产出
	净出口系数	$\alpha_{Ei}=\frac{E_i}{Y_i}(i=1,2,\dots,n)$	E_i表示i部门当年的出口额，Y_i表示i部门产品的总产出

表5-5　**产业关联相关系数**

分类	指标名称	公式	说明
产业关联状态	直接消耗系数	$A_{ij}=\frac{x_{ij}}{X_j}(i,j=1,2,\dots,n)$	x_{ij}表示生产j部门产品对i部门产品的消耗量，X_j表示j部门产品的总投入

续表

分类	指标名称	公式	说明
产业关联状态	完全消耗系数	$B=(I-A)^{-1}-I$	I表示单位矩阵，A表示直接消耗系数矩阵
	直接分配系数	$H_{ij}=\frac{x_{ij}}{Y_i}(i, j=1, 2, \dots, n)$	x_{ij}表示i部门直接分配给j部门的产品或服务，Y_i表示i部门产品的总产出
	完全分配系数	$D=(I-H)^{-1}-I$	H表示直接分配系数矩阵，I表示单位矩阵
中间投入与中间需求	中间投入率	$P_j=\frac{\sum_{i=1}^{n}x_{ij}}{X_j}(j=1, 2, \dots, n)$	$\sum_{i=1}^{n}x_{ij}$表示j部门生产过程中的中间投入总和，X_j表示j部门产品的总投入
	中间需求率	$Q_i=\frac{\sum_{j=1}^{n}x_{ij}}{\sum_{j=1}^{n}x_{ij}+Y_i}(i=1, 2, \dots, n)$	$\sum_{j=1}^{n}x_{ij}$表示各部门对i部门的中间需求总和，Y_i表示i部门产品的总产出
影响力与感应度	影响力系数	$F_j=\frac{\sum_{i=1}^{n}C_{ij}}{\frac{1}{n}\sum_{i=1}^{n}\sum_{j=1}^{n}C_{ij}}(i, j=1, 2, \dots, n)$	C_{ij}为列昂惕夫逆矩阵$(I-A)^{-1}$中的元素，$\sum_{i=1}^{n}C_{ij}$表示产业的影响力
	感应度系数	$E_j=\frac{\sum_{j=1}^{n}C_{ij}}{\frac{1}{n}\sum_{i=1}^{n}\sum_{j=1}^{n}C_{ij}}(i, j=1, 2, \dots, n)$	$\sum_{j=1}^{n}C_{ij}$表示产业的感应度

5.4.2 数据来源

国家统计局在年份尾数为2和7的当年开展统计活动并编制投入产出表，在年份尾数为0和5的当年开展统计活动并编制投入产出延长表以作为数据的补充，编制而成的投入产出表能够反映各产业部门开展生产活动时的投入和使用情况。由于不同年份的投入产出表所包含的部门数量和分类存在差异，因此需要从广义层面对部门进行分类合并。本书选取了国家统计局发布的2012年、2015年和2017年投入产出流量表，作为基本数据来源，以《2012年中国统计年鉴》《2015年中国统计年鉴》《2017年中国统计年鉴》《全国年度统计公报》中的相关数据，作为数据的补充，依据《文化及相关产业分类（2018）》和《国家旅游及相关产业统计分类（2018）》，合并成了五部门的投入产出表，方便进行后续的实证分析。

5.5 文旅融合发展的实证分析

5.5.1 产业经济结构分析

初始投入与增加值相关，能够反映各部门的最初投入情况和组成结构，包括劳动者报酬、生产税净额、固定资产折旧和营业盈余。通过计算这些系数可以分析出各部门增加值的构成情况。

劳动者报酬系数：劳动者报酬是指各部门在一定时期内以各种形式支付给劳动者的全部报酬。劳动者报酬系数等于该部门劳动者报酬除以该部门总投入，反映了该部门的劳动密集程度。劳动者报酬系数越高，说明在该部门的总投入中劳动力投入越大，劳动密集程度越大，该部门的就业形势越好，反之亦然。根据公式计算出2012年、2015年和2017年五部门的劳动者报酬系数，见表5-6。

表5-6　**劳动者报酬系数**

部门名称	2012年	2015年	2017年
农业	0.5927	0.5932	0.5927
工业	0.0954	0.0875	0.1026
文化及相关产业	0.1414	0.1325	0.1640
旅游及相关产业	0.1942	0.2198	0.2261
服务业	0.2623	0.2906	0.2948

从表5-6中可以看出，除“农业”外，其他部门的劳动者报酬系数总体上呈现上升趋势，说明在其他部门的总投入中，支付给劳动者的报酬越来越多，即劳动力投入的比重越来越大，行业的就业状况就越来越好。另外，五部门在不同年份中“农业”的劳动者报酬系数最高，保持在近0.6的水平，相对来说是劳动密集程度最高的部门。“文化及相关产业”的劳动者报酬系数从2012年的0.1414上升到2017年的0.1640，“旅游及相关产业”的劳动者报酬系数从2012年的0.1942上升到2017年的0.2261，表明文化和旅游产业的快速发展能够改善行业的就业状况，还说明这些产业部门正面临着转型升级。

生产税净额系数：生产税净额是指产业部门在经营活动中所征收的各项税金、附加费和规费扣除生产补贴后的净额，即生产税与生产补贴的差额。生产税净额系数等于该部门生产税净额除以该部门总投入，反映了政府部门参与分配时所获得的收入，即每个部门对税收的贡献程度。根据公式计算出2012年、2015年和2017年五部门的生产税净额系数，见表5-7。

表5-7 **生产税净额系数**

部门名称	2012年	2015年	2017年
农业	−0.0324	−0.0367	−0.0310
工业	0.0431	0.0393	0.0483
文化及相关产业	0.0381	0.0310	0.0197
旅游及相关产业	0.0219	0.0043	0.0165
服务业	0.0880	0.0733	0.0542

从表5-7中可以看出，“农业”、“工业”和“旅游及相关产业”的生产税净额系数出现了波动，反映了它们对国家财政的贡献不够稳定。“文化及相关产业”和“服务业”的生产税净额系数呈现下降的趋势。相对来说，“服务业”整体上对税收的贡献最大，但文化和旅游产业的

贡献较小，表明这个部门的发展还不够成熟。

固定资产折旧系数：各产业部门在生产过程中会消耗固定资产，为了补偿这种消耗而提取出的价值称为固定资产折旧。固定资产折旧系数等于该部门固定资产折旧值除以该部门总投入。固定资产折旧系数越大，说明该部门在生产过程中越依赖于固定资产，反之亦然。根据公式计算出2012年、2015年和2017年五部门的固定资产折旧系数，见表5-8。

表5-8 **固定资产折旧系数**

部门名称	2012年	2015年	2017年
农业	0.0253	0.0192	0.0208
工业	0.0294	0.0257	0.0298
文化及相关产业	0.0431	0.0355	0.0521
旅游及相关产业	0.0715	0.0656	0.1218
服务业	0.0901	0.0834	0.0701

从表5-8中可以看出，与2012年相比，2017年“农业”和“服务业”的固定资产折旧系数有所下降，说明它们对固定资产的依赖程度有所降低；“工业”、“文化及相关产业”和“旅游及相关产业”的固定资产折旧系数总体上呈现上升趋势，说明它们对固定资产的依赖程度有所加大。另外，文化和旅游产业在生产过程中对固定资产的依赖程度处于中等水平。对固定资产依赖程度越低的产业，在其发展过程中越容易与其他产业融合，所以文化和旅游产业是有融合基础的。

营业盈余系数：营业盈余是指产业部门的增加值在扣除中间消耗、劳动者报酬、生产税净额和固定资产折旧之后的余额。营业盈余系数等于该部门营业盈余除以该部门总投入，反映了该部门的经济效益情况或者盈利能力。营业盈余系数越高，说明该部门的经营状况越好，盈利能力越强。根据公式计算出2012年、2015年和2017年五部门的营业盈余系数，见表5-9。

表5-9 **营业盈余系数**

部门名称	2012年	2015年	2017年
农业	0.0000	0.0118	0.0119
工业	0.0612	0.0550	0.0652
文化及相关产业	0.0613	0.0660	0.0701
旅游及相关产业	0.0798	0.0628	0.0311
服务业	0.1644	0.1558	0.1740

从表5-9中可以看出，除了“旅游及相关产业”外，其他部门2017年的营业盈余系数相比2012年都有所上升，说明其他部门的生产与经营情况越来越好，其资本回报率正在上升。“旅游及相关产业”的营业盈余系数从2012年的0.0798下降到2015年的0.0628，又下降至2017年的0.0311，这种下滑趋势说明旅游行业在经营过程中遇到了一些阻碍与难题，行业的投资吸引力正在下降，这给文旅融合发展带来了一定程度的压力。但是，从总体来看，“文化及相关产业”和“旅游及相关产业”的营业盈余系数从排在五部门的中上游位置，说明它们还是有着可观的盈利能力，能够加快两个行业融合发展的速度。

5.5.2 最终使用结构分析

最终使用结构反映了各产业部门的产品在最终使用过程中的分配情况，即有多少产品被用于消费、投资或出口，通过计算最终使用结构的相关系数，可以分析各产业部门最终使用结构的情况。

最终消费系数：最终消费是指各部门在一段时间内对所生产的产品或服务的全部最终消费支出。最终消费系数等于该部门当年的最终消费除以该部门总产出，反映了该部门的市场结构。最终消费系数越大，说明该部门所生产的产品被更多地用于消费，这个结果可以为产业发展提供一定的指导性意见。根据公式计算出2012年、2015年和2017年五部门的最终消费系数，见表5-10。

表5-10 **最终消费系数**

部门名称	2012年	2015年	2017年
农业	0.2370	0.1792	0.2495
工业	0.0765	0.0826	0.0918
文化及相关产业	0.1718	0.2251	0.2477
旅游及相关产业	0.2152	0.1945	0.2171
服务业	0.4372	0.4220	0.4213
总产出（元）	16 016 270 834	20 814 465 144	22 577 335 292

从表5-10中可以看出，除了“服务业”外，其他部门的最终消费系数在整体上呈现上升趋势。虽然“服务业”的最终消费系数略有下降，但从整体上来说，其最终消费系数最高，属于最终消费型产业。“文化及相关产业”的最终消费系数在稳步上升，而“旅游及相关产业”的最终消费系数在2015年下降之后又在2017年上升到与2012年差不多的水平，说明它们总体上越来越依赖于最终消费市场来拉动经济增长。

净出口系数：净出口系数等于该部门当年出口额除以该部门总产出，反映了该部门的出口效应。净出口系数越大，说明该部门生产的产品被更多地用于出口，以此来了解和判断该部门的市场结构。根据公式计算出2012年、2015年和2017年五部门的净出口系数，见表5-11。

表5-11 **净出口系数**

部门名称	2012年	2015年	2017年
农业	0.0087	0.0085	0.0108
工业	0.1020	0.0869	0.0962
文化及相关产业	0.1707	0.1129	0.1284
旅游及相关产业	0.0834	0.0518	0.0513
服务业	0.0428	0.0445	0.0321

从表5-11中可以看出，只有“农业”的净出口系数在上升，其他部门的净出口系数总体上呈现下降趋势，说明其他部门的总产品中用于出口的部分越来越少，对出口的依赖程度在下降。另外，“文化及相关产业”的总产品中用于出口的比例比其他部门更高，说明它对出口的依赖程度高于其他部门。在总体上，“文化及相关产业”和“旅游及相关产业”正在减少对出口的依赖，逐渐转变为依靠国内消费市场的产业部门。

5.5.3 产业类型特征分析

1. 中间投入率

产业部门在生产产品时需要从其他部门购入中间产品，而这中间产品占全部投入的比值就是中间投入率。中间投入率等于该部门在一段时间内的中间投入除以该部门总投入，反映了该部门的生产活动对其他部门的依赖程度。中间投入率越高，该部门的生产活动对其他部门的依赖程度越高，表明该部门的经济拉动作用越强。根据公式计算出2012年、2015年和2017年五部门的中间投入率，见表5-12。

表5-12 **中间投入率**

部门名称	2012年	2015年	2017年
农业	0.4145	0.4124	0.4056
工业	0.7709	0.7925	0.7541
文化及相关产业	0.7161	0.7349	0.6941
旅游及相关产业	0.6326	0.6474	0.6045
服务业	0.3953	0.3969	0.4069

从表5-12中可以看出，“服务业”的中间投入率在上升，说明该部门在生产过程中从其他部门获得中间产品的投入越来越多，其他部门的中间投入率整体上呈现下降趋势。也就是说，在“文化及相关产业”

“旅游及相关产业”的发展过程中，从其他部门获得中间产品投入的比例均略有降低，即它们的附加值有所上升。相对来说，“文化及相关产业”和“旅游及相关产业”的中间投入率处在比较高的水平，说明其在发展过程中需要较大的中间投入量，部门之间的关联性较强，融合程度较好，对国民经济的拉动作用也是表现突出。因此，应当充分通过文旅融合的发展，来促进整体国民经济的向上发展。

2. 中间需求率

中间需求率等于该部门在一定时期内的中间使用除以该部门的中间使用和最终使用之和，反映了该部门有多少产品作为中间产品被其他部门使用，即该部门产品的主要分配去向。中间需求率越高，说明该部门为其他部门提供了更多的中间产品，从而扮演了基础产业的角色。根据公式计算出2012年、2015年和2017年五部门的中间需求率，见表5-13。

表5-13 **中间需求率**

部门名称	2012年	2015年	2017年
农业	0.4219	0.4500	0.4358
工业	0.4166	0.4138	0.4013
文化及相关产业	0.4121	0.4243	0.4063
旅游及相关产业	0.4261	0.4497	0.4361
服务业	0.3101	0.3242	0.3178

从表5-13中可以看出，“工业”的中间需求率在下降，其他部门的中间需求率都是先上升后再略微下降，整体上呈现上升趋势的部门包括“农业”、“旅游及相关产业”和“服务业”，说明它们为其他部门提供了越来越多的中间产品，对其他部门的支撑作用越来越大，部门之间的经济技术联系更加紧密。2012年、2015年和2017年“文化及相关产业”的中间需求率分别为0.4121、0.4243、0.4063，整体上略有下降，说明

其他部门所需要的文化中间产品有所减少。从横向来看，“文化及相关产业”和“旅游及相关产业”的中间需求率都保持在不错的水平上，二者之间的经济技术联系较为密切，产业融合程度较为良好，对国民经济起到了一定的推动作用，今后应当继续加强二者之间的联系与合作，促进两大产业的融合发展。

3. 产业类型特征

根据产业经济学所提到的相关理论，将中间投入率与中间需求率放在一起比较可以对国民经济五部门的产业类型特征进行分析。中间投入率与产业对其他产业的带动能力成正比，中间需求率与产业的基础产业性质成正比，以0.5为分界点比较这两个系数，可将所有的产业划分为中间产品型产业、中间产品型基础产业、最终需求型基础产业和最终需求型产业四种类型。2017年五部门的产业类型划分，见表5-14。

表5-14　**2017年五部门的产业类型划分**

系数指标	中间投入率>0.5	中间投入率<0.5
中间需求率>0.5	Ⅰ类：中间产品型产业	Ⅱ类：中间产品型基础产业
中间需求率<0.5	Ⅲ类：最终需求型基础产业（如工业、文化及相关产业、旅游及相关产业）	Ⅳ类：最终需求型产业（如农业、服务业）

从表5-14中可以看出，“工业”、“文化及相关产业”和“旅游及相关产业”都属于中间投入率在0.5之上且中间需求率在0.5之下的最终需求型基础产业。其特点是基础产业特性不太高，但需求拉动力较强，在生产过程中需要使用较多的其他部门产品，“农业”和“服务业”的中间投入率与中间需求率都低于0.5，属于高附加值率、低拉动力的最终需求型产业。

5.5.4　影响力系数与感应度系数

1. 影响力系数

影响力系数是由列昂惕夫逆矩阵中的元素计算而来的，等于每列列和除以所有列列和的平均数，即该部门的影响力除以各部门的平均影响力，反映了一个部门的生产变化对国民经济整体的影响力，以及对其他部门所产生的波及效应。当该部门的影响力系数大于1时，说明该部门的影响力大于所有部门的平均影响力，反之则相反。根据公式计算出2012年、2015年和2017年五部门的影响力系数，见表5-15。

表5-15 **影响力系数**

部门名称	2012年	2015年	2017年
农业	0.7898	0.7867	0.8018
工业	1.2573	1.2658	1.2478
文化及相关产业	1.1671	1.1740	1.1543
旅游及相关产业	1.0353	1.0349	1.0121
服务业	0.7506	0.7386	0.7840

从表5-15中可以看出，“农业”和“服务业”的影响力系数总体上呈现上升趋势，说明它们的生产活动对国民经济的影响越来越大，同时对其他部门的推动作用也在加强，经济技术联系更加紧密，但它们的影响力系数都小于1，低于所有部门的平均影响力。“工业”、“文化及相关产业”和“旅游及相关产业”的影响力系数总体上呈现下降趋势。“文化及相关产业”的影响力系数从2012年的1.1671略微上升到2015年的1.1740，再下降到2017年的1.1543；“旅游及相关产业”的影响力系数从2012年的1.0353下降到2015年的1.0349，再下降到2017年的1.0121，它们对国民经济的影响程度以及与其他部门之间的经济技术联系都略有下降，但总体上其影响力系数都大于1，在所有部门的平均影响力之上，说明文化和旅游产业与其他部门之间的经济技术联系比较紧密，对其他部门的波及效应较大，二者的融合程度比较理想，总体上仍有持续融合的发展空间。

2. 感应度系数

感应度系数与影响力系数的计算方法类似，在列昂惕夫逆矩阵中，每行的行和表示该部门的感应度，所有行的行和表示各部门的平均感应度。感应度系数等于每行行和除以所有行行和的平均数。以1为分界点，当感应度系数大于1时，该部门的感应能力在所有部门的平均感应水平之上，反之则相反。根据公式计算出2012年、2015年和2017年五部门的感应度系数，见表5-16。

表5-16 **感应度系数**

部门名称	2012年	2015年	2017年
农业	0.5881	0.5850	0.6029
工业	2.4361	2.3315	2.1246
文化及相关产业	0.5290	0.5284	0.5589
旅游及相关产业	0.6583	0.7108	0.7748
服务业	0.7884	0.8444	0.9387

从表5-16中可以看出，“工业”的感应度系数超过了2，说明它受国民经济变动的感应度较强。其他部门的感应度系数处于整体平均水平之下，说明在生产活动中来自其他部门的带动作用并不是很大，但其他部门的感应度系数总体上呈现上升趋势，说明其他部门在生产过程中其感应度越来越强。具体来说，“文化及相关产业”的感应度系数从2012年的0.5290略微下降到2015年的0.5284，再上升到了2017年的0.5589；“旅游及相关产业”的感应度系数从2012年的0.6583上升到了2015年的0.7108，再继续上升到2017年的0.7748，它们受国民经济的拉动程度越来越大，二者之间的经济技术联系更加紧密，融合效果越来越好。

5.5.5 产业关联状态分析

投入产出表是从产业关联的视角来分析产业部门之间的内在联系，尤其是经济和技术上的联系，以此来反映产业融合状况，这是一条科学、有效的途径。按照投入产出理论，可以从后向和前向两个方向发生关联，与后向关联相关的系数称为消耗系数，与前向关联相关的系数称为分配系数。本书通过对比文化和旅游产业及其各自细分产业的系数，来定量分析两个产业之间的融合状态和融合程度。

1. 后向关联分析

直接消耗系数：后向关联中的直接关联情况可以用直接消耗系数来体现，它是投入产出模型中生产结构的基本特征，能够充分反映各产业部门之间的技术联系程度。直接消耗系数越大，说明各产业部门在生产活动中给对方的产品支撑作用越大，技术联系越紧密，反之则相反。文化产业对旅游产业的直接消耗系数等于文化产业产品对旅游产业产品的消耗量除以文化产业总投入。根据公式计算出2012年、2015年和2017年文化和旅游产业的直接消耗系数，见表5-17。2017年文化和旅游产业细分行业的直接消耗系数，见表5-18。

表5-17　　　　文化和旅游产业的直接消耗系数

关联效应	2012年	2015年	2017年
文化产业对旅游产业	0.0576	0.0685	0.0708
旅游产业对文化产业	0.0319	0.0387	0.0297

从表5-17中可以看出，文化产业对旅游产业的直接消耗系数从2012年的0.0576上升到2015年的0.0685，再上升到2017年的0.0708，整体上呈现上升趋势，说明文化产业在生产过程中对旅游产业的依赖性越来越强，需求不断扩大，文化产业对旅游产业的直接后向关联程度越来越高。但旅游产业对文化产业的直接消耗系数从2012年的0.0319上

升到2015年的0.0387，再略微下降到2017年的0.0297，整体上呈现下降趋势，说明旅游产业对文化产业的依赖性和带动作用有所下降。

表5-18　　2017年文化和旅游产业细分行业的直接消耗系数

文化产业对旅游产业	造纸和印刷业	文教和体育用品业	新闻和出版业	广播和电视制作业	文化、体育和娱乐业
交通运输、仓储和邮政业	0.0271	0.0344	0.0523	0.0409	0.0316
住宿业	0.0016	0.0028	0.0163	0.0259	0.0133
餐饮业	0.0036	0.0030	0.0162	0.0427	0.0097
租赁和商务服务业	0.0118	0.0314	0.0266	0.0689	0.0310
水利、环境和公共管理业	0.0028	0.0003	0.0006	0.0006	0.0032
旅游产业对文化产业	交通运输、仓储和邮政业	住宿业	餐饮业	租赁和商务服务业	水利、环境和公共管理业
造纸和印刷业	0.0025	0.0047	0.0029	0.0699	0.0010
文教和体育用品业	0.0004	0.0021	0.0010	0.0081	0.0043
新闻和出版业	0.0002	0.0005	0.0005	0.0007	0.0010
广播和电视制作业	0.0004	0.0033	0.0001	0.0002	0.0006
文化、体育和娱乐业	0.0007	0.0007	0.0005	0.0024	0.0012

从表5-18中可以看出，文化产业各行业与旅游产业各行业之间的直接消耗系数的差距较大。具体来说，文化产业的五个细分行业对交通运输、仓储和邮政业，租赁和商务服务业的直接消耗系数都保持在较高的水平上。其中，广播和电视制作业对租赁和商务服务业的直接消耗系数最大，达到了0.0689，其次是新闻和出版业对交通运输、仓储和邮政

业的直接消耗系数，达到了0.0523。新闻和出版业、广播和电视制作业的行业类型比较接近，所以这两个行业对旅游产业各行业的直接消耗系数都比较接近。文化产业各行业对水利、环境和公共管理业的直接消耗系数都比较小，行业之间的直接后向关联性不大。

反过来，旅游产业各行业与文化产业各行业之间的直接消耗系数的差距不大。其中，租赁和商务服务业对造纸和印刷业的需求拉动程度最大，达到了0.0699，这可能是因为旅游产业需要通过纸质宣传进行推广，从而拉动了相关行业的发展。除了造纸和印刷业外，旅游产业各行业对文化产业各行业的直接消耗系数都比较小，即对这些行业的依赖性较低。因此，相对来说，文化产业对旅游产业的依赖性更强。

完全消耗系数：各产业部门生产过程中势必会消耗对方部门的产品，而这种相互消耗的关系可分为直接消耗和间接消耗，这两种消耗的总和构成了完全消耗，可以据此计算出完全消耗系数，更加全面地反映各产业部门在提供产品数量上的相互依赖关系。完全消耗系数越大，各产业部门之间的关联与拉动程度就越高，不论是直接还是间接的经济技术联系都会更加紧密，反之则相反。根据公式计算出2012年、2015年和2017年文化和旅游产业的完全消耗系数，见表5-19。2017年文化和旅游产业细分行业的完全消耗系数，见表5-20。

表5-19　　**文化和旅游产业的完全消耗系数**

关联效应	2012年	2015年	2017年
文化产业对旅游产业	0.1855	0.2341	0.2194
旅游产业对文化产业	0.0711	0.0867	0.0640

从表5-19中可以看出，文化产业对旅游产业和旅游产业对文化产业的完全消耗系数都是在2015年先上升，再在2017年有所下降。也就是说，文化产业和旅游产业的综合需求拉动力在这几年处于波动状态。文

化产业对旅游产业的完全消耗系数整体上呈现上升趋势，而旅游产业对文化产业的完全消耗系数整体上呈现下降趋势，说明文化产业对旅游产业的综合需求在上升，直接和间接的关联更加紧密，而旅游产业对文化产业的综合需求则有所下降。因此，旅游产业对文化产业的拉动力有待提升。

表5-20 2017年文化产业和旅游产业细分行业的完全消耗系数

文化产业对旅游产业	造纸和印刷业	文教和体育用品业	新闻和出版业	广播和电视制作业	文化、体育和娱乐业
交通运输、仓储和邮政业	0.0469	0.0481	0.0771	0.0578	0.0434
住宿业	0.0030	0.0043	0.0183	0.0292	0.0155
餐饮业	0.0068	0.0058	0.0206	0.0485	0.0128
租赁和商务服务业	0.0210	0.0406	0.0390	0.0840	0.0404
水利、环境和公共管理业	0.0044	0.0008	0.0021	0.0013	0.0039
旅游产业对文化产业	交通运输、仓储和邮政业	住宿业	餐饮业	租赁和商务服务业	水利、环境和公共管理业
造纸和印刷业	0.0071	0.0138	0.0062	0.1167	0.0063
文教和体育用品业	0.0008	0.0029	0.0013	0.0103	0.0052
新闻和出版业	0.0002	0.0005	0.0005	0.0009	0.0010
广播和电视制作业	0.0005	0.0035	0.0001	0.0004	0.0007
文化、体育和娱乐业	0.0009	0.0009	0.0006	0.0030	0.0014

从表5-20中可以看出，与直接消耗系数类似，2017年文化产业各行业对交通运输、仓储和邮政业，租赁和商务服务业的完全消耗系数都比较大，这些行业之间的完全后向关联程度较高。其中，广播和电视制作业对租赁和商务服务业的完全消耗系数最大，达到了0.0840，其次是

新闻和出版业对交通运输、仓储和邮政业的完全消耗系数，达到了0.0771；而文化产业各行业对住宿业，餐饮业，水利、环境和公共管理业的综合需求拉动力相对来说低了一些。因此，文化和旅游产业之间还有更多的融合空间。

2017年旅游产业各行业对文化产业各行业的完全消耗系数整体上都比较小，租赁和商务服务业对造纸和印刷业的完全消耗系数最大，达到了0.1167，综合需求拉动力非常可观，行业之间的融合状况较好，这和二者之间的直接消耗系数情况也是对应的。另外，住宿业对造纸和印刷业的完全消耗系数为0.0138，租赁和商务服务业对文教和体育用品业的完全消耗系数为0.0103。从整体上来看，旅游产业各行业对文化产业各行业之间的融合程度仍有待提高，今后可以有针对性地促进这些细分行业的融合发展。

综合对比直接消耗系数与完全消耗系数，2012年、2015年和2017年文化和旅游产业之间的完全消耗系数都是大于直接消耗系数，说明二者之间的生产活动都是以间接消耗为主。需要说明的是，两大产业都存在直接的需求拉动力和更大的间接需求拉动力，在这些需求拉动力的共同作用下二者之间实现了融合发展。

2.前向关系分析

直接分配系数：上文研究的直接消耗系数更多地体现了各产业部门之间的技术关联程度，而直接分配系数则侧重于从经济关联的角度来反映产业融合的情况。也就是说，直接分配系数表示各产业部门在生产活动中如何向其他部门提供产品。直接分配系数越大，说明一个产业对另一个产业的贡献程度越大，反之则相反。文化产业对旅游产业的直接分配系数等于旅游产业直接分配给文化产业的产品或服务除以旅游产业总产出。根据公式计算出2012年、2015年和2017年文化和旅游产业的直接分配系数，见表5-21。2017年文化和旅游产业细分行业的直接分配系数，见表5-22。

表5-21 **文化和旅游产业的直接分配系数**

关联效应	2012年	2015年	2017年
文化产业对旅游产业	0.0178	0.0200	0.0170
旅游产业对文化产业	0.1033	0.1325	0.1238

表5-22 **2017年文化和旅游产业细分行业的直接分配系数**

文化产业对旅游产业	造纸和印刷业	文教和体育用品业	新闻和出版业	广播和电视制作业	文化、体育和娱乐业
交通运输、仓储和邮政业	0.0067	0.0047	0.0010	0.0013	0.0026
住宿业	0.0048	0.0047	0.0038	0.0102	0.0131
餐饮业	0.0031	0.0014	0.0011	0.0048	0.0028
租赁和商务服务业	0.0042	0.0062	0.0007	0.0032	0.0036
水利、环境和公共管理业	0.0075	0.0004	0.0001	0.0002	0.0029
旅游产业对文化产业	交通运输、仓储和邮政业	住宿业	餐饮业	租赁和商务服务业	水利、环境和公共管理业
造纸和印刷业	0.0102	0.0016	0.0034	0.1984	0.0004
文教和体育用品业	0.0031	0.0013	0.0021	0.0412	0.0028
新闻和出版业	0.0085	0.0020	0.0069	0.0252	0.0044
广播和电视制作业	0.0118	0.0084	0.0007	0.0037	0.0016
文化、体育和娱乐业	0.0083	0.0007	0.0016	0.0207	0.0013

从表5-21中可以看出，文化产业对旅游产业的直接分配系数从

2012年的0.0178上升至2015年的0.0200，再下降至2017年的0.0170；而旅游产业对文化产业的直接分配系数从2012年的0.1033上升至2015年的0.1325，再略微下降至2017年的0.1238。从整体上来说，文化产业对旅游产业的推动力保持不变，而旅游产业对文化产业的推动力则有所上升，经济联系更加紧密，融合状况变得更好。

从表5-22中可以看出，在文化产业各行业对旅游产业各行业中，文化、体育和娱乐业对住宿业的直接分配系数最大，达到了0.0131，其次是广播和电视制作业对住宿业的直接分配系数，达到了0.0102，说明这些行业之间的直接前向关联程度更好。除此之外，文化产业其他行业对旅游产业各行业的直接分配系数都小于0.01，说明这些行业之间的前向关联程度不是很高，融合程度有待加强。

在旅游产业各行业对文化产业各行业中，直接分配系数最大的分别是租赁和商务服务业对造纸和印刷业，达到了0.1984；租赁和商务服务业对文教和体育用品业，达到了0.0412。租赁和商务服务业对旅游产业整体的直接分配系数比较高，体现了产业间较强的直接经济关联程度，这可能是因为旅游产业中的服务业在宣传和生产时用到较多的文化产业产品，从而推动了文化产业的发展。另外，交通运输、仓储和邮政业对造纸和印刷业以及广播和电视制作业的直接拉动力也是比较可观的，未来可以继续加深这几个行业之间的交流融合，推动文化和旅游产业的融合发展。

完全分配系数：与完全消耗类似，完全分配是直接分配与间接分配的加和，反映了各产业部门之间的完全前向关联程度。完全分配系数越大，说明各产业部门之间的完全供给推动作用越强，技术和经济关联越紧密，反之则相反。根据公式计算出2012年、2015年和2017年文化和旅游产业的完全分配系数，见表5-23。2017年文化和旅游产业细分行业的完全分配系数，见表5-24。

表5-23　　文化和旅游产业的完全分配系数

关联效应	2012年	2015年	2017年
文化产业对旅游产业	0.0573	0.0683	0.0526
旅游产业对文化产业	0.2303	0.2973	0.2671

表5-24　　2017年文化和旅游产业细分行业的完全分配系数

文化产业对旅游产业	造纸和印刷业	文教和体育用品业	新闻和出版业	广播和电视制作业	文化、体育和娱乐业
交通运输、仓储和邮政业	0.0116	0.0066	0.0015	0.0019	0.0035
住宿业	0.0090	0.0071	0.0043	0.0114	0.0153
餐饮业	0.0058	0.0027	0.0014	0.0055	0.0036
租赁和商务服务业	0.0074	0.0080	0.0011	0.0039	0.0047
水利、环境和公共管理业	0.0119	0.0012	0.0005	0.0005	0.0035
旅游产业对文化产业	交通运输、仓储和邮政业	住宿业	餐饮业	租赁和商务服务业	水利、环境和公共管理业
造纸和印刷业	0.0288	0.0046	0.0072	0.3314	0.0023
文教和体育用品业	0.0060	0.0018	0.0026	0.0523	0.0034
新闻和出版业	0.0113	0.0022	0.0073	0.0308	0.0048
广播和电视制作业	0.0146	0.0088	0.0010	0.0087	0.0019
文化、体育和娱乐业	0.0111	0.0009	0.0020	0.0260	0.0016

从表5-23中可以看出，与直接分配系数的变动情况一致，文化和旅游产业互相之间的完全分配系数呈现出方向一致的波动情

况。文化产业对旅游产业的完全分配系数以较小的变动趋势下降，而旅游产业对文化产业的完全分配系数整体上呈现上升趋势，说明此方向上的完全供给推动作用有所加强，二者之间有了更加紧密的内部关联关系。

从表5-24中可以看出，在文化产业各行业对旅游产业各行业中，文化、体育和娱乐业对住宿业的完全分配系数最大，为0.0153，其次是造纸和印刷业对水利、环境和公共管理业的完全分配系数，为0.0119，造纸和印刷业对交通运输、仓储和邮政业的完全分配系数，为0.0116，以及广播和电视制作业对住宿业的完全分配系数，为0.0114，这些行业之间的完全前向关联程度更高，经济技术联系更加紧密，而其他行业的相互融合程度仍有待加强。

在旅游产业各行业对文化产业各行业中，租赁和商务服务业以及交通运输、仓储和邮政业对文化产业各行业的完全分配系数都比较大，最大的为0.3314，说明这些行业之间的完全需求推动力非常可观，能够促进文化和旅游产业的融合发展，而住宿业，餐饮业，水利、环境和公共管理业对文化产业各行业的完全分配系数相较之下都小一些，这些行业之间的融合程度不高。未来可以从这些方面加大发展与合作力度，促进文化和旅游产业的融合发展。

综合对比2012年、2015年和2017年的分配系数，文化和旅游产业相互之间的完全分配系数都是大于直接分配系数，说明两个产业的完全前向关联程度更高，二者的融合更多是通过其他媒介产业进行的。这也进一步说明，文化和旅游产业之间存在直接的需求推动力和更大的间接需求推动力。文旅融合的过程中，在完全前向关联的基础上应该加强直接前向关联程度，拓展融合方式，促进两大产业共同发展。

整理后的2012年、2015年、2017年投入产出表，分别见表5-25至表5-27。

表5-25

整理后的2012年投入产出表

单位：亿元

投入 \ 产出		中间使用						最终使用					总产出
		农业	工业	文化及相关产业	旅游及相关产业	服务业	合计	最终消费	资本形成总额	净出口	合计	误差	
中间投入	农业	12 321	46 902	1 442	4 046	538	65 249	21 194	6 693	-4 337	23 550	622	89 421
	工业	20 232	627 348	12 612	38 116	38 851	737 159	78 926	214 461	372	293 759	1 290	1 032 208
	文化及相关产业	29	7 134	8 686	4 015	7 383	27 247	6 678	998	3 886	11 562	60	38 869
	旅游及相关产业	1 323	42 698	2 237	16 896	30 289	93 443	27 083	2 224	3 067	32 374	52	125 869
	服务业	3 158	71 610	2 858	16 553	47 548	141 727	137 838	24 016	11 650	173 504	27	315 258
	合计	37 063	795 692	27 835	79 626	124 609	1 064 825	271 719	248 392	14 638	534 749	2 051	1 601 625
初始投入	劳动者报酬	52 996	98 498	5 496	24 440	82 704	264 134						
	生产税净额	-2 896	44 532	1 481	2 762	27 727	73 606						
	固定资产折旧	2 258	30 364	1 674	8 996	28 390	71 682						
	营业盈余	0	63 122	2 383	10 045	51 828	127 378						
	增加值合计	52 358	236 516	11 034	46 243	190 649	536 800						
总投入		89 421	1 032 208	38 869	125 869	315 258	1 601 625						

表5-26 **整理后的2015年投入产出表** 单位：亿元

投入＼产出		中间使用						最终使用					总产出
		农业	工业	文化及相关产业	旅游及相关产业	服务业	合计	最终消费	资本形成总额	净出口	合计	误差	
中间投入	农业	13 900	65 262	2 254	5 506	671	87 593	19 186	3 713	-4 306	18 593	870	107 056
	工业	25 628	767 487	16 521	49 899	51 610	911 145	106 635	264 100	13 373	384 108	-4 755	1 290 498
	文化及相关产业	32	10 403	11 796	6 968	9 562	38 761	11 835	1 123	1 939	14 897	-1 075	52 583
	旅游及相关产业	1 434	67 522	3 600	28 605	46 198	147 359	35 066	1 766	-4 184	32 648	280	180 287
	服务业	3 158	111 999	4 475	25 745	70 960	216 337	190 312	32 569	16 473	239 354	-4 666	451 025
	合计	44 152	1 022 673	38 646	116 723	179 001	1 401 195	363 034	303 271	23 295	689 600	-9 346	2 081 449
初始投入	劳动者报酬	63 511	112 920	6 968	39 636	131 075	354 110						
	生产税净额	-3 930	50 752	1 632	772	33 049	82 275						
	固定资产折旧	2 060	33 146	1 867	11 826	37 610	86 509						
	营业盈余	1 263	71 007	3 470	11 330	70 290	157 360						
	增加值合计	62 904	267 825	13 937	63 564	272 024	680 254						
总投入		107 056	1 290 498	52 583	130 287	451 025	2 081 449						

表5-27 **整理后的2017年投入产出表** 单位：亿元

投入＼产出		中间使用						最终使用					总产出
		农业	工业	文化及相关产业	旅游及相关产业	服务业	合计	最终消费	资本形成总额	净出口	合计	误差	
中间投入	农业	14 684	62 887	1 838	5 034	625	85 068	27 479	2 401	−4 822	25 058	−2	110 124
	工业	21 720	734 012	14 787	51 814	59 848	882 181	120 833	305 590	7 367	433 790	0	1 315 971
	文化及相关产业	102	7 606	11 643	6 575	10 413	36 339	13 149	608	2 996	16 753	−1	53 091
	旅游及相关产业	3 208	68 565	3 761	34 413	61 528	171 475	48 117	3 824	−1 741	50 200	0	221 675
	服务业	4 958	119 340	4 822	36 165	94 171	259 456	234 599	52 037	10 779	297 415	1	556 872
	合计	44 672	992 410	36 851	134 004	226 585	1 434 519	444 177	364 460	14 579	823 216	−2	2 257 733
初始投入	劳动者报酬	65 271	134 985	8 709	50 118	164 185	423 268						
	生产税净额	−3 411	63 515	1 046	3 661	30 167	94 979						
	固定资产折旧	2 285	39 212	2 766	27 005	39 057	110 325						
	营业盈余	1 307	85 849	3 719	6 890	96 878	194 644						
	增加值合计	65 452	323 561	16 240	87 674	330 287	823 214						
总投入		110 124	1 315 971	53 091	221 675	556 872	2 257 733						

5.6 小结

5.6.1 研究结论

结论一：对国民经济五部门的产业经济结构进行分析，发现“工业”、“文化及相关产业”、“旅游及相关产业”和“服务业”的劳动者报酬系数整体上呈现上升趋势，体现了产业的快速发展；文化和旅游产业对国家税收的贡献没有其他产业部门大，因此二者仍有非常大的发展空间；虽然文化和旅游产业对固定资产的依赖程度有所上升，但整体上依赖水平并不高，这为两大产业的融合奠定了基础；旅游产业的投资吸引力有所下降，将面临一定的压力，但文化和旅游产业的整体盈利能力处于上游位置，可以加快产业融合发展的速度。

结论二：通过对最终使用结构进行分析，发现文化和旅游产业越来越依赖于最终消费市场，并以此来拉动经济增长，除“农业”之外的其他部门正在减少对出口的依赖，逐渐转变为依靠国内消费市场的产业部门；通过对产业类型特征进行分析，发现文化和旅游产业都属于最终需求型基础产业，在生产活动中比较依赖于其他部门提供的产品，需要较大的中间投入量，部门之间的经济技术联系较为密切，二者都对国民经济起到了一定的推动作用。

结论三：一方面，虽然“农业”和“服务业”的影响力呈现上升趋势，但整体上低于平均水平。“工业”、“文化及相关产业”和“旅游及相关产业”的影响力都高于平均水平，对其他部门的波及效应比较客观，各部门之间的融合度比较理想。然而，文化和旅游产业的整体影响力有所下降，说明两大产业对国民经济的影响程度有降低的趋势。另一方面，“工业”的强感应度与其实际发展状况非常匹配，而其他部门的感应度系数都处于平均水平之下，但总体上呈现上升趋势，说明其他部门的拉动作用有所增强。文化和旅游产业受其他部门的拉动程度也是越来越大，互相之间的联系更加紧密，融合效果越来越好。

结论四：通过分析关联状态，文化产业对旅游产业的综合需求不断扩大，依赖性越来越强；反过来，旅游产业对文化产业的直接依赖性和整体需求略微有所下降，有待加强此方向的融合。从两大产业的细分行业来看，造纸和印刷业与旅游产业的整体融合效果较好，租赁和商务服务业对文化产业的拉动程度和支撑力度都处于较好的水平，而交通运输、仓储和邮政业以及水利、环境和公共管理业与文化产业整体的融合水平都比较低。

5.6.2 建议与对策

1. 政府多方面加强引导，推动产业融合可持续发展

在文化和旅游部成立的基础上，文化和旅游产业的融合必须依靠合理坚实的政策保障，才能取得实效性的进展。首先政府要落实制度改革，制定科学合理的政策，加强市场规范，行业内部各方在健康竞争中共同发展，为产业融合创造良好的环境。其次，政府应加大对相关产业的扶持力度，科学合理地分配资源，注重资金的投入和倾斜，更多地发掘产业的自主创新潜力，激发产业融合展现出更多活力。最后，要以长远发展为目标吸引更多优秀人才加入，要注重人才的培养，鼓励人才创新、带动技术创新，也要充分发挥现代科学技术的优势，对特色文化旅游产品做好宣传和推广，充分扩大营销范围，提高文旅融合所带来的经济效益。

2. 注重产品开发，不断刺激消费

一方面，精品打造是实现文旅融合发展的关键，对企业来说，应当拓宽企业涵盖的领域，丰富文化旅游产品的种类，尤其是打造出具有品牌效应的精品，整合特色文化与旅游资源，为企业的发展创造更广阔的空间。同时，应当善于运用多样化的推广方式和营销方式，提高大众对文化旅游产品的关注度和了解度，打造属于自己的特色企业文化品牌。另一方面，根据消费者的具体需求来开发文化旅游产品也很关键，要注意挖掘消费者的潜在需求和消费偏好，并进行科学分析，结合对文旅融合方向整体的把控，促进

特色文化旅游产品的有效开发。同时，应当善于引导消费者将注意力更多地置于有创意的文化旅游产品上，从而促进企业开发出更多的优质文化旅游产品。

3. 发挥文化产业融合主动性，促进产业双向渗透

文化产业对旅游产业产品的依赖性正在加强，促进了旅游产业的发展壮大，但是文化产业缺乏向旅游产业主动融合的动力，对旅游产业的支撑力度不够，所以要加强文化产业的整体发展实力，为旅游产业提供更多支撑，主动向旅游产业融合。我国拥有丰富的传统文化、特色文化、红色文化……应当充分利用这些文化资源，将创意注入其中，并与旅游资源进行充分整合，增强与旅游产业的融合程度。比如，通过已有的传统文化资源制作一些优秀的影视作品来带动旅游业的发展；通过先进的科技手段来展示文化资源，以增加旅游体验的丰富性。同时，要积极发掘旅游产品的文化内涵，让消费者在视觉体验和精神上都得到满足，让文化成为旅游的亮点，以此来推动文化和旅游产业的双向渗透融合。

4. 提升服务水平，优化文旅融合发展环境

在文化和旅游产业细分行业中，有些行业之间的融合程度较低，尤其是水利、环境和公共管理业与文化产业各行业之间的经济技术联系较弱，因此提升文化和旅游产业的环境和服务水平是非常有必要的。一方面，完善旅游基础设施，对景区的设施、环境做好规划建设，尤其是在自然人文景观资源方面，应在保护的基础上进行开发；另一方面，提升行业整体的服务质量与服务水平，包括旅行社、宾馆酒店、景区景点、购物商店等，让游客的消费行为在更加优质的环境中进行。

6

文旅融合绩效预测：以杭州八景点为例

6.1 问题的提出

在新时代我党根据群众的需求及其发展变化规律，结合我国国情和实际发展情况，将我国人民对美好生活的需要分为物质文化生活需要和民主、法治、公平、正义、安全、环境等方面的需要。人民对生活品质的追求并非仅仅满足于衣、食、住、行，而是追求多样化、丰富化、品质化的生活，通过体验不同的生活经历、不同的文化习俗，来不断获取知识、开阔眼界、丰富自己的内涵，从中感受物质与精神的双重满足。旅游业恰恰是满足人们这些需求的途径，随着人民收入和生活水平的提高，越来越多的人通过旅游来放松心情、缓解压力、追求幸福。更重要的是，旅游业能够带动贫困地区依靠大自然的馈赠和自身努力，实现脱贫致富，吸引人们到乡村旅游消费，以缩小城乡差距。

然而，新冠疫情的暴发不仅影响了全球的经济，还阻碍了各行业的发展，旅游业更是首当其冲。由于新冠病毒传播速度极快，各地政府严阵以待，为了保护群众尽量避免感染病毒，跟随国家的整体规划，都以最严格的防控措施响应国家政策，各地景区暂停运营，景区以及周边的酒店、餐饮、交通等行业都遭受了极大的损失。但从长期来看，新冠疫情对旅游业的影响有限，旅游业将是恢复较快、反弹较迅猛的产业。这是因为新冠疫情一旦被控制住，人们往往会选择以旅游的方式来缓解疫情期间的压力，旅游客流量将会迅速提高。在党的第二十次全国代表大会上，首次将旅游业内容列入全国代表大会报告中，提出建好用好国家文化公园；坚持以文塑旅、以旅彰文，推进文化和旅游深度融合发展；巩固提升中国香港和澳门在国际金融、贸易、航运航空、创新科技、文化旅游等领域的地位。这体现了党和国家对旅游业的重视。

旅游业能够促进共同富裕、协调物质文明和精神文明、人与自然和谐共生及和平发展。在新冠疫情暴发前，国内已达到60亿旅游人次，总收入共计6.63万亿元，不论是境内游还是出境游，旅游规模都达到了世界第一的水平。可以说，旅游业在国民经济和社会体系中具有不可或缺的地位。在面对未知的旅游客流量时，会导致各产业之间的旅游资源分配不合理，造成人力、物力等资源的浪费，尤其是在旅游需求复苏的背景下，对旅游市场的发展趋势作出及时、正确的预测是非常必要的。政府部门可以根据预测的结果制定合理的规划，优化市场资源，提供正确的指导；旅行社、酒店、农家乐、宾馆、民宿、购物中心等相关企业可以根据对旅游市场人数的预测进行合理的安排，提供更好的服务，避免对人力、物力等资源的浪费。关于旅游市场趋势预测的研究，国外已有几十年的研究经验，发展高潮在20世纪80年代；国内的相关研究起步相对较晚，但随着国内旅游形势越来越好，相关的预测需求也在逐渐增多，进而引起了学术界的广泛关注。

国内大部分学者都是针对出入境旅游客流量进行预测研究。近年来，各国市场的大门向全世界敞开，跨国旅游成为时尚潮流，甚至衍生出代购行业。我国的大好山河也备受国人喜爱，趋之若鹜，城际间的旅游仍是国内旅游业发展的重头戏。因此，不能只研究预测出入境旅游客流量，还要研究预测国内旅游景区的游客数量。西湖是国务院首批公布的国家重点风景名胜区，也是全国首批十大文明风景旅游区和国家5A级景区。每年都吸引着无数人前来旅游，并用其强大的影响力带动着周边产业，对国内旅游市场的发展具有重要作用。因此，本书将以西湖为研究背景，预测旅游客流量。

6.2 旅游预测相关研究述评

6.2.1 旅游客流量预测研究方法

旅游业的蓬勃发展使得旅游客流量预测日益重要。旅游预测研究始于20世纪60年代，国外旅游预测研究的起步较早，已形成了许多有影响的研究成果。20世纪80年代后，随着旅游业的迅速发展和旅游研究领域的不断拓宽，旅游预测研究领域也呈现出新的特点：从单纯侧重于对旅游数量的研究到注重对旅游业发展趋势与规律的研究，从单一研究方式到多学科综合运用方式，从偏重于定性分析到定量与定性分析相结合等。在过去的几十年里，各种模型被创建出来以提高预测的准确性。最常用的模型是计量经济模型和时间序列模型（Jiao和Chen，2019）。Long等（2019）引入了一个空间自回归固定效应模型，并将贝叶斯估计纳入VAR模型（Assaf等，2019；Gunter和Önder，2016）。Ismail（2018）通过使用ARIMA模型，研究预测了埃及旅游业连续5年阿拉伯和外国游客的预期数量，研究发现ARIMA（0，1，0）是最适合的时间序列模型。另外，研究结果表明，虽然埃及的游客数量有所增加，但这5年间游客数量的增长比例有所下降。Choden和Unhapipat（2018）利用不丹4年间国际旅客数量的月度数据，采用Box-Jenkins季节性自回归综合移动平均模型进行预测，发现该模型的预测准确性较高。邹伏霞等（2021）用五种预测模型预测湖南省生态旅游客流量，发现线性回归模型的效果最好。

传统时间序列法主要对历史数据的趋势进行预测，且能达到较好的效果。随着技术的不断发展，学者们开始追求用有自学能力的模型对非线性特征较为复杂的数据进行精准预测。近年来，由于人工智能的自学能力较强，且能够高效地寻找最优解，因此深受学者们的偏爱，被广泛用于短期且较为复杂的非线性预测中，各种各样的模型被设计出来，包括人工神经网络（ANN）、灰色模型、支持向量机、粗糙集方法和混合模型（Jiao等，2020）。BP神经网络具有很强的非线性映射和柔性的网络结构，且可在小样本数据中使用，因此被广泛地用于非线性的短期预测中。张舒等（2015）先用GM（1，1）灰色模型对海南省旅游客流量进行预测，并用马尔可夫链优化了灰色模型来修正误差，再组合BP神经网络和灰色模型共同预测旅游客流量，发现海南省的旅客人数呈现逐年递增趋势。他们经过对比，发现BP神经网络的相对误差小于灰色模型。王春鹏（2021）采用BP神经网络和随机森林模型分别预测四川省都江堰市的旅游历史数据，对比发现BP神经网络的预测更加精准。

部分学者将对旅游需求的预测转向支持向量机算法的研究，并取得较好的研究进展。梁昌勇等（2015）通过分析风景区黄山的日游客流量数据，来研究组合模型的预测精度。为了提高数据的时效性，将SVR模型和ARMA模型组合，并与单一的SVR模型或ARMA模型对比，结果表明组合模型更胜一筹。邓雨菲（2022）以四川省九寨沟和四姑娘山两个景区的客流量为例，对比SVR模型、ARMA模型和BPNN模型之间的旅游需求预测能力，研究发现SVR模型优于其他模型，预测效果更佳。由于SVR模型预测的准确性受到其自由参数的影响，为了获得更好的拟合测试效果，党婷等（2017）采用变权方法建立了GM-ES-GASVR组合预测模型。部分学者通过研究最优参数来提高预测精度，提出了模型的优化算法，SVR-PSO算法就是优化算法中的一种（单义明，2021）。张婷婷等（2021）引入烟花算法来优化SVR模型的参数选择过程，研究证明对比遗传算法和粒子群算法，FWA-SVR模型的预测表现最优，且在季节参数调整后会提高预测精度。

基于神经网络方法的研究越来越流行，长短期记忆网络（LSTM）就是典型的一种神经网络方法（Bi等，2020；Law等，2019）。例如，Bi等（2020）将多变量时间序列数据纳入LSTM，进一步提高了预测性能。Kulshrestha等（2020）提出了一种基于贝叶斯优化的双向长短期记忆网络（BiLSTM），用于预测季度的游客人数。该模型既可以利用前向信息，又可以利用后向信息，对超参数进行优化。倪田（2020）通过创建基于稀疏主成分长短期记忆神经网络（SPCA-LSTM）的旅游景区日客流量预测模型，来预测景区的日客流量。通过对比实验发现，基于SPCA-LSTM的预测模型比传统预测模型的预测效果有较大提升，说明SPCA-LSTM模型具有良好的预测性能。由于局部数据的非线性特征很强，该模型在节假日的日客流量数据上拟合度不够，还需要进一步改进。

受新冠疫情的影响，旅游业正试图从受到极端限制的情况中恢复过来，这是一种前所未有的局面，各国政府需要为不同旅游目的地的恢复速度和恢复程度提供一些指导。对风险事件的高度敏感性，使旅游业在疾病大流行发生时特别脆弱（Novelli等，2018），流行病及其影响在旅游文献中并不新鲜。Choe等（2020）采用多种预测方法（如自回归综合移动平均模型、指数平滑模型和逐步自回归模型）探讨了MERS病毒对韩国入境旅游需求的影响。Shi和Li（2017）利用自回归分布滞后模型（ADLM）评估了MERS病毒对中国赴韩游客流量的影响。Song（2016）利用季节性ARIMA模型分析了MERS病毒对济州岛游客的影响。Polyzos等（2021）以2003年SARS疫情数据为基础，构建LSTM模型，预测新冠疫情对中国游客去美国和澳大利亚旅游的影响，发现需要用6~12个月的时间，才能恢复到危机前的旅游客流量。

6.2.2 网络搜索数据研究

随着网络技术的使用越来越普遍，给人们的生活、行为带来了巨大变化，通过收集并整理网络搜索痕迹也能判断出互联网用户的偏好，进而预测出未来的社会经济行为。在科学研究领域中，越来越多的人关注于研究网络搜索数据对社会经济行为的影响，这为研究者提供了一个新思路。

利用网络搜索数据进行预测研究的领域包括医疗、社会、经济等领域。最早开启这方面研究的是医疗领域。Johnson等（2004）通过研究流行病报告的浏览次数，发现这与流感发病人数之间具有显著相关性，但限于当时的发展，此研究并未得到关注。直到2009年，Ginsberg等（2009）运用谷歌指数，发现流行病报告的浏览次数与官方发布的流感发病人数有着极高的相关系数，并对流感人数进行了预测，取得了较好的预测效果，并提前预测到流感的暴发。这时网络搜索数据对预测的相关研究才得到学者们的重视。杨艳红等（2013）构建状态空间模型，结合谷歌趋势指数预测重庆市乙型肝炎发病情况，并取得了良好的预测效果。李秀婷等（2013）为了及时监测我国的流感情况，以便尽快采取措施控制流感，在流感历史数据的基础上，加入了网络搜索数据进行辅助，以提高预测的准确度。目前，这一方法被应用到很多领域，如房地产、股票、酒店等领域，许多学者结合网络搜索数据进行预测研究。Pan等（2013）的研究成果表明，当ARMA模型中结合了谷歌搜索数据时，预测的准确性得到显著的提高，这为酒店的房间需求预测提供了有力的支持。Wu（2014）通过研究谷歌的住房相关搜索数据，来预测未来房地产市场的价格走向和销售量，且预测误差很低，他还将这种方法用于家电等其他领域，同样得到了很好的预测效果。王炼和贾健民（2014）利用搜索量建立动态模型预测国内电影票房；Francesco（2017）通过对比包含与不包含谷歌指数的模型，来预测意大利季度失业率的情况。从结果上来看，包含谷歌指数的模型更胜一筹。张宜浩（2014）认为网民会通过网络搜索获取相关企业的股市行情，进而推断股票市场的变动走向，经证实此方法确实更具可靠性，且对短期的行情分析更有效。李培志和董清利（2021）通过百度指数衡量票房的影响因素，构建了名为OTS-ICA-LSSVM的混合模型对中国电影票房进行预测，并取得较好的预测效果。随着旅游业的发展，网络搜索数据结合旅游客流量的预测深受学者们的偏爱。龙茂兴等（2011）发现百度指数与四川省的旅游客流量之间存在强正相关性；马丽君等（2011）研究了国内15个城市的客流量与网络搜索数据之间的关系。Artola等（2015）使用互联网搜索中的谷歌指数来衡量与西班牙旅游相关的关键字的相对受欢迎程度，从而改善了对西班牙旅游量流入的预测效果。Yang和Pan（2015）对比百度指数和谷歌指数对海南省旅游客流量的预测，结果表明百度指数的预测效果更好，这是因为我国用户更偏爱使用百度搜索所需信息。吕本富等（2015）认为社交媒体也是获取网民偏好的途径，因此利用新浪微博等对第九届中国（北京）国际园林博览会的参观人数进行了预测。靳鑫元和罗珊任（2016）对比多种模型在结合了百度指数后所预测的平遥古城旅游客流量，发现预测效果最好的是SVM模型。Li等（2017）通过网络搜索数据与过亿动态因子模型，来预测旅游客流量和酒店入住率。Camacho和Pacce（2018）研究了谷歌搜索数据与西班牙游客留宿情况之间的相关性，并进行了预测。Wei和Sun（2019）对网络搜索数据的研究更进一步，他们将百度指数和谷歌指数同时引入机器学习模型，预测北京的游客人数，实证发现二者结合后数据更全面、模型预测误差也更小。任欢等（2020）研究发现人们从百度搜索到实际旅游出行，这期间的滞后期为1~23天，因此政府或企业不仅可以用百度指数进行旅游规模预测，还可以利用这个滞后期来加大宣传，从而增强潜在游客的旅游意愿。

6.2.3 神经网络相关研究

神经网络的相关研究可追溯到20世纪40年代，它是科技充分发展的产物。当时的生物学家和神经学家通过观察人脑，提出了神经元模型，随后又建立了大量的生物神经网络模型。这些模型用于模拟和解释生物神经系统功能。之后，通过与计算机相结合，神经网络模型在许多领域得到了广泛的应用。Mcculloch和Pitts（1943）首次提出M-P模型，通过一种简单的逻辑建立了计算机制，形成了最早的人工神经网络。Rosenblatt（1958）创建感知器来模拟人类感知世界的能力，Windrow和Hoff（1960）提出了自适应线性单元，它可用于自适应滤波、预测和模式识别，标志着神经网络的研究进入了高潮阶段。

然而，Minsky在1969年出版了一本在学术界影响力很大的书——*Perceptron*，他认为简单的感知器的实用性较低，很多问题难以解决，自此之后的10年间，学者们对神经网络的研究大大削弱，进入低谷期。当然，这期间也有学者进行了新的研究，但并未获得重视。20世纪90年代，随着微处理器的出现以及半导体技术的发展，人们开发出一种计算模式——人工神经网络，它具有高度并行性，从而使神经网络得到更大的发展。Hopfield（1982）将能量函数运用到神经网络中，并提出了Hopfield网络。Le等（1989）将反向传播算法引入了卷积神经网络，并在手写体数字识别上取得了很大的成功。Hochreiter等（1997）首次提出了LSTM神经网络，并应用到实践中，引起了人们的重视。Hinton等（2006）以网络中提取的图像作为训练数据，引入了卷积神经网络，使深度神经网络在语音识别和图像分类等任务上有所突破。Alex（2013）建立现代深度卷积网络模型，并运用在图像分类上，取得了重大成果。Lin和Huang（2020）改进了LSTM模型，显著提高了其预测能力。胡剑波等（2022）基于神经网络模型，预测我国的碳排放变化趋势，并对比了ARIMA-BP神经网络模型和LSTM神经网络模型的碳排放预测值，发现LSTM神经网络模型更胜一筹。吴峰等（2023）基于金融股票新闻数据集和哈佛Ⅳ-4情绪词典训练的情感词向量生成模型Sent2Vec，对股票新闻数据进行处理，创建了DLSTM神经网络模型，以预测股票价格的走向。

6.2.4 重大危机事件对旅游业的影响

重大危机事件的发生对各行各业都会产生不同程度的影响，不同的危机事件对旅游业也会产生不同的冲击，国内众多学者对此情况进行了研究。李九全等（2003）将危机事件从动因性质、影响空间范围和成因三个角度进行详细划分。侯国林（2005）认为安全对游客来讲是至关重要的，因此想要恢复目的地的旅游业，关键是提高危机处理能力，打消游客的危机感，树立良好形象，以吸引游客，并对危机的潜伏期、爆发期、恢复期的管理机制进行改进，从而带动目的地旅游业的发展。谢朝武（2008）对突发事件的类型和影响结构进行了分析，并对旅游业的相关应急管理提出了建议。孙根年（2008）提出了旅游危机生命周期和基于本底趋势线理论的旅游危机后评价概念，为后续对旅游危机的研究提供了科学依据。中华人民共和国成立以来，不论是国际危机事件还是国内危机事件，都会对我国旅游业的整体或局部造成一定的影响。朱迎波等（2003）研究了SARS不同恢复时长对我国旅游客流量的影响。杨峥等（2010）针对上海在发生重大危机事件之后的旅游业进行了研究，发现SARS发生的当年，仅有德国和英国等国家的入境旅游客流量有所下降，但上海入境旅游总体需求并未受到较大冲击，且在政府的积极应对下，次年出现了反弹。王永明（2009）通过对比分析，发现2008年的金融危机对我国西部地区的入境旅游影响最显著，东部地区次之，中部地区影响最小。祝明霞等（2006）认为恐怖事件对旅游业有极大的负面影响，且影响时间较长，恐怖事件会对旅游资源和服务设施造成破坏，降低旅游者的出游信心，从而造成旅游客流量大幅度下降，旅游相关产业低落，这些冲击有可能持续到事件结束后1年，甚至更久，因此旅游业的反恐策略显得尤为重要。马丽君等（2010）研究发现汶川地震对四川省及周边地区造成了不同影响，游客损失过半，各地区的恢复周期也有所不同。刘淑芳和杨虎涛（2020）分析了2003年以来，SARS、H1N1和H7N9等疫情对中、日、韩三国旅游业的冲击，并预估了新冠疫情对三国出入境旅游客流量的影响。孙根年和甘晓蕊（2022）以公路、铁路、航空客运量作为旅游人气的替代指标预测各地客运量的恢复情况，研究发现海南省的客运量恢复最快，并且各省市的铁路、航空客运量恢复速度快于公路。

综上所述，互联网的发展为研究社会经济行为带来了新视角，即通过对网络上大量搜索的关键词进行收集归纳来分析网民的偏好，以此为基础预测未来的社会经济行为。国内外学者将网络搜索数据作为辅助工具进行研究已涉及多个领域，从最早的医疗领域，发展到房地产、股票、酒店等领域。在旅游业的相关研究中，早期以计量经济模式为主，学者们往往聚集于利用时间序列分析法和回归法对旅游客流量建模进行预测。随着研究的深入，为了解决样本量不足的问题，学者们开始用灰色模型进行预测。近几年，随着机器学习方法的流行，越来越多的学者将其应用到旅游客流量的预测研究中，也有学者将网络搜索数据和机器学习方法结合起来进行建模，进一步优化了模型，并取得了更好的预测效果。

6.3 文旅融合背景下旅游预测的理论基础

6.3.1 循环神经网络

循环神经网络（Recurrent Neural Network，RNN）是一种用于处理序列变化数据的深度学习算法。区别于卷积神经网络和人工神经网络，其元素之间存在关联性，更贴近现实生活。比如，某个单词的意思放在不同的语境中具有不同的含义，循环神经网络就能够通过上下文的内容推断出所需要的信息，就像拥有记忆一般，因此其实用性更高。

输入数据为 $X=\{X_1,\ X_2,\ \cdots,\ X_\pi\}$，RNN 长度为 π。序列的演进方向被称为“时间步（time-step）”。对时间步 t，循环神经网络的循环单元可表示为：

$$h^{(t)}=f(s^{(t-1)},\ X^{(t)},\ \theta) \tag{6-1}$$

式（6-1）中，h 表示系统状态，s 表示内部状态，求解当前的系统状态需要使用前一个时间步的内部状态，$f(\cdot)$ 表示激励函数，θ 表示循环单元内部的权重系数，与时间步无关，即对一组学习样本，循环神经网络使用共享的权重计算所有时间步的输出。每个循环单元当前时间步的状态由该时间步的输入和上一个时间步的状态决定，即：

$$h^{(t)}=f(uh^{(t-1)}+\omega X^{(T)}+b) \tag{6-2}$$

式（6-2）中，u和ω都是循环节点的权重，u表示状态-状态权重，ω表示状态-输入权重，最后通过一个全连接层进行输出。

不同于传统的前馈神经网络（FNN），循环神经网络可以处理变长的序列信息，也可以生成新的序列，且具有记忆性，可以参数共享，因此它在处理时序数据时具有较强的优势。

6.3.2　长短期记忆神经网络

长短期记忆神经网络（LSTM）是一种特殊的循环神经网络，主要是为了解决长序列训练过程中的梯度消失和梯度爆炸问题。它可以在更长的时间序列中表现良好。

相比RNN只有一个传递状态，LSTM有两个传递状态：一个是cell state；另一个是hidden state。RNN中的hidden state等价于LSTM中的cell state。

其中，对于传递下去的cell state改变得很慢，通常输出的cell state是上一个状态传过来的cell state加上一些数值，而hidden state则在不同节点下有很大的区别。

具体剖析LSTM的内部结构：

首先，使用LSTM的当前输入和上一个状态传递下来的拼接训练，可得到四个状态；然后，通过一个sigmoid激活函数转换成0到1之间的数值，作为一种门控状态；最后，将结果通过一个tanh激活函数转换成-1到1之间的数值（使用tanh激活函数是因为这里将其作为输入数据，而不是门控信号）。

LSTM内部主要有三个阶段：

（1）忘记阶段。这个阶段主要是对上一个节点传进来的输入进行选择性忘记。简单来说，就是“忘记不重要的，记住重要的”。

具体来说，通过计算得到f（forget），作为忘记门控，来控制上一个状态的哪些需要记住，哪些需要忘记。

（2）选择记忆阶段。这个阶段主要是对输入有选择性地进行“记忆”。哪些重要则着重记下来，哪些不重要则少记一些。当前的输入内容由前面计算得到的z表示，而选择的门控信号则是由i（information）进行控制。

将上面两个步骤得到的结果相加，即可得到传输给下一个状态的cell state。

（3）输出阶段。这个阶段将决定哪些记忆会被当作当前状态的输出。这个阶段主要是通过z来进行控制的，并且对上一阶段得到的记忆进行了放缩（通过一个tanh激活函数进行变化）。

与普通RNN类似，输出往往也是通过变化得到的。

6.3.3 门控循环神经网络

门控循环神经单元（Gate Recurrent Unit，GRU）是以LSTM为基础的一种网络结构。相比于LSTM，它更简单，它将遗忘门与输入门的门控组合，通常这个新门控被称为更新门。它同样能够解决RNN的不足，因此有人将它看作是LSTM的变体。

重置门用来控制写入当前候选状态中的上一状态的信息量，可表示为：

$$r_t = \sigma(W_r[h_{t-1}, x_t] + b_r) \tag{6-3}$$

式（6-3）中，r_t表示重置门，W_r表示重置门的权重矩阵，b_r表示重置门的偏置项，其他参数与式（6-1）中的含义一致。

$$h_t^* = \tanh(W[r_t h_{t-1}, x_t], x_t) \tag{6-4}$$

式（6-4）中，h_t^*表示候选隐藏状态，tanh函数可以将数据变为（-1，1）范围的数值。与LSTM类似，GRU将添加到当前的隐藏状态，保存了当前时刻的记忆，其数据处理的取值范围为（-1，1）。

更新门的作用是控制上一时刻的状态信息保留多大程度到此时的状态信息，可表示为：

$$z_t = \sigma(W_z[h_{t-1}, x_t] + b_z) \tag{6-5}$$

式（6-5）中，z_t表示更新门，σ表示sigmoid函数，W_z表示权重，h_{t-1}表示上一时刻的隐藏状态，［h_{t-1}，x_t］表示连接两个向量，b_z表示更新门的偏置项。

更新记忆的表达式为：

$$h_t=(1-z_t)\times h_{t-1}+z_t h_t^* \tag{6-6}$$

式（6-6）中，$(1-z_t)\times h_{t-1}$表示“遗忘”掉上一状态中对当前状态不重要的部分，即相当于LSTM中的遗忘门，$z_t h_t^*$表示“记忆”当前信息中的重要部分。z_t越接近1，表明“记忆”下来的数据越多；z_t越接近0，表明“遗忘”的数据越多。综上可知，h_t忘记传递下来h_{t-1}中的某些信息，并加入当前节点的某些信息，形成最终记忆。

6.3.4 基于迁移学习思想的面板数据预测

迁移学习是一种机器学习技术，是在不同但相关领域之间进行知识的转移。相对于机器学习方法，迁移学习并非从头开始训练模型，而是通过借助源域中已有的知识来更快地构建目标模型。因此，它可以大大缩短模型的训练时间，降低过拟合的风险，还可以在数据较少的情况下获得可靠的结果。

在迁移学习中，有多种常见的知识迁移方式。一种是特征学习或表示学习，即将源域中的特征映射到目标域中，以便更好地解决目标问题；另一种是参数迁移，即将源域中的参数信息应用到目标域中，以便影响目标域训练出的模型。

迁移学习在计算机视觉、自然语言处理、社交网络分析、金融等领域有着广泛的应用。比如，在计算机视觉中，可以利用已经训练好的模型对新类别的物体进行分类；在自然语言处理中，可以利用先前学习过的知识对新的任务或数据进行处理；在社交网络分析中，可以借助已有的知识推断和预测新的社交网络数据；在金融领域中，可以利用历史数据中的知识进行交易策略的预测等。

当然，迁移学习也存在一些挑战和限制。例如，源域和目标域之间的差异可能会影响模型的性能；如何选择合适的源域设计出相应的知识迁移方法也是一个需要解决的问题。因此，在实践中需要结合具体情况进行合理的应用和探索。

迁移学习是指给定源域 D_s 和学习任务 T_s、目标域 D_t 和学习任务 T_t，通过发现 D_s 和 T_s 之中的隐知识，来提高学习任务 T_t 的函数 $F_T(\cdot)$ 效果的技术。其中，$D_t \neq D_s$，$T_t \neq T_s$，且 D_s 的数据量要大于 D_t 的数据。

迁移学习是一种在缺少大量标记数据的情况下仍能构建出良好模型的技术。在对旅游的预测上这种情况尤为常见。例如，对杭州景区游客数量的预测，可以利用6个景区的旅游客流量及相关预测变量的滞后12期作为预测因子，预测第13个月的数据。将完整的景区数据以13个月为一个样本来学习景区旅游客流量的隐知识，从而提高杭州其他景区的旅游预测准确率，这就是迁移学习的优势所在。通过分析杭州西湖等部分景区的数据，可以发现各景区受新冠疫情影响的共性特征，并获得训练集模型参数，从而构建景区人数预测模型，以提升其他景区的预测结果。这一过程类似于在一个任务上学习到的知识和能力可以通过迁移学习应用于另一个相关任务上，从而加快学习速度和提高准确率。相比于传统的时间序列模型，迁移学习的优势在于能够很好地学习新冠疫情冲击下的旅游数据变动，对于特殊时期的旅游客流量预测有着更好的解释性。

6.3.5 评价指标

在旅游客流量预测完成后，需要针对模型预测结果进行评价，本书选取了四种评价指标，分别是均方误差（Mean Squared Error，MSE）、均方根误差（Root Mean Square Error，RMSE）、平均绝对误差（Mean Absolute Error，MAE）和决定系数（R-Square，R^2）。MSE、RMSE、MAE都不受结果的影响，能够真实地反映出预测误差，且其数值越小，说明预测效果越好。R^2 是指真实值对预测值的解释程度，其数值越接近1，说明预测效果越好。具体的计算公式如下：

$$MSE = \frac{1}{m}\sum_{i=1}^{m}(y_i - \hat{y})^2 \tag{6-7}$$

$$RMSE = \sqrt{\frac{1}{m}\sum_{i=1}^{m}(y_i - \hat{y})^2} \tag{6-8}$$

$$MAE = \frac{1}{m}|(y_i - \hat{y})| \tag{6-9}$$

$$R^2 = 1 - \frac{\sum_{i=1}^{m}(y_i - \hat{y})^2}{\sum_{i=1}^{m}(y_i - \bar{y}_1)^2} \tag{6-10}$$

6.4 网络搜索关键词与旅游客流量相关性分析

随着互联网的使用不断深入，网络信息越来越及时、全面，人们通常会在作出决定之前在互联网上搜索相关资料，以尽量全面地了解信息。大数据技术的发展也使得互联网更加智能化，通过用户的搜索推送有所关联的资讯，从而帮助用户作出决策。因此，从另一角度来说，通过分析网络上的热词能够预测出人们未来的某些行为，这对现实生活中的研究与探讨具有重要意义。本小节将从定性分析和定量分析两个方面对互联网搜索关键词与社会行为之间的关系进行研究。

6.4.1 网络搜索数据与旅游客流量定性分析

旅游市场是消费者向生产者购买服务和商品的经济活动中心，生产者通过出售旅游相关产品或者提供服务来获取报酬，消费者通过购买商品来满足自己的需求。旅游消费是指在交易过程中各自满足各自的需求所带来的花销。因此，了解和分析游客的购物欲望和行为方式，将有助于对旅游客流量的预测研究。

1. 消费者购买决策过程

消费者购买决策过程是指消费者在各种环境的作用下，激发某种需求，想要通过购买某种产品或服务来达到满足自己欲望的目的，并最终作出这一决定的过程。此过程并非是消费者的一时冲动，而是消费者经过慎重思考后付诸的行动，包括产生消费需求、收集信息、评估选择、购买决策和消费评价五个阶段。

第一阶段：产生消费需求。此阶段是整个过程的起始阶段，消费者容易受到外在环境的影响。第二阶段：收集信息。通常消费者不会盲目地作出重要决策，而是通过获取尽量全面的信息，来深入了解和分析某一行为是否会满足自己的需求，以此提高作出此决策的合理性。第三阶段：评估选择。此阶段是将收集的信息进行整理和分析，制订出合理的方案，并评估方案的可行性。第四阶段：购买决策。根据对方案的评估，作出是否值得购买的决策，但这并非代表这一过程的结束。第五阶段：消费评价。消费者根据本次购买体验进行评估。对于消费者，此阶段的购买需求是否得到满足以及对满足程度的评估，是为下一次的购买决策提供经验。对于生产者，此阶段将影响到企业的口碑以及未来的销量。消费者的体验对企业来讲至关重要，其好评和推荐是企业的重要营销手段，其差评则会给企业造成不良的影响，企业需妥善处理后续事宜。

信息的收集对于消费者的决策行动起着关键作用，是整个购买过程的重要支撑。从古代的信鸽和驿站，再到近代的杂志、报纸和电视，技术更新带了来新的获取信息的渠道。随着第四次工业革命的到来，信息化和智能化网络的普及和网民的壮大，人们传递信息、分享知识的方式不再局限于传统模式，而是逐渐依赖互联网的搜索引擎。搜索引擎获取信息方便快捷，已成为公众离不开的重要工具，它将消费者的欲望和相关信息资源连接起来，消费者在搜索引擎上获取信息的同时，也反映了自身的需求。当然，查找痕迹被网络自动保留，反映了不同消费者的喜好和需求，通过对海量数据的归纳和分析，能够了解消费者的未来行为。通过收集游客在了解攻略时留下的海量搜索痕迹，并加以归纳和整理，便能从某种意义上分析出互联网用户的喜好和意向，可以以此来研究旅游需求预测。

2. 网络搜索数据与旅游客流量的关联机理

对游客或旅游相关产业而言，网络和旅游业的充分结合带来了翻天覆地的变化。过去，游客只能通过旅行社获取相关旅游资讯，难以获得及时、准确、全面的信息，很容易影响其旅游体验。同时，旅游相关产业难以便捷快速地了解顾客的需求，从而影响企业的战略部署。而在网络和旅游业结合之后，游客既可以自行上网查询相关信息，又可以通过互联网将自己的旅游体验分享给更多的人，帮助他人了解更多信息，这深刻颠覆了传统旅游业信息不对称的情况，从某种意义上来讲，极大地提高了游客的旅游质量。

游客在旅游前会上网络查找他人分享的旅游体验，并进一步通过搜索引擎查找景区介绍、餐饮和住宿、出行方式等相关信息，随着游客掌握的信息量越多，越能够策划出适合自己的出行方案，更快地作出旅游决策，并完成旅游行动。搜索引擎在收集了游客的检索词条、搜索次数、搜索地点和时间等信息后，进行归纳整理与分析，为研究旅游客流量提供理论支持。

3. 百度指数

自2010年谷歌从中国大陆市场退出后，百度便成为国内最受欢迎的搜索引擎，成功抢占了大部分国内市场，虽然近几年百度整体份额有所下降，但仍然保持一家独大的优势。2022年3月，中国搜索引擎市场上，百度占比55.92%，遥遥领先占比17.96%的必应，如图6-1所示。

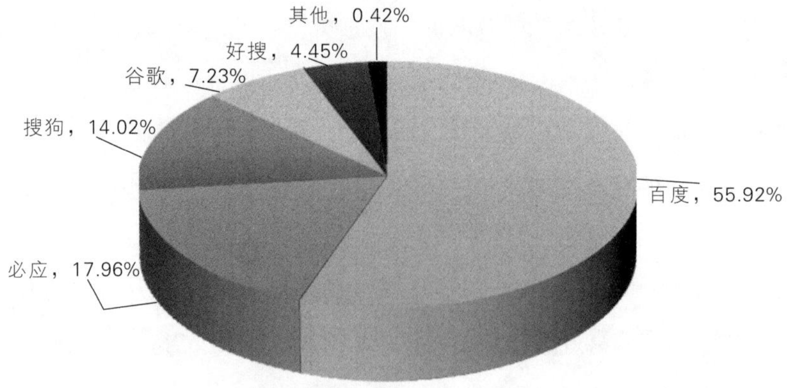

图6-1　中国搜索引擎市场份额占比

百度指数是2006年开发的一款依靠海量网民搜索数据提供数据分析结果的资料信息平台，能够帮助众多企业或者个人获取信息和数据，作出适当决策。百度指数通过收集使用百度搜索引擎的用户搜索过的关键词数据，分析一定时期内该关键词搜索的频次和变化趋势，从而得到该关键词的需求率和关联信息，从而计算出百度指数。也就是说，关键词的百度指数越高，意味着被搜索的次数越多。可以说，百度指数体现了某种事情在多大程度上受到了用户的关注。因此，本书用百度指数代表网络搜索数据来反映消费者的旅游需求。

4. 选取关键词

选取关键词是利用百度指数进行各方面研究的基础，这就要求关键词要与研究方向有较高的关联性，且尽量达到全面覆盖研究内容，不能单独存在，后续研究也将围绕关键词展开。因此，选取的核心关键词要有合理性，且有较高价值，才能在此基础上得到有价值的研究成果。

既然想要通过网民对旅游相关信息的搜索频次的变动趋势来分析旅游景区的潜在游客量以及游客的消费偏好，就需要准确获取网民搜索频次高的核心关键词。因此，选取合适的关键词便是研究中比较重要的一环，要想实现更深入的相关统计分析，这些关键词便是后续讨论问题的基础，必须简要凝练地表达研究内容，且具有一定代表性。如果所选关键词的相关性较低，则会得到不准确的，甚至是错误的研究结论，或者是与实际情况相反的研究结论。如果选择的关键词没有全面覆盖所研究的内容，即所获取的信息太过片面，就会造成研究结论不可靠。从前人的研究文献来看，目前还没有一个固定的选取关键词的标准，通常采用以下三种方法来选取关键词：

（1）技术取词法。此方法是借助高端仪器设备和高超的网络技术，从网上找出所有的与之相关的词汇。例如，2009年有学者利用1 000多台高性能电脑来获取与流感有关的关键词来预测流感的流行趋势，并从5 000万个关键词中筛选出与其研究具有强相关性的关键词，由于得到的关键词过多，为了便于后续研究，最终将关键词根据相关性的强弱程度进行了排序，选取了前45个关键词作为后续研究的基础。技术取词法确实能够得到全面且准确的核心关键词，但通常在研究过程中会受到硬件设备的限制，难以在现实中应用，因此其实用性很低。

（2）直接取词法。直接取词法，又称主观选词法，是根据学者的生活经验、知识储备以及其他研究成果中出现的高频词，选取直接有关于研究问题的热词。这种方法的好处在于简化了工作流程，减少了工作量，能够用较少的时间和较低的费用成本达到研究目的。但这种方法也有一定的劣势，因为研究者主要通过研究他人的文献成果来形成自身对问题的主观理解，或者通过亲身经历对其所获得的经验进行研究，主观性较强，同时在同一项研究中，学者们有时会选择不同的关键词，这就导致科学理论依据不够严谨，容易造成研究结论不够客观。

（3）范围取词法。此方法是围绕研究内容划定范围，然后在此范围之内分析相关影响因素，选择适当的关键词。例如，在旅游业的相关研究中，游客人数便是关键，通常游客在旅游目的地的选择上主要关注饮食、交通、住宿、景观、娱乐和购物等方面，因此可将这几个要素划为选词范围，并在此范围内根据研究方向选取关键词。这种方法的优势在于可以针对性地选取与研究内容关联强度高的关键词。但是，这种方法对词语的划分范围受个人主观判断的影响较大，容易造成选择范围狭窄，难以全面准确地选取关键词，甚至出现遗漏核心关键词等情况。

本书将根据旅游客流量预测的特点，采取范围取词法和直接取词法相结合的方式，针对旅游业较受关注的六个方面，即餐饮、住宿、交通、景区、娱乐和购物，选取“杭州”“杭州旅游”“杭州美食”“杭州天气”“雷峰塔”“西湖”六个核心关键词（这些关键词均可在百度指数中检索到），并对这些核心关键词的相关性进行评估，然后建立模型。

6.4.2 网络搜索数据与旅游客流量定量分析

由于旅游客流量和核心关键词之间的关系存在不确定性，因此本书将采用灰色关联度分析法，对二者进行量化分析。

1. 灰色关联度分析法

灰色关联度分析法（GRA）是通过测量影响因素对被测物体的相对强度，按照某种规律来确定对应的主序列，并以时间次序对各影响因素进行排列，再根据各因素数据排列曲线的几何形状的相似程度和重合程度来判断相关性。它的优点是能够排除学者的经验主义和主观因素，相比于其他传统的关联度研究，有较为宽松的样本数量要求，不用明确样本的分布规律，甚至可以在小样本量、各因素无明确影响机制的情况下进行灰色关联度分析，弥补了其他统计分析方法的不足之处。

灰色关联度分析法不要求样本数量，也不要求相互独立的变量，甚至不需要清楚变量的分布，因此它非常适合于本书的研究。

灰色关联度分析法的主要思路是：构建指标体系，用来衡量影响因素与研究事物之间的发展趋势的相似程度，以表现研究事物特点的数据序列为参考数列，以表现影响因素特点的数据序列为比较数列。若所构建的指标的计量属性不同，则需要在计算前对其进行无量纲化处理，以确保参考序列和比较序列的计量属性的统一性，才能进行后续计算。计算两个序列的灰色关联度，数值越高说明二者越相似，即二者之间的关联性越强。本书利用灰色关联度分析法来确定百度指数与西湖游客人数之间的关联度。其具体步骤如下：

第一步：设立参考序列和比较序列。

参考序列 $X_0=(X_0(1), X_0(2), \cdots, X_0(n))$，比较序列 $X_i=(X_i(1), X_i(2), \cdots, X_i(k))$。其中，$i=1, 2, \cdots, m$；$k=1, 2, \cdots, n$。

第二步：无量纲化处理百度指数。

为使不同计量属性的数据能够进行比较，通常会无量纲化处理初始数据，包括初值法、极大值法、极小值法、均值法和极差法等。其具体的公式为：

初值法：$X_i^*(k)=\frac{X_i(k)}{X_{i1}}$ (6-11)

极大值法：$X_i^*(k)=\frac{X_i(k)}{Max(X_i(k))}$ (6-12)

极小值法：$X_i^*(k)=\frac{X_i(k)}{Min(X_i(k))}$ (6-13)

均值法：$X_i^*(k)=\frac{X_i(k)}{\frac{1}{n}\sum_{k=1}^{n}X_i(k)}$ (6-14)

极差法：$X_i^*(k)=\frac{X_i(k)-Min(X_i(k))}{Max(X_i(k))-Min(X_i(k))}$ (6-15)

其中，$i=1, 2, \cdots, m$；$k=1, 2, \cdots, n$。

灰色关联度分析法通过综合分析各因素之间的关联性强弱来表现各因素对研究对象的影响差异。由于研究对象需要有明显的差异性，因此不仅需要选择较小计算量的无量纲化方法，还需要使关联系数的极差和方差尽量大。本书将选取初值法对参考序列和比较序列进行无量纲化处理。

第三步：对处理后的数据序列，计算时间次序一致的参考序列和比较序列的绝对差值。

$\Delta_i(k)=\left|X_0^*(k)-X_i^*(k)\right|$ (6-16)

其中，$i=1, 2, \cdots, m$；$k=1, 2, \cdots, n$。

第四步：计算两级最小差和最大差。

$\Delta_{min}=min_i min_k \Delta_i(k)$ (6-17)

$\Delta_{max}=max_i max_k \Delta_i(k)$ (6-18)

第五步：计算参考序列和比较序列之间的灰色关联度系数。

$\gamma(X_0(k), X_i(k))=\frac{\Delta_{min}+\xi\Delta_{max}}{\Delta_i(k)+\xi\Delta_{max}}$ (6-19)

其中，$i=1, 2, \cdots, m$；$k=1, 2, \cdots, n$。式（6-19）中，ξ表示分辨系数，通常取值在0至1之间的常数。当$\xi\leq0.5463$时，可以观察到关联度分辨率的变化。本书将采用默认值，即$\xi=0.5$。

第六步：计算灰色关联度。

$$\gamma(x_0, x_i) = \frac{1}{n}(X_0(k), X_i(k)) \tag{6-20}$$

其中，i = 1，2，…，m； k = 1，2，…，n。根据关联度的评价标准，对比计算结果，可得到所构建的百度指数与西湖旅客人数之间的关联度评价描述，见表6-1。

表6-1 关联度评价描述

关联度	评价描述
0≤γ<0.35	关联关系较弱
0.35≤γ<0.65	关联关系中等
0.65≤γ<0.85	关联关系较强
0.85≤γ<1	关联关系极强

2. 灰色关联度评价

本书将杭州西湖景区2011年1月至2022年5月的游客人数作为参考序列X_0，6个百度指数作为比较序列X_{1-6}，经过上述一系列运算后，得到灰色关联度（见表6-2）。从结果上来看，西湖8个景区的游客人数与6个百度指数之间的灰色关联度均大于0.65，说明它们之间的关联性较强。从整体上来看，“杭州天气”的关联性相对较弱，这是因为人们可以利用各种工具来降低出行不便对其旅游体验的影响。关联性较强的百度指数有“杭州旅游”、“杭州美食”、“西湖”和“雷峰塔”，人们旅游的目的既是为了放松身心，也是为了体会各地的风土人情，因此人们更看重旅游目的地的餐饮和住宿环境，这很符合当下的旅游发展趋势。综上所述，利用百度指数来研究预测旅游客流量具有一定的合理性和可行性。

表6-2　**百度指数与杭州西湖景区游客人数之间的灰色关联度**

指标	动物园	植物园	灵隐飞来峰	岳庙	虎跑	三潭印月	玉皇山	城隍阁
杭州	0.74	0.86	0.89	0.87	0.87	0.72	0.82	0.89
杭州旅游	0.72	0.87	0.86	0.88	0.90	0.73	0.84	0.89
杭州美食	0.75	0.85	0.91	0.89	0.87	0.73	0.81	0.87
杭州天气	0.75	0.71	0.74	0.71	0.69	0.72	0.65	0.69
雷峰塔	0.80	0.80	0.87	0.84	0.82	0.75	0.74	0.80
西湖	0.73	0.86	0.89	0.88	0.87	0.72	0.82	0.89

6.5　杭州西湖景区旅游客流量预测分析

6.5.1　数据获取与预处理

1. 数据来源

杭州作为旅游城市，以西湖最为著名，享有“人间天堂”的美誉。本书选取动物园、植物园、灵隐飞来峰、岳庙、虎跑、三潭印月、玉皇山、城隍阁8个西湖景区2011年1月至2022年5月的月旅游客流量数据以及与西湖旅游相关的百度指数数据进行实证研究。西湖各景区的月旅游客流量数据从官方网站上获取。

本书选取杭州西湖景区作为研究对象的原因是，考虑到它是国内热门景区，其官方公布数据具有权威性以及数据的可获取性。本书通过对各景区的旅游客流量数据进行分析比较，以尽量确保研究结果的严谨性和应用的广泛性。

本书选取国家官方发布的当月感染新冠肺炎的总确诊数、总治愈数、新增确诊数、新增治愈数作为影响因素。

2. 获取百度指数

网络爬虫是一种遵循某种规则，通过计算机自动抓取万维网信息的程序或脚本。其原理是编制一系列程序来模拟网民浏览网页的行为，然后利用网络爬虫，抓取网页中的信息并将其保存到指定位置。操作者将下一个指定URL地址的指令，然后从服务器上抓取网页上操作者所需的内容，并解析所抓取网页，从中抽取URL链接，继续抓取下一个URL，当抓取完毕或达到设定的深度时，便可停止这一过程。其具体的过程如下：

首先，需要安装一些第三方库，如requests、BeautifulSoup、requests等，这些库可以更加方便地爬取网页信息。然后，需要利用requests获取百度指数数据，这里可以设置一些参数，如关键词、时间段等，以获取更加准确的数据。其具体的操作方法如下：①使用百度搜索引擎搜索关键词，获取搜索结果页面的URL；②使用Python的requests抓取搜索结果页面的HTML源码，并使用BeautifulSoup解析源码，获取百度指数的URL；③使用Python的requests抓取百度指数页面的HTML源码，并使用BeautifulSoup解析源码，获取百度指数数据。在获取了百度指数数据之后，可以利用BeautifulSoup解析网页，获取想要的信息。最后，需要利用一些数据库（如MySQL等）存储获取的数据，方便以后使用。

3. 数据预处理

在人工神经网络中，不同指标之间的单位和量级不尽相同，如果直接将原始数据带入模型中容易使最终结果有偏差，甚至得到错误的结论。为了避免由指标问题导致的预测结果不准确，通常会对原始数据进行必要的规范处理，即将原始数据标准化为统一量纲。本书将采用最大最小值法，对原始数据进行标准化，使其统一到一定范围内，从而尽量避免不同数据样本之间的差异化所导致的预测结果不准确。

为避免数据泄露，不能对总体数据集进行归一化，要先将整体数据集划分为训练集和测试集，再运用MinMaxScaler函数分布对两个数据集进行处理，即将两个数据集分别归到［0，1］的取值范围。其具体的公式为：

$$x_{scaled} = \frac{(x - x_{min})}{(x_{max} - x_{min})} \tag{6-21}$$

式（6-21）中，x_{scaled}表示处理后的数据，x表示原始数据，x_{min}表示最小值，x_{max}表示最大值。

6.5.2 数据描述性统计分析

1. 杭州西湖景区游客人数

对杭州西湖景区2011年1月至2022年5月的旅游客流量及相关的百度指数数据进行描述性分析，观察旅游客流量数据以及百度指数数据的变化和趋势。

杭州西湖8个景区客流量趋势图，如图6-2所示。

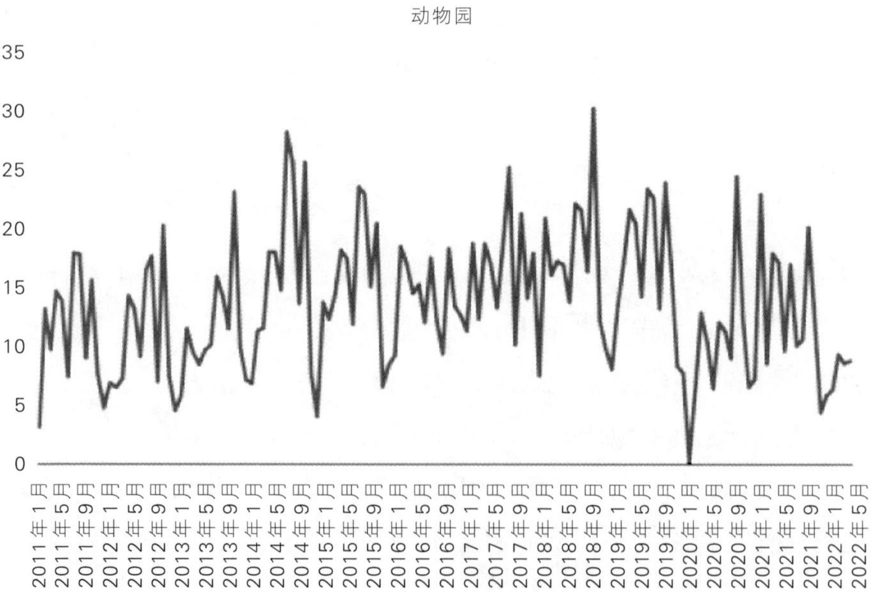

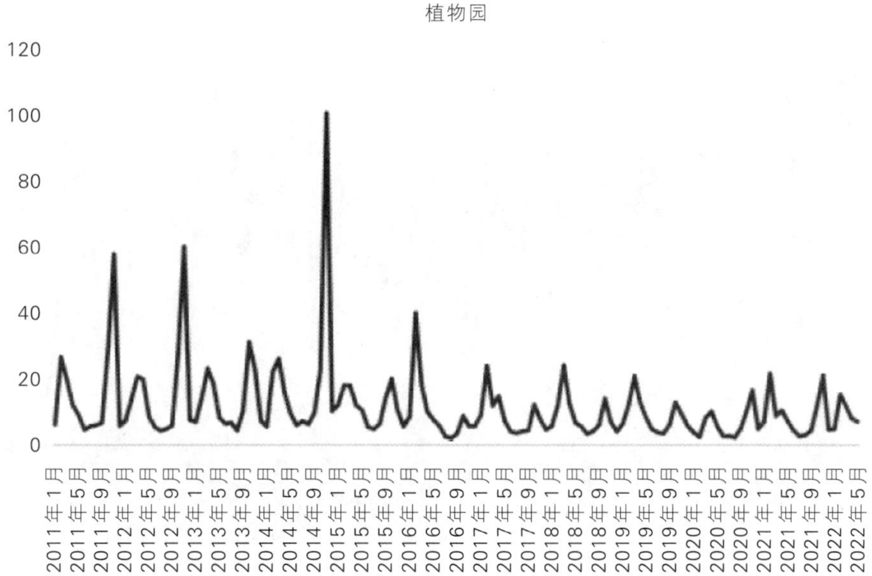
植物园
120
100
80
60
40
20
0
2011年1月
2011年5月
2011年9月
2012年1月
2012年5月
2012年9月
2013年1月
2013年5月
2013年9月
2014年1月
2014年5月
2014年9月
2015年1月
2015年5月
2015年9月
2016年1月
2016年5月
2016年9月
2017年1月
2017年5月
2017年9月
2018年1月
2018年5月
2018年9月
2019年1月
2019年5月
2019年9月
2020年1月
2020年5月
2020年9月
2021年1月
2021年5月
2021年9月
2022年1月
2022年5月

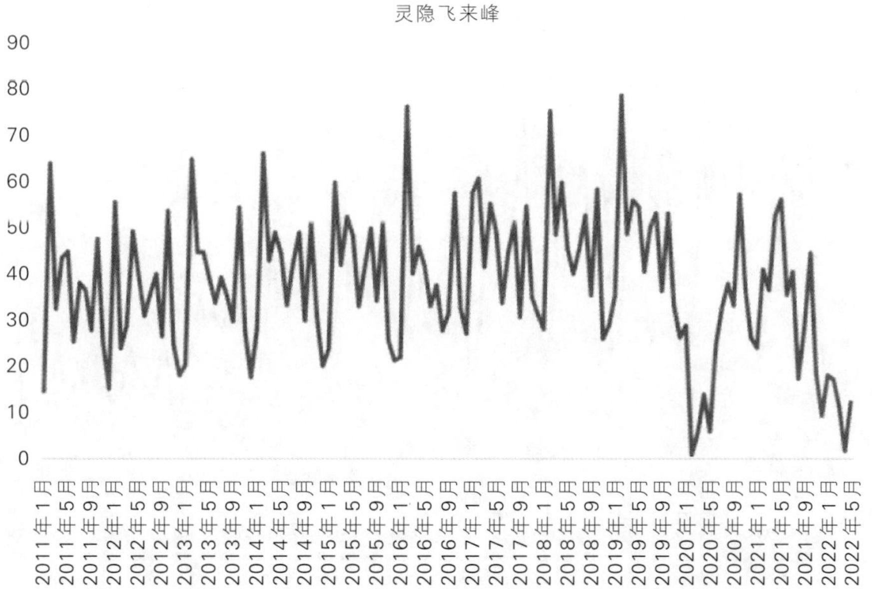
灵隐飞来峰
90
80
70
60
50
40
30
20
10
0
2011年1月
2011年5月
2011年9月
2012年1月
2012年5月
2012年9月
2013年1月
2013年5月
2013年9月
2014年1月
2014年5月
2014年9月
2015年1月
2015年5月
2015年9月
2016年1月
2016年5月
2016年9月
2017年1月
2017年5月
2017年9月
2018年1月
2018年5月
2018年9月
2019年1月
2019年5月
2019年9月
2020年1月
2020年5月
2020年9月
2021年1月
2021年5月
2021年9月
2022年1月
2022年5月

岳庙

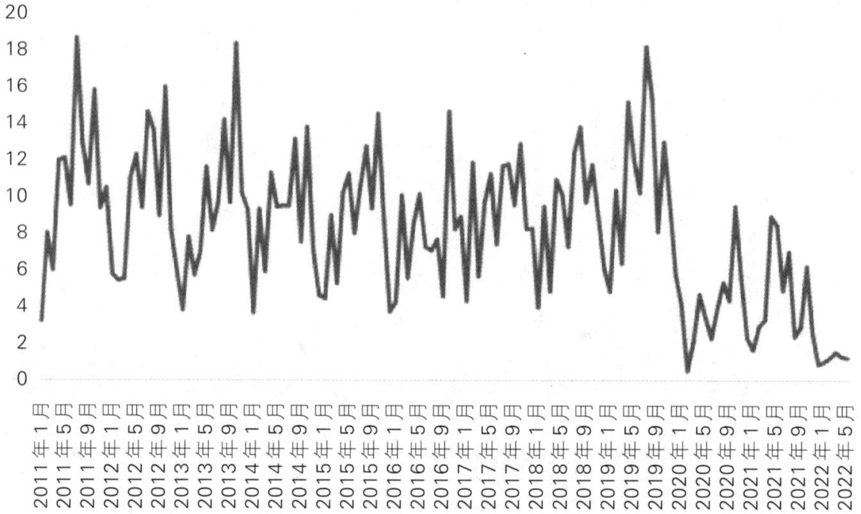
20
18
16
14
12
10
8
6
4
2
0
2011年1月
2011年5月
2011年9月
2012年1月
2012年5月
2012年9月
2013年1月
2013年5月
2013年9月
2014年1月
2014年5月
2014年9月
2015年1月
2015年5月
2015年9月
2016年1月
2016年5月
2016年9月
2017年1月
2017年5月
2017年9月
2018年1月
2018年5月
2018年9月
2019年1月
2019年5月
2019年9月
2020年1月
2020年5月
2020年9月
2021年1月
2021年5月
2021年9月
2022年1月
2022年5月

虎跑

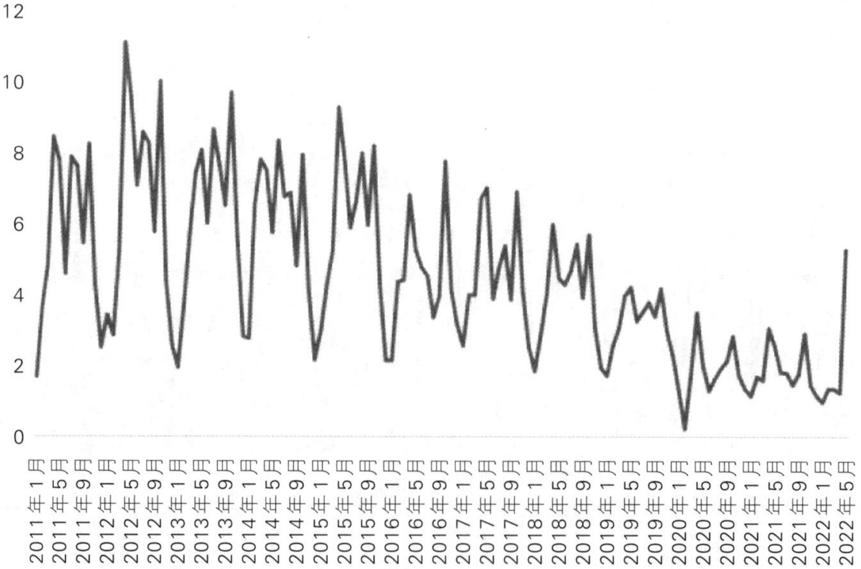
12
10
8
6
4
2
0
2011年1月
2011年5月
2011年9月
2012年1月
2012年5月
2012年9月
2013年1月
2013年5月
2013年9月
2014年1月
2014年5月
2014年9月
2015年1月
2015年5月
2015年9月
2016年1月
2016年5月
2016年9月
2017年1月
2017年5月
2017年9月
2018年1月
2018年5月
2018年9月
2019年1月
2019年5月
2019年9月
2020年1月
2020年5月
2020年9月
2021年1月
2021年5月
2021年9月
2022年1月
2022年5月

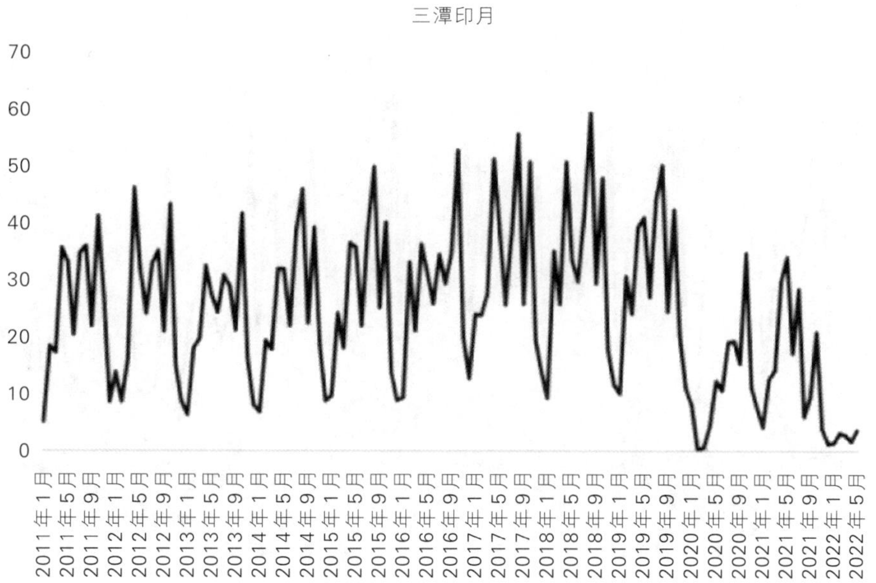
三潭印月
70
60
50
40
30
20
10
0
2011年1月
2011年5月
2011年9月
2012年1月
2012年5月
2012年9月
2013年1月
2013年5月
2013年9月
2014年1月
2014年5月
2014年9月
2015年1月
2015年5月
2015年9月
2016年1月
2016年5月
2016年9月
2017年1月
2017年5月
2017年9月
2018年1月
2018年5月
2018年9月
2019年1月
2019年5月
2019年9月
2020年1月
2020年5月
2020年9月
2021年1月
2021年5月
2021年9月
2022年1月
2022年5月

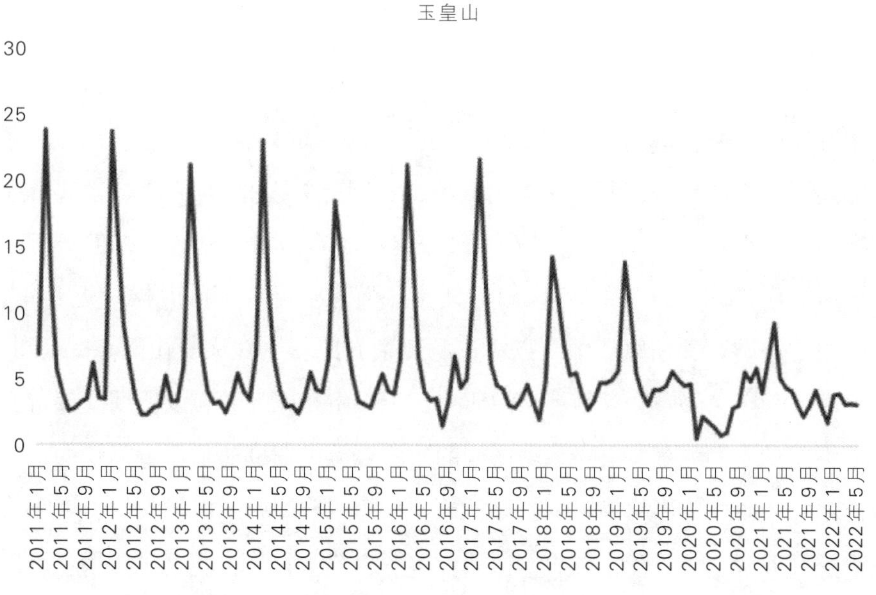
玉皇山
30
25
20
15
10
5
0
2011年1月
2011年5月
2011年9月
2012年1月
2012年5月
2012年9月
2013年1月
2013年5月
2013年9月
2014年1月
2014年5月
2014年9月
2015年1月
2015年5月
2015年9月
2016年1月
2016年5月
2016年9月
2017年1月
2017年5月
2017年9月
2018年1月
2018年5月
2018年9月
2019年1月
2019年5月
2019年9月
2020年1月
2020年5月
2020年9月
2021年1月
2021年5月
2021年9月
2022年1月
2022年5月

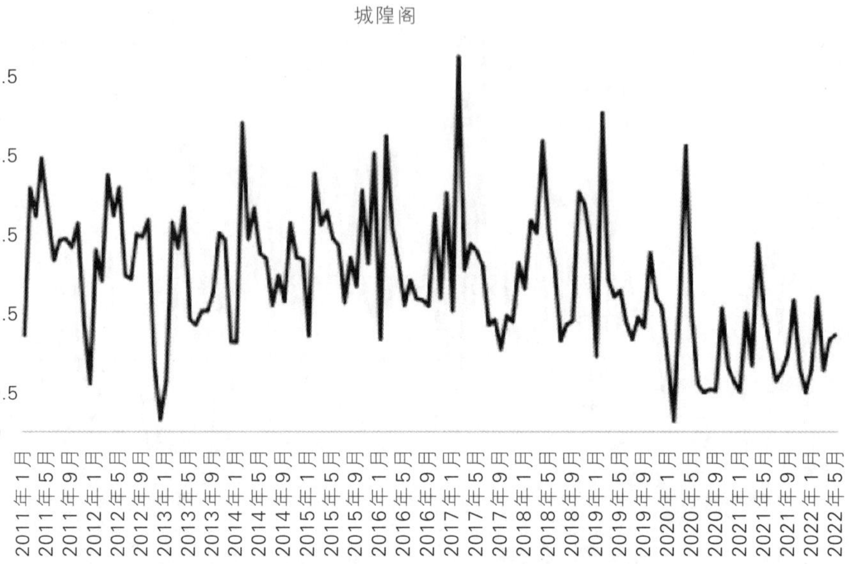

图6-2　杭州西湖8个景区客流量趋势图

由图6-2可知，杭州西湖主要景区的月旅游客流量波动情况和节假日旅行高峰有关。例如，清明节和劳动节假期带动4月和5月的旅游客流量达到小高潮；暑假期间也是旅游高峰期，因此7月和8月的旅游客流量迎来另一个小高峰；“十一”黄金周让景区旅游客流量达到峰值，但玉皇山景区有所不同，每年的2月、3月才是旅游客流量最大的时候。近几年，国内的旅游业受新冠疫情（以下简称疫情）的影响较大。由图6-2可知，灵隐飞来峰、岳庙、虎跑、三潭印月、玉皇山和城隍阁在疫情期间旅游客流量或多或少都有所下降，动物园的旅游客流量在疫情初期影响较大，之后旅游客流量变化趋势恢复到疫情前，植物园的旅游客流量受疫情影响不大。疫情期间的游客人数与疫情前的游客人数的趋势走向发生变化，不仅在旺季时人数减少，还在整体上呈现下降趋势，说明数据受疫情影响出现异常，因此本书引入迁移学习方法来提高预测的准确率，见表6-3。

从表6-3中可以看出，灵隐飞来峰的游客人数的均值和方差最高，分别达到了37.53和15.20，其次是三潭印月，均值为24.25，方差为13.90，

表6-3　　　　　　**杭州西湖景区游客人数描述性统计分析**

景区	均值	方差	最小值	最大值
动物园	13.61	5.87	0.25	30.31
植物园	11.30	12.02	1.79	100.90
灵隐飞来峰	37.53	15.20	0.77	78.54
岳庙	8.21	4.02	0.47	18.63
虎跑	4.50	2.42	0.23	11.16
三潭印月	24.25	13.90	0.19	59.33
玉皇山	5.79	4.80	0.47	23.86
城隍阁	1.91	0.88	0.13	4.76

植物园的游客人数的最大值，高达100.90，灵隐飞来峰和三潭印月分别位列第二和第三。植物园在淡季的游客人数为1.79，却是几个景区中最高的。城隍阁的游客人数不论是均值，还是最大值、最小值，都是最低的。因此，游客较为青睐植物园、灵隐飞来峰和三潭印月3个景区，其他景区对游客的吸引力相对较小。

2. 百度指数

百度指数趋势图，如图 6-3 所示。

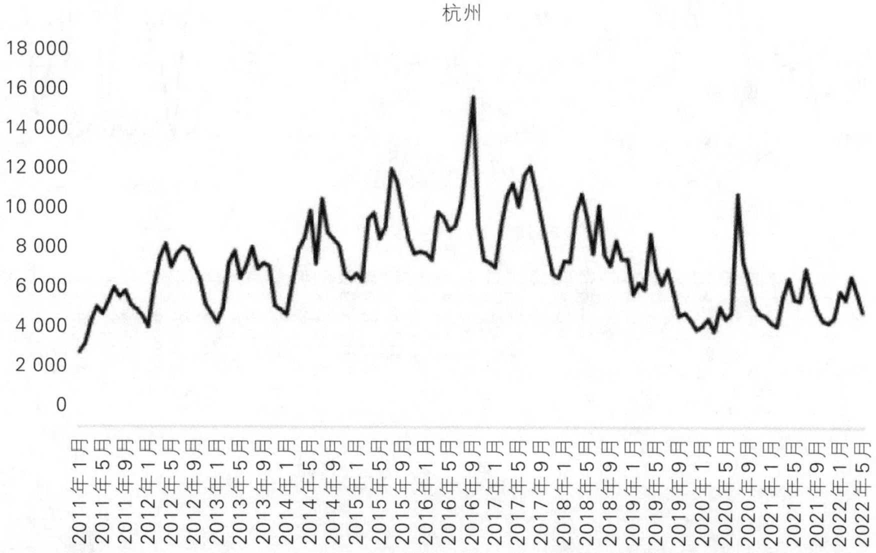

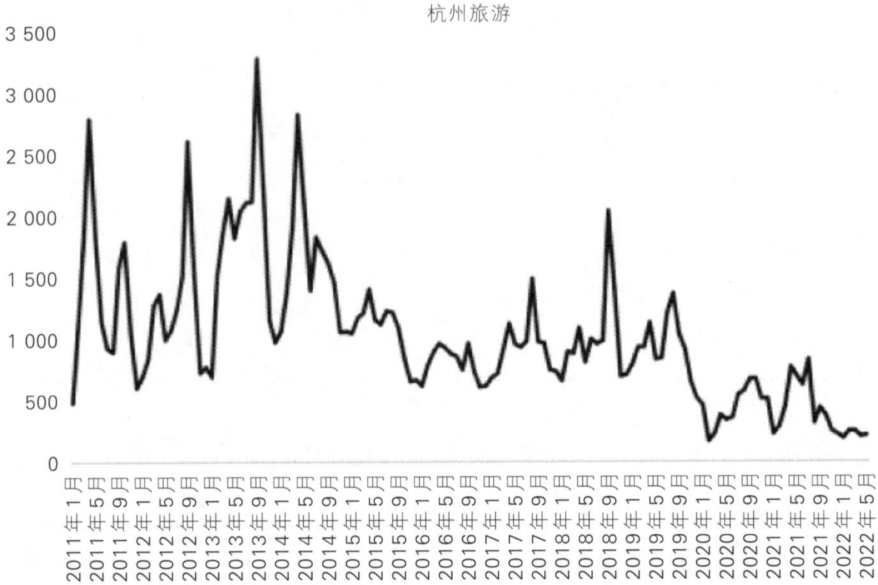
杭州旅游
3 500
3 000
2 500
2 000
1 500
1 000
500
0
2011年1月
2011年5月
2011年9月
2012年1月
2012年5月
2012年9月
2013年1月
2013年5月
2013年9月
2014年1月
2014年5月
2014年9月
2015年1月
2015年5月
2015年9月
2016年1月
2016年5月
2016年9月
2017年1月
2017年5月
2017年9月
2018年1月
2018年5月
2018年9月
2019年1月
2019年5月
2019年9月
2020年1月
2020年5月
2020年9月
2021年1月
2021年5月
2021年9月
2022年1月
2022年5月

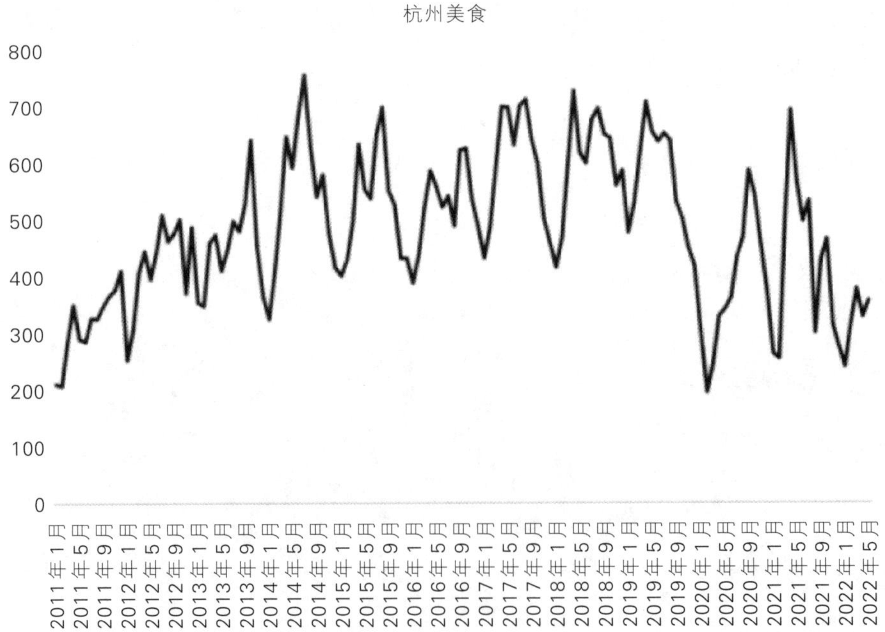
杭州美食
800
700
600
500
400
300
200
100
0
2011年1月
2011年5月
2011年9月
2012年1月
2012年5月
2012年9月
2013年1月
2013年5月
2013年9月
2014年1月
2014年5月
2014年9月
2015年1月
2015年5月
2015年9月
2016年1月
2016年5月
2016年9月
2017年1月
2017年5月
2017年9月
2018年1月
2018年5月
2018年9月
2019年1月
2019年5月
2019年9月
2020年1月
2020年5月
2020年9月
2021年1月
2021年5月
2021年9月
2022年1月
2022年5月

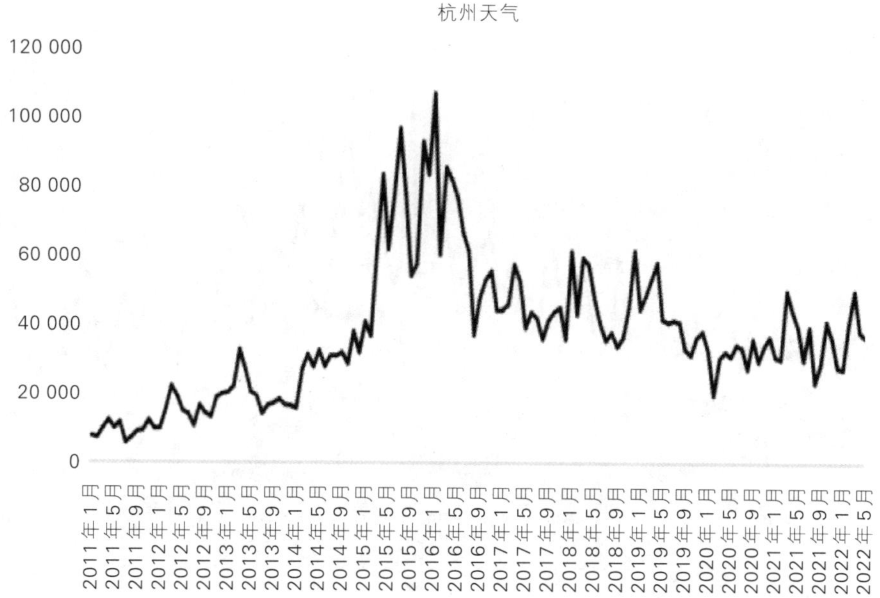
杭州天气
120 000
100 000
80 000
60 000
40 000
20 000
0
2011年1月
2011年5月
2011年9月
2012年1月
2012年5月
2012年9月
2013年1月
2013年5月
2013年9月
2014年1月
2014年5月
2014年9月
2015年1月
2015年5月
2015年9月
2016年1月
2016年5月
2016年9月
2017年1月
2017年5月
2017年9月
2018年1月
2018年5月
2018年9月
2019年1月
2019年5月
2019年9月
2020年1月
2020年5月
2020年9月
2021年1月
2021年5月
2021年9月
2022年1月
2022年5月

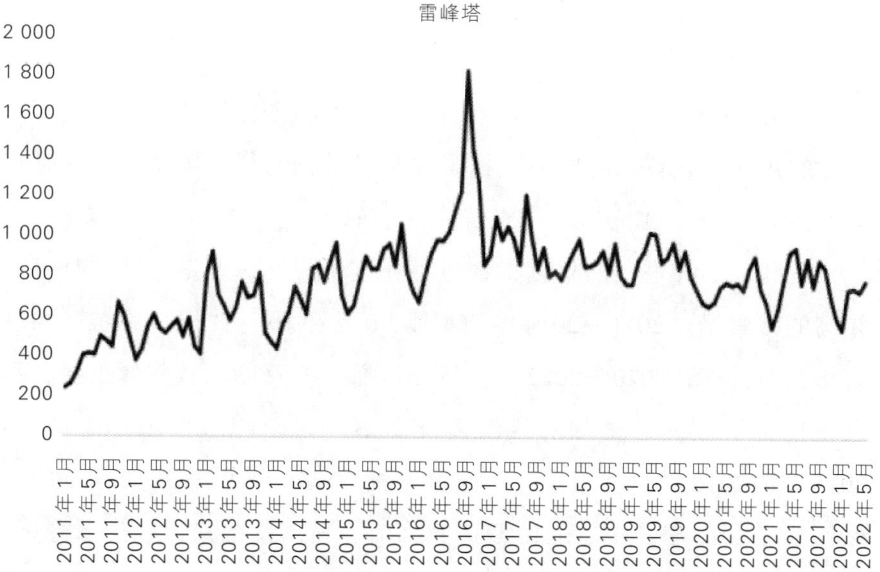
雷峰塔
2 000
1 800
1 600
1 400
1 200
1 000
800
600
400
200
0
2011年1月
2011年5月
2011年9月
2012年1月
2012年5月
2012年9月
2013年1月
2013年5月
2013年9月
2014年1月
2014年5月
2014年9月
2015年1月
2015年5月
2015年9月
2016年1月
2016年5月
2016年9月
2017年1月
2017年5月
2017年9月
2018年1月
2018年5月
2018年9月
2019年1月
2019年5月
2019年9月
2020年1月
2020年5月
2020年9月
2021年1月
2021年5月
2021年9月
2022年1月
2022年5月

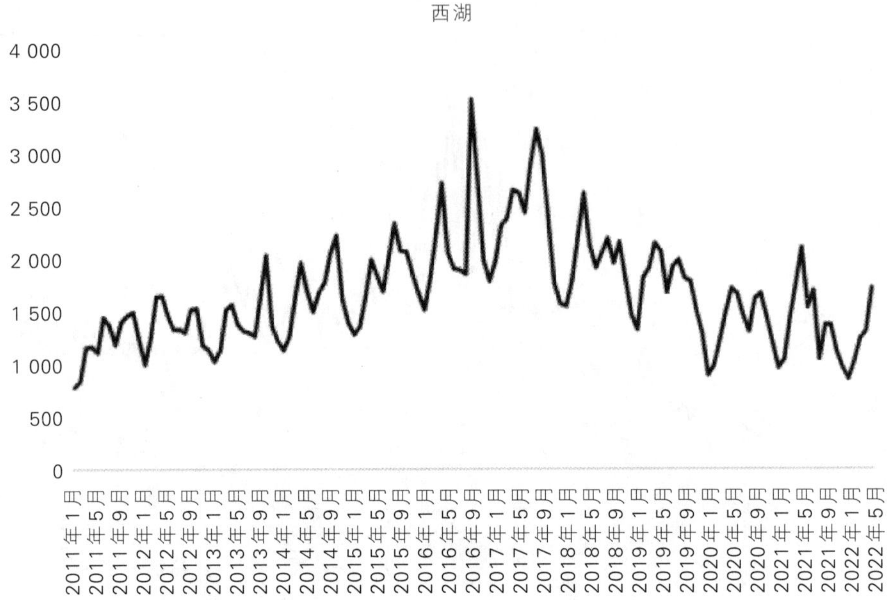

图6-3 百度指数趋势图

由图6-3可知，“杭州”、“杭州美食”和“西湖”的百度指数都有一定的周期性，夏季时网络上搜索这些关键词的频次较多，冬季时相对较少，这也符合杭州西湖旅游淡旺季的规律，“杭州旅游”、“杭州天气”和“雷峰塔”的百度指数也存在这个规律，但是在某一时段有较高的搜索量。2011—2014年的4月、9月和10月“杭州旅游”的百度指数非常高，2020—2022年“杭州旅游”的百度指数整体下降，可以看出疫情期间，杭州的旅游情况受到一定影响。相比其他年份，2015年和2016年“杭州天气”的百度指数高出很多，“雷峰塔”的百度指数在2016年的9月和10月达到峰值。百度指数描述性统计分析，见表6-4。

表6-4　　百度指数描述性统计分析

指数	均值	方差	最小值	最大值
杭州	7 633.53	2 131.72	3 546.30	15 698.00
杭州旅游	1 029.25	580.33	164.11	3 288.84
杭州美食	482.38	132.05	194.74	755.98
杭州天气	37 100.85	20 160.64	5 701.76	107 140.80
雷峰塔	765.98	222.39	238.09	1 814.27
西湖	1 675.86	499.50	783.96	3 525.11

从表6-4中可以看出，"杭州天气"的数值量级远高于其他百度指数，其最大值已达到107 140.80，这一结果并不难理解，因为除了游客在关注天气外，当地居民也会较频繁地搜索天气信息，所以"杭州天气"的百度指数会非常高。由于后续会对原始数据进行归一化处理，因此各百度指数量级的不同并不会对预测结果造成影响。为了防止遗漏一些未考虑到的因素，本书将"杭州"作为关键词爬取了百度指数。从表6-4中可以看出，"杭州"的均值、最小值和最大值在所有百度指数中位列第二，说明其中包含了许多信息。"西湖"和"杭州旅游"的均值和最大值相差较小，说明潜在游客对这两个关键词的关注度较为接近。"杭州美食"的各项数值最低，其最大值未超过千位，说明相比于餐饮，潜在游客更关注游玩中的景色。

6.6　旅游预测模型搭建

LSTM：用Keras搭建一个基于LSTM的神经网络模型，用于实现时间序列数据的预测任务。模型有两个LSTM隐藏层，每个隐藏层包含100个LSTM单元。激活函数采用relu函数，再通过一个全连接层（Dense）输出一个数值，用于预测未来的趋势或结果。

RNN：用Keras搭建一个基于RNN的神经网络模型，同样适用于序列数据的预测任务。和LSTM模型类似，该模型也有两个RNN隐藏层，每个隐藏层包含100个简单的RNN单元。在每个RNN层中，使用了relu激活函数，并添加了一个dropout层，以防止过拟合，再通过一个全连接层输出一个数值，用于预测未来的趋势或结果。

GRU：用Keras搭建一个基于GRU的神经网络模型，用于处理序列数据的预测任务。该模型也有两个GRU隐藏层，每个隐藏层包含100个GRU单元。在每个GRU层中添加一个dropout层，以防止过拟合。最终的输出层是一个具有单个神经元的全连接层，用于输出一个数值，以预测未来的趋势或结果。

6.6.1 基于神经网络方法的预测

在构建模型的过程中，为了有充足的预测数据，本书将迁移学习的滞后期调整为三期。图6-4至图6-9分别是RNN、LSTM、GRU模型的预测结果和损失函数。从预测结果可以看出，真实值和预测值的曲线差别较大，趋势也不同，说明模型预测的效果一般。

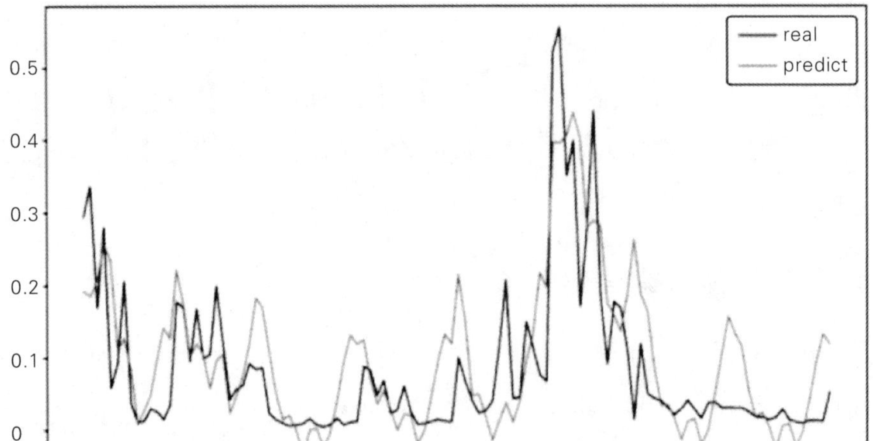

图6-4　RNN模型的预测结果

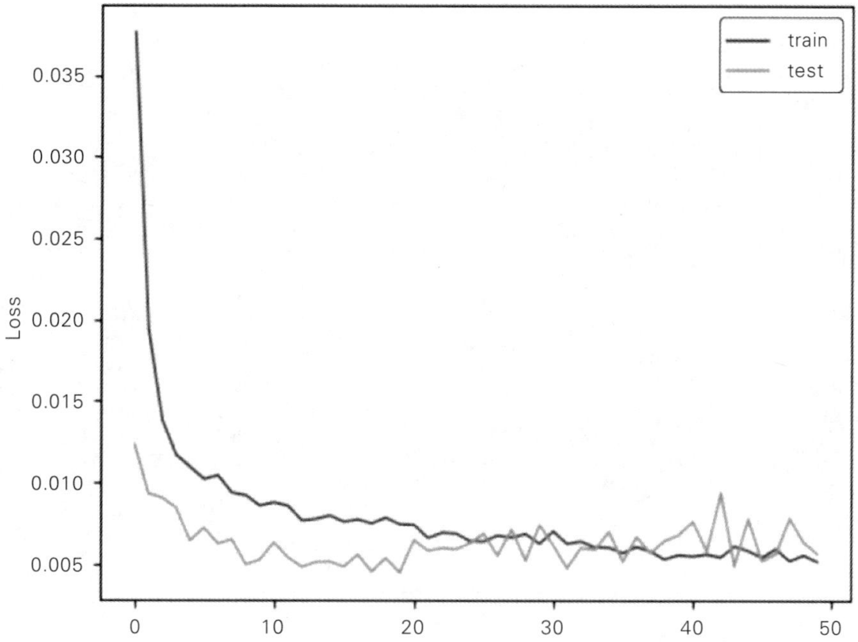

图 6-5　RNN 模型的损失函数

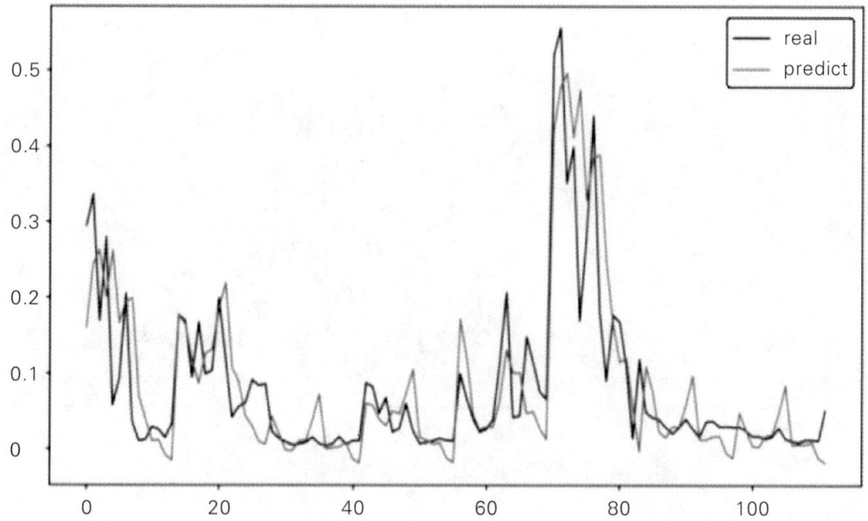

图 6-6　LSTM 模型的预测结果

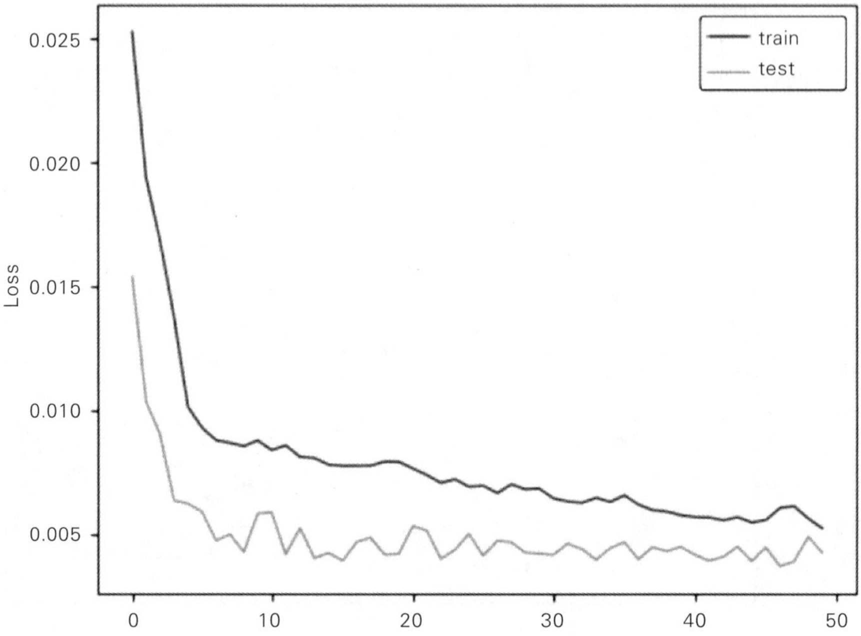

图 6-7　LSTM 模型的损失函数

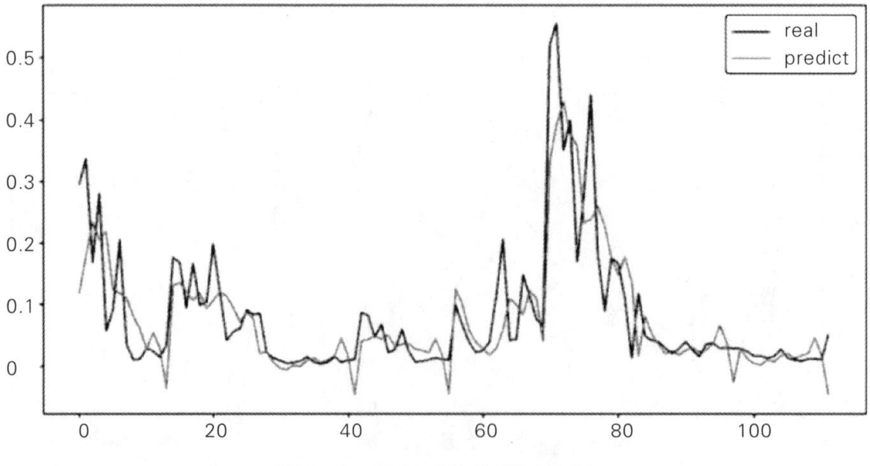

图 6-8　GRU 模型的预测结果

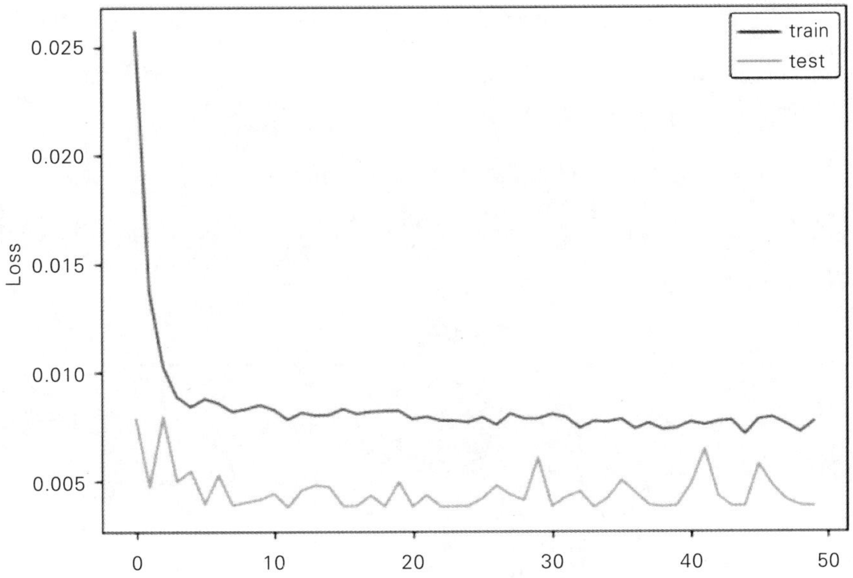

图6-9　GRU模型的损失函数

6.6.2　基于迁移学习思想的预测

1.构建模型

第一步，选择6个景区作为训练组，2个景区作为测试组。

第二步，将8个景区的样本全部拆解为深度学习可识别的数据结构，其数据格式为"预测值+预测变量滞后值+预测因子"。

预测值：y_t

预测变量滞后值：

$$\begin{bmatrix} y_{t-n} \\ \vdots \\ y_{t-1} \end{bmatrix} \tag{6-22}$$

预测因子：

$$\begin{bmatrix} x_{1,\ t-n} & \cdots & x_{n,\ t-n} \\ \vdots & & \vdots \\ x_{1,\ t-1} & \cdots & x_{n,\ t-1} \end{bmatrix} \tag{6-23}$$

其中，n表示滞后期数，可以将t期数据转化为t-n个数据组合。

第三步，使用训练组景区的所有数据，组合成模型训练组，并进行训练来优化模型。

第四步，将测试组数据带入优化后的模型进行测试。

2.基于迁移学习思想的模型预测结果分析

选取2个景区作为测试组，代入上述模型，得到的结果如图6-10至图6-15所示。

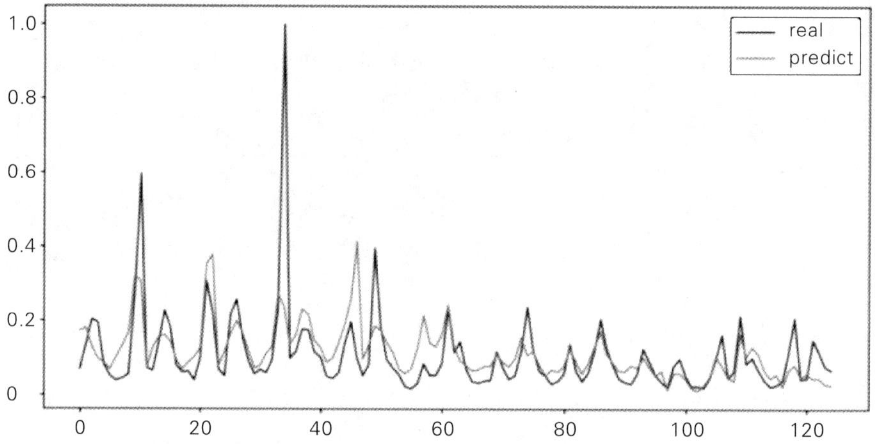

图6-10　基于迁移学习思想的GRU预测结果

在门控循环神经网络模型（GRU）的预测结果中，预测值的变动趋势和真实值的变动趋势较为接近，但拟合效果仍有不足（如图6-10所示）。当真实值达到最高值时，预测值与真实值相差较大，存在当真实值较低时，预测结果偏高的情况。在疫情期间，旅游客流量明显下降，预测结果也有所下降，这与真实值接近，说明该模型的预测结果相对较准。

在门控循环神经网络模型（GRU）的损失函数中，训练组的损失值低于0.01，测试组的损失值在0.01至0.015之间，数值较低，说明该模型的拟合效果较好（如图6-11所示）。

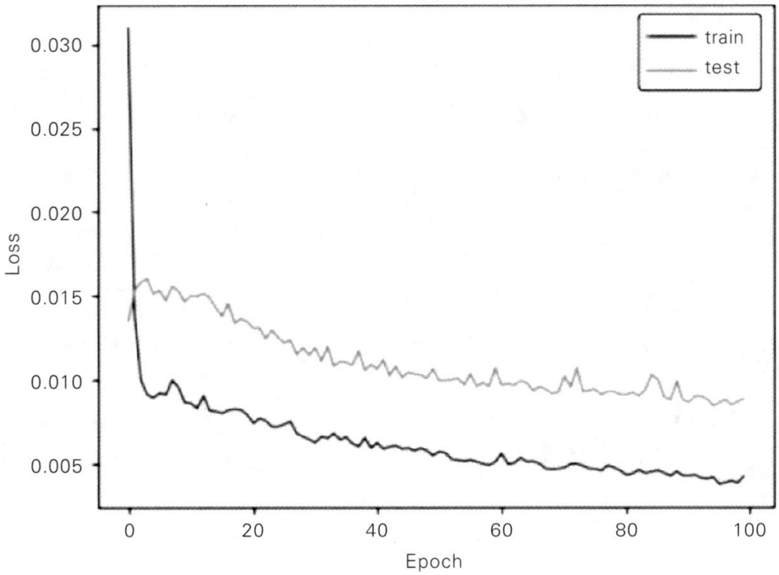

图6-11　基于迁移学习思想的GRU损失函数

在长短期记忆神经网络模型（LSTM）的预测结果中，预测值的变动趋势和真实值的变动趋势非常接近，预测值的峰值与真实值的差距相比于GRU较小，但趋势很相似，部分预测值与真实值几乎完美贴合，说明该模型的预测效果很好（如图6-12所示）。

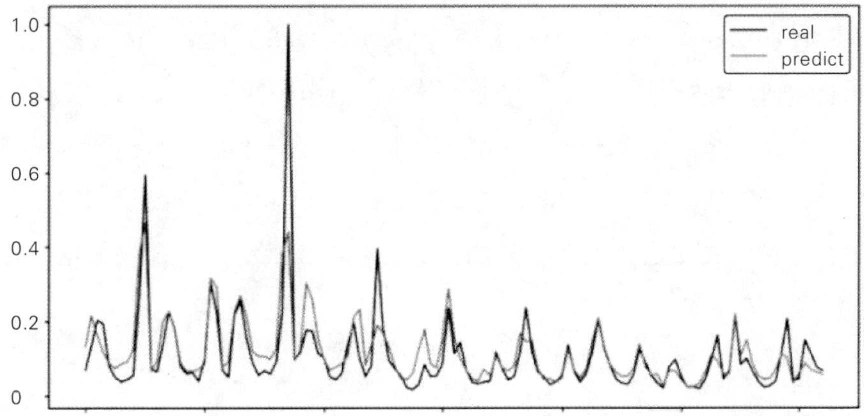

图6-12　基于迁移学习思想的LSTM预测结果

在长短期记忆神经网络模型（LSTM）的损失函数中，测试组与训练组的损失值都呈现波动下降趋势，损失值始终低于0.015，随着损失值逐渐降到0.01至0.005之间，说明该模型的拟合效果越来越好（如图6-13所示）。

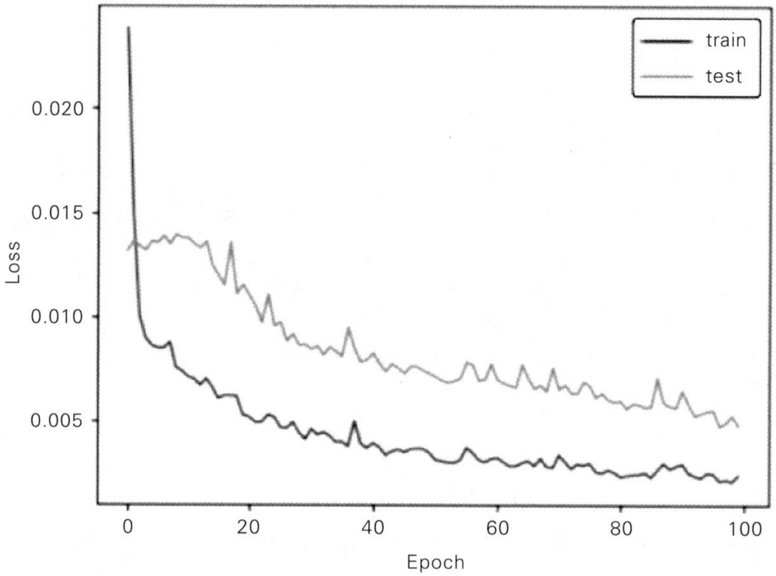

图6-13　基于迁移学习思想的LSTM损失函数

在循环神经网络模型（RNN）的预测结果中，预测值的变动趋势和真实值的变动趋势也非常接近。第一峰值中预测值和真实值相差0.3左右，第二峰值中预测值和真实值相差0.1左右，相比于其他两种模型更为接近。其他部分的预测值与真实值相差0.1左右，在疫情影响下旅游客流量的变化也体现在了预测值上，所以该模型的拟合效果也很好（如图6-14所示）。

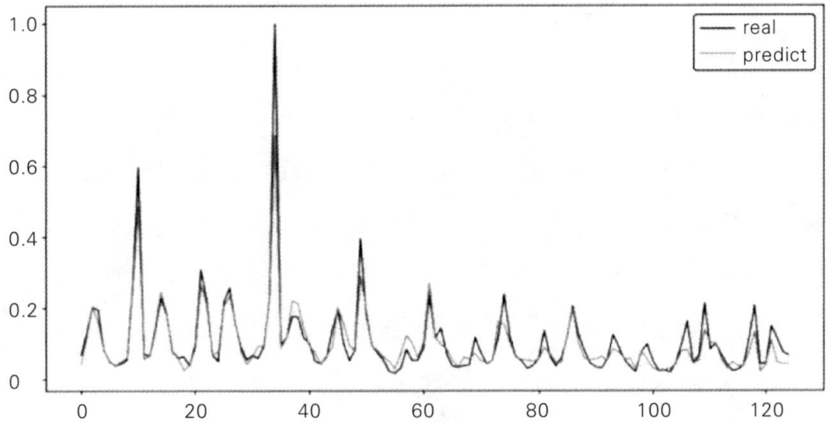

图6-14　基于迁移学习思想的RNN预测结果

在循环神经网络模型（RNN）的损失函数中，测试组的数值始终低于0.02，且在前期很快就下降到0.01以下，且越来越接近于0，说明该模型的拟合效果越来越理想（如图6-15所示）。

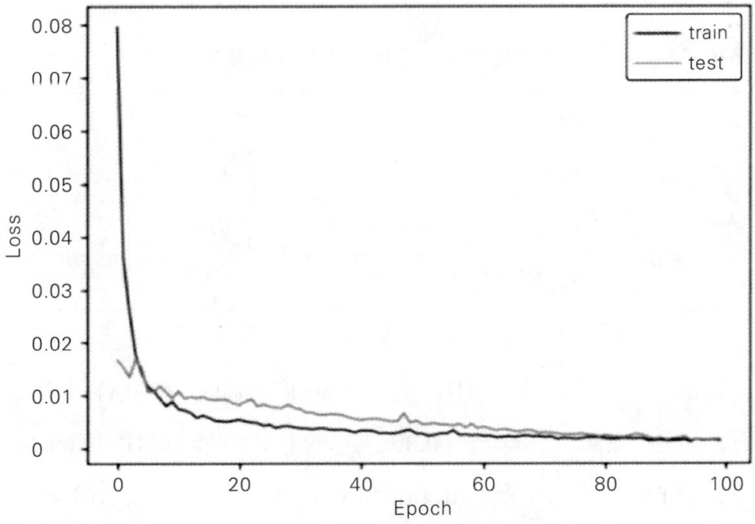

图6-15　基于迁移学习思想的RNN损失函数

6.6.3 基于迁移学习思想的交叉验证

交叉验证（Cross-validation）是一种评估机器学习模型性能的方法。它的基本思想是用数据集中的一部分数据来训练模型，剩下的数据来测试模型，不断重复这个过程，最终汇总出多组训练和测试结果，以此评估模型的性能。在算法研究中需要使用交叉验证的原因是，为了评估模型的泛化能力。在模型的训练过程中，往往会采用一部分数据进行训练，剩下的数据进行测试。如果仅仅通过一次训练和测试来评估模型的性能，则可能出现过拟合或欠拟合的情况。因此，通过交叉验证的方式，在多次训练和测试中不断地调整模型，不仅可以更好地理解模型的性能，找到最优的模型参数，还可以提高算法的准确率和可靠性。

基于迁移学习思想，本书在8个景区中随机抽取6个景区作为训练组，2个景区作为测试组，并对模型训练重复验证20次，得到MSE、RMSE、MAE、R^2的数值，再取这20次结果的平均值，得到相应的评价指标，见表6-5。

表6-5　　**基于迁移学习思想的评价指标结果**

指标	MSE	RMSE	MAE	R^2
GRU	3.93	1.75	1.21	0.39
LSTM	1.65	1.16	0.90	0.13
RNN	0.85	0.87	0.62	0.69

从表6-5中可以看出，GRU模型的MSE、RMSE和MAE值与其他模型相比，是最大的，且R^2值为0.39，远小于1，说明GRU模型的拟合效果一般；LSTM模型的MSE、RMSE和MAE值较小，低于GRU模型，且R^2值为0.13，说明LSTM模型的解释程度较低；RNN模型的MSE、RMSE和MAE值与其他模型相比，是最低的，且R^2值为0.69，最接近

于1，说明RNN模型的预测效果最好。

总体来说，GRU模型的拟合效果相对较差，预测的准确性相对较低，LSTM模型相比于RNN模型稍差些，RNN模型的拟合效果最好，预测的准确性较高，更适合于预测旅游客流量。

6.7 研究结论

旅游是人们非常喜欢的休闲娱乐的方式之一，全国各城市都在通过发展旅游业，来带动本市的经济发展，3年疫情限制了人们的出行，更激发了人们旅游散心的欲望，而餐饮、交通、娱乐、住宿等行业的发展也与旅游业息息相关。在面对未知的旅游客流量时，可能会导致各相关行业的旅游资源分配不合理，造成人力、物力、财力等资源的浪费或供不应求，因此准确地预测旅游客流量将有助于旅游相关行业的管理者合理分配旅游资源，有助于政府部门提前进行必要的设施投资和制定更高效的旅游政策。在信息化高速发展的今天，网络搜索技能已是人人必备，人们可以依靠搜索引擎高效精准地获取资讯，因此将旅游客流量的预测与网络搜索数据相结合是一个很好的研究方向。

本书通过百度指数和灰色关联度分析法，来确定核心关键词与旅游客流量的相关性，以此为基础将网络搜索数据与旅游客流量的预测相结合，并引入迁移学习的思想，构建了RNN模型、LSTM模型和GRU模型，对旅游客流量进行预测和分析。

百度指数与杭州西湖景区旅游客流量之间存在较强的关联性。通过对消费者的行为（决策前的）进行定性分析，发现游客旅游前通常会上网络搜索旅游目的地的餐饮、住宿、交通、娱乐等相关信息，游客上网络搜索信息后会留有痕迹，以游客的检索信息关键词的数量为基础便可分析出游客的需求程度。本书选取的6个百度指数与旅游客流量的灰色关联度大部分都在0.7以上，因此不论从定性分析还是从定量分析的角度，都能说明选取的关键词与杭州西湖景区旅游客流量之间有较强的关联性。

通过分析杭州西湖景区旅游客流量和百度指数的分布特征，发现其折线图呈现非线性和周期性的特征，接着对原始数据进行归一化处理，在此基础上构建模型。本书将疫情因素考虑在内，构建了RNN模型、LSTM模型和GRU模型。从模型的预测结果来看，用神经网络模型来预测旅游客流量，其效果一般，但引入迁移学习思想后，预测效果变好。相比之下，GRU模型的预测值与真实值之间的贴合度相对较低，LSTM模型和GRU模型的预测值更贴近真实值。从模型的评价指标结果来看，GRU模型的预测结果偏差最大，LSTM模型次之，RNN模型的预测结果最好。

交叉验证能够使截面数据得到更稳健的结果，然而常规的交叉验证并不适用于本书的面板数据。因此，本书将杭州西湖景区的样本全部拆解为深度学习的可识别的数据结构，并随机抽取不同的景区，将其划分为训练组和测试组，通过对模型训练重复验证20次，得到MSE、RMSE、MAE、R^2的数值，再取这20次结果的平均值，得到相应的评价指标，以实现对面板数据的交叉验证。通过研究发现，在引入迁移学习思想后模型的预测结果更好。

在研究过程中还有需要完善之处，如可将微博等社交媒体数据作为网络搜索数据，以获取相关的旅游信息进行预测研究；可将国内生产总值、交通等其他社会经济因素作为研究变量，以提高模型的预测效果。

7 文旅融合的政策推进研究

7.1 问题的提出

随着中国经济结构进入深度调整的关键时期，文化和旅游产业作为现代服务业的支柱性产业，对社会发展的推动作用愈发突出，正逐渐成为产业结构调整和经济高质量发展的重要抓手（戴斌等，2012）。研究表明，推动文化和旅游产业协同发展，既能够创造岗位、促进劳动力就业，又能够调整产业结构、推动经济社会可持续发展，还能够缩小地区差距、解决民生问题，为政府实施精准扶贫与推动全体人民共同富裕提供关键支撑（Li等，2016）。考虑到旅游经济发展所带来的重要贡献，许多发展中国家或地区都把发展旅游业作为促进地区经济发展的手段。

中国拥有悠久的历史文明、广袤的地理疆域和各具特色的自然景观，深厚的历史文化和丰富的旅游资源使得中国成为重要的旅游目的地，也为其自身发展文化和旅游产业提供了充足的动力（刘瑞明等，2020）。梁启超曾使用“北峻南嫵，北肃南舒，北强南秀，北僿南华”来描绘中国的自然环境和文化特质。毫无疑问，中国作为重要的旅游目的地，将是未来世界旅游产业增长的核心。然而，受限于经济发展和管理体制，中国的文化和旅游产业起步较晚，产业基础薄弱，不能有效地带动地区经济发展。此外，中国的文化和旅游产业在发展初期受到了人才、技术、政策等方面的制约，导致发展过程受阻，不能很好地满足消费市场日益增长的高端消费需求（刘瑞明等，2018）。

文化和旅游产业是具有高度关联度的产业，与其他产业联系紧密，这意味着产业之间的相互融合有其发展的必然性。随着中国经济从注重高速发展向兼顾高质量发展的转变，政府逐渐认识到，文化和旅游产业要实现可持续发展，不仅需要产业自身不断提高服务水平、加强配套管理、提供更多更优质的服务项目，还需要寻求外部资源的整合，通过产业融合使双方利益最大化，以此充分激活各种资源的潜在产能。

近年来，随着“文化是旅游的灵魂，旅游是文化的重要载体”这一观念的不断深入，政府和学术界逐渐重视文化旅游对两大产业发展的积极影响。越来越多的学者认识到，旅游业是一个具有强烈文化色彩的经济产业，也是一个具有强烈经济色彩的文化产业。从国际上来看，文化旅游是世界各国位居前列的旅游形式，偏好文化旅游的游客的占比正在逐年增大，因此它受到了各国政府的充分重视。

文化旅游对中国的文化和旅游产业有着同样的积极含义。越来越多的研究表明，文旅融合通过将地方的特色文化注入到旅游产业体系中，利用产业间的相融共生来创造新的文化资源或旅游模式，为当地的文化和旅游产业发展提供新的突破口。2009年8月，文化部和国家旅游局联合发布了《关于促进文化与旅游结合发展的指导意见》，明确提出要促进文化和旅游产业的融合，积极探索推进文化和旅游协作的新方法、新思路、新途径，不断开创文化旅游工作的新局面。2018年4月，新组建的中华人民共和国文化和旅游部正式挂牌，从行政体制上保证了文旅融合的行政效率。

近年来，文旅融合受到政府和学术界的高度关注，各级政府纷纷出台了与本地文旅融合相关的政策和指导意见，旨在鼓励文化和旅游产业协同发展。随着文旅融合的不断推进，人们开始关注这些政策产生的效果如何，是否有效提升了文化和旅游产业的绩效。本章以文旅融合政策效果评估为切入点，基于多期DID模型，通过使用2010—2018年的省级面板数据，来研究文旅融合政策对地区文化和旅游产业协同发展的影响。

7.2 文旅融合政策研究现状及理论基础

大量研究致力于探讨宏观政策对文化和旅游产业发展的影响，认为公共政策在发展国家经济中发挥关键作用。从研究方法来看，早期的研究更多偏向理论分析，如Pearce（1998）探讨了政府公共干预对巴黎城市规划、香榭丽舍大道的重建和卢浮宫扩建工程的影响，认为政府在制定这些公共政策时对文化和政治利益的考虑超过了经济收益。Zhang等（1999）探讨了改革开放以来中国的对外开放政策对国际旅游产业发展的影响，认为尽管旅游产业的经济活动是由市场驱动的，但政府仍发挥着关键作用，如产业规划、资源调配、立法监督等职能。Vernon等（2005）分析了地方合作项目的出现为旅游产业治理带来的变化，评估了英国地区议会在制定当地战略以促进旅游企业采用可持续做法时所采取的合作方式，强调了公共部门在促进“自下而上”治理形式中的作用，以及决策创新的时间动态和现实意义。总体来说，这些研究表明，若缺少政府的宏观调节，则文化和旅游产业的稳定发展将难以实现。

就本章的主题而言，鉴于文化和旅游产业之间存在较强的耦合性，文化旅游的相关政策已被认定为是有效促进文化和旅游产业发展的重要途径。现有文献对旅游政策的研究已较为详尽，Lai等（2006）认为旅游政策规划对于成功的旅游开发和项目管理至关重要，制定旅游政策或产业规划正成为国家和地区旅游产业发展中广泛采用的原则，而政府在旅游规划和协调中的作用，主要包括科学知识的传播、具有共同利益的相关方之间的合作和信息管理。Tang（2017）认为从中国的视角来看，旅游的相关政策主要集中在国际经验的推广、政策框架的设计和政策绩效的分析等方面。首先，在中国研究的早期阶段，把推广和引进国际经验作为优先事项；其次，研究的重点是对旅游政策形成的证据观察和框架设计；最后，采用定量研究方法对大量的政策进行评价。文化政策研究相对较少，Haigh（2020）将文化政策定义为社会变革的过程，认为文化政策使人们能够参与其文化遗产的艺术生产和消费，如民间文学、音乐、舞蹈和手工艺，并提出在注重创造物质财富而非文化价值的经济社会中，文化政策还需要注意掩盖在获得教育、行政和财政资源方面的系统性差异。

除制定合理的政策外，政府如何有效落实政策是旅游政策研究中的另一个核心问题。由于旅游产业的多面性以及组织间关系和协作决策的复杂性，学者们强调了理解旅游决策和实施的绝对重要性。理想情况下，政府或政策制定者应按预期执行政策。然而，在实践中，政策制定者经常受到挑战：这些挑战主要来自理想主义（社会应该发生什么）和实用主义（私营部门投资可能发生什么）之间的冲突（Lai等，2006）。从定义上来看，Dredge和Jamal（2015）将政策落实描述为将理念转化为实践的过程，认为政策执行涉及一个关于"政策执行者在处理政策或方案时出现的诱导事物"的系统。此外，他们还强调了政治和经济因素对旅游政策落实的影响，认为政策执行的结果取决于三个方面的诱因和制约因素，即国家层面（如政策信息、传播者的声誉）、地区层面（如地方官员、执行机构的权力、地方政治和利益集团）和决策者层面（如决策者在综合考虑地方一级的诱因和制约因素的基础上对国家决策的解释，以及执行机构的组织能力、地方政府的组织能力）。具体而言，现有文献指出，当政策在落实过程中遇到障碍，如缺乏财政资源或政策规划和地区现实之间发生冲突时，会导致政策的预期效果和社会现实之间的巨大差异。通过对现有文献进行总结，旅游政策在落实过程中受到的影响包括：

第一，政治因素。越来越多的研究表明，政治因素会影响旅游政策的落实，因为政府是主要的政策规划者，政策的经济效益和对国民经济贡献是制定政策时的关键考虑因素。因此，文献常使用能够衡量文化产业或旅游产业效益的指标来评估旅游政策，如旅游收入、游客数量、文化增加值等（Krutwaysho和Bramwell，2010）。已有的研究中，刘瑞明等（2020）在评估文化体制改革对地区旅游产业发展的影响时，使用了国内外旅游收入和旅游人次作为被解释变量。邓涛涛等（2016）通过构建指标体系，用旅游产业国际化的整体水平，来评估海南国际旅游岛建设的成效。

第二，地区资源。地区资源分布的差异也是影响旅游政策实施的重要因素。从自然资源来看，现有研究表明，不同地区的特色自然资源不仅为本地旅游产业的发展提供了丰富的生产要素，还是文化产生的土壤，文化的生成与产业化发展不可能脱离地理环境，因此自然资源最终决定了旅游政策是否能够有效地落实（Ning和Hoon，2011）。文化资源也会影响旅游政策的落实。侯兵等（2011）认为，文化是旅游发展的关键要素，居民对本地传统文化和文化市场的态度将直接影响旅游产业的可持续发展。此外，他们还提出由于文化具有空间集聚的特点，并且文化空间是旅游空间的重要载体和基础，因此文化资源的丰富化和集中度有力地促进了文化旅游的发展，有利于提高旅游政策的有效性。除了自然资源和文化资源外，人力资源、基础设施建设水平和前沿技术的应用程度也被认为是有助于文化和旅游产业可持续发展的重要因素，并对旅游政策的有效落实产生积极的影响（Krutwaysho和Bramwell，2010）。

旅游政策效果的地区异质性也得到了充分讨论。近年来，空间效应在经济学相关研究中的重要性已被广泛认可，大量的理论和实证研究表明，空间效应，尤其是空间依赖性和空间异质性，已成为实证研究中的一个重要考虑因素，相关研究包括使用探索性空间分析或探索性时空数据分析等方法，以实现时间和空间相关性的耦合，并进行可视化展示（纪小美等，2016）。鉴于地区自然和文化资源分布以及经济实力对旅游政策的有效落实至关重要，学者们认为经济发展水平较高地区的旅游政策更为有效，如高度依赖旅游业和娱乐业作为就业来源的农村地区往往比其他地区经历更快的经济提升（Deller，2010）。然而，从旅游产业的发展潜力来看，也有部分学者认为，由于经济发展水平较高地区的市场较为稳定，因此旅游改革和政策实施的空间较小（杨建明，2010）。现有文献肯定了中国经济发展的地区异质性，强调了中国东部省份的经济发展水平比西部省份更高（郭向阳等，2021）。

随着计量经济学方法在政策研究中的应用，越来越多的文献致力于为政策干预提供经验证据，使用最广泛的方法是双重差分法（Differences-in-Differences，DID）。双重差分法的核心是将新政策视为一次外生于经济系统的“自然实验”，从而客观评估新政策的实施对经济体的影响（陈林和伍海军，2015）。双重差分法的优点是计量模型简单易用，并且能够量化政策干预的效果，在政策效果评估以及政策调整的定量研究中被广泛采用。Fuest等（2018）利用双重差分法评估了工资税对德国工人工资的影响，发现工资税每增加1欧元，工资支出就会减少77欧分，还发现高技能和中等技能的工人承担了更大比例的税负。周黎安和陈烨（2005）最早将双重差分法引入国内研究，通过对农村税费改革政策效应的定量分析，他们发现税费改革对农民纯收入增长的贡献率高达40%以上。

双重差分法在旅游政策研究中同样得到了广泛应用，邓涛涛等（2016）利用双重差分法研究了国际旅游岛战略对海南旅游产业发展的影响，发现促进海南旅游产业发展的优惠政策并没有明显提高海南旅游客源市场的国际化程度，也没有提高海南旅游经济的国际化程度。从机制上来看，国际旅游岛战略并没有明显提升海南的开放环境，也没有有效促进海南高品质旅游景点的发展。刘瑞明等（2020）评估了文化体制改革对旅游发展的影响，发现文化体制改革激发了市场活力，促进了文化产业和旅游产业的融合，带动了地区旅游的发展，认为只有通过体制上的松绑和放松管制，才能有效地刺激市场经济，适应新的经济形势，推动经济的长期增长。对于中国的文旅融合政策，相关研究主要集中于理论探讨，对政策干预的定量分析相对较少（徐翠蓉等，2020）。

传统的双重差分模型的局限性在于，该模型要求所有被处理个体在同一时间接受政策干预。当被处理时间存在差异时，传统的平行趋势假设就无法得到满足（Callawayt和Sant，2021）。多期双重差分模型被广泛用于非旅游政策的评估中（Beck等，2010；Nunn和Qian，2011），很少被用于旅游政策的评估中，并且相关文献在样本的适用性和平行趋势测试方面常常受到限制（Zhang等，2021）。

从分析设计的角度来看，现有文献为本书提供了有用的经验支持。首先，文献肯定了旅游政策在促进文化和旅游产业发展方面的作用，但很少有研究为政策实施和统计分析提供理论基础。其次，许多研究认为经济发展对旅游政策有积极影响，却很少关注稳定的市场以及现代化与传统文化之间的冲突所带来的负面影响。最后，以往的研究对多期双重差分模型的应用不足，除了样本和稳健性检验方面的限制外，这些研究在设计实验时很少考虑政策的滞后性。

为弥补上述不足，本书拓展了有关经济发展对旅游政策的影响以及政策效应的异质性的理论，并使用了更为前沿的多期双重差分模型来研究文旅融合政策的干预效果。本书试图在文旅融合的理论意义框架下提供翔实的经验证据，并拓展旅游经济学研究的方法论。

7.3 假设提出与研究设计

7.3.1 文旅融合促进文化和旅游产业协同发展理论假说

理论上，宏观政策与地区经济之间的适配性会显著影响政策落实和政策效果。由于中国旅游产业发展空间的不均衡性，尤其是在东部、中西部地区之间旅游产业发展的差距不断扩大，民族地区与非民族地区之间的不均衡发展这一前提下，东部沿海地区市场化程度高、旅游产业更为发达，而中西部地区则相对落后，部分旅游产业较为发达的省份拥有更大、更稳定的旅游市场（纪小美等，2016）。然而，从文化和旅游产业发展所需资源的角度来看，尽管东部地区的旅游资源开发程度较高，但中西部地区的旅游资源同样丰富，拥有独特的民族文化和深厚的人文底蕴。对旅游产业发展较为落后的中西部地区而言，文旅融合意味着改变现有的产业格局，尽管有利于文化和旅游产业协同发展，但也会给政府带来决策方面的阻力，对其有效落实文旅融合政策的积极性产生负面影响。

现代技术与传统文化之间的冲突会强烈地影响文旅融合政策的落实效果。与文化产业相比，旅游产业在中国更受重视，政府部门对其扶持的力度更大，原因在于旅游产业对国民经济的贡献更大，对提高就业、带动相关产业发展的推动作用更强（汪永臻和曾刚，2020）。随着经济的快速发展，现代化水平较高的地区逐渐发展出城市旅游模式，根据文献的描述，城市旅游以现代技术和商业模式为基础，更多依靠流行文化对年轻消费者的吸引力，因此对传统文化或文化深度的依赖性较低（余构雄和曾国军，2019）。拥有更多经验和更高经济预算的旅行者更倾向于选择商业化水平较高、服务更为完善、文化品质更高的城市地区作为他们的目的地。由于城市旅游和文化旅游在旅游市场中具有直接的竞争关系，并且游客在选择目的地时具有强烈的目的性，导致城市旅游和文化旅游在当前的旅游市场上是相互替代的（Yau和Chan，1990）。此外，由于城市旅游往往伴随着更加成熟的商业模式，更有利于企业和政府营收，因此对政府财政收入的贡献更大，这意味着城市旅游的发展对城市的基础设施建设、管理模式有更大的预期回报，城市旅游对政府规划产生了更大的影响（Wang和Ap，2013）。

基于本章的分析框架，提出以下假说：

假说1：文旅融合政策推动了文化和旅游产业深度融合。

旅游产业融合了文化与经济，既是富有文化内涵的经济活动，又是经济含量较高的文化事业，文化产业和旅游产业均具有明显的娱乐消遣性和低于聚集性特征，因此二者之间存在一定的耦合性。在文旅融合的推动下，文化能够提升旅游产品的核心价值，而旅游本身也能为特色文化的传播提供市场（戴斌，2019）。文旅融合之所以能够为两大产业带来发展新机遇，主要是因为：第一，文旅融合可以促使旅游产业出现一批具有文化特色的旅游产品。随着居民收入水平的不断提高，部分品质较低、重复性较高、缺少创意的旅游产品已经无法再吸引消费者，而文化内涵的注入不仅可以为旅游产品赋予新的价值，还可以进一步满足多样化的市场需求，最终实现旅游产业的价值增值（范周，2019）。第二，文旅融合可以将文化内涵通过人民群众喜闻乐见的商业形式推广到消费者群体中。中国历史文化悠久，拥有丰富的文化资源，但部分资源由于相关产业不完整的原因并未得到充分开发，这无论对市场还是对文化资源本身都是一种损失。第三，文旅融合为推进相关产业的结构调整注入了新的动能，为文化和旅游产业发展拓展了新的边界。在市场需求的引导下，文化和旅游产业的融合离不开相关技术理论的突破，如市场运作、人才管理、品牌运营等，同时伴随的还有市场资源的共享，这对优化资源配置以及拓宽相关产业链都有至关重要的作用，有利于两种产业的可持续发展（刘瑞明等，2020）。

假说2：文旅融合的政策效果存在地区异质性。

从理论角度来看，文旅融合是一种必然的发展趋势，但尚处于起步阶段，作为一项地域性较强的产业政策，文旅融合要依靠现有的文化和旅游资源禀赋（张进福，2021）。中国幅员辽阔，各地区拥有的文化和旅游资源在数量和特色方面均存在显著差异，形成了各具特色的地方文化，这也为文旅产业持续发展提供了坚实的资源基础。各地区文化和旅游资源的差异导致了各地区落实文旅融合政策的基础环境有所不同。当地区的文化和旅游资源丰富时，相关产业发展得到推进，政策效果得到提升；当地区的文化和旅游资源欠缺时，相关产业发展动力不足，政策效果得到抑制（张朝枝和朱敏敏，2020）。除资源禀赋外，各地区的经济发展、产业结构和基础建设也存在显著差异，导致不同地区落实文旅融合政策的市场环境不同，当市场因素对文旅融合政策造成的影响较大时，政策效果也会产生明显差异。此外，不同地区政府决策者的观念、行为等也会对当地政策效果产生影响（戴斌，2019）。由于文化和旅游产业之间具有竞争性，因此政策效果差异会拉大相关产业的发展差异，造成文化和旅游产业发展的地区异质性。

假说3：文旅融合政策落实受宏观因素影响。

首先，在当前市场环境下，各地区文旅融合项目多为历史传统文化与地方特色旅游景点的组合，这些项目在宣扬当地传统文化的同时，也为旅游产业发展带来了一定生机。由于这些项目不能形成较大的产业规模，因此大部分项目在发展较为落后的乡镇地区发挥出了一定效益，而在城镇化水平较高的地区，其嵌合度较差。其次，文旅融合高度依赖于地区道路交通和服务水平等因素（郭向阳等，2021；石培华，2011），随着数字时代的到来，物联网、人工智能、云计算等技术的应用也为文旅融合注入了新的动能。这些要素意味着不仅要建设文旅项目，更要加大对配套设施的投资。但在现实中，部分地区只注重项目开发，缺乏必要的基础设施供给，对基础建设相对落后的地区来说，基础设施差、服务水平低成为阻碍当地文旅融合发展、影响消费者文旅体验的重要因素（刘瑞明等，2018）。最后，近年来文化和旅游产业发展迅速，在部分地区已形成一定规模。对文化和旅游产业发展较为成熟的地区来说，文旅融合意味着打破现有的产业布局，会对决策者产生一定的阻力，也会对政府出台和落实文旅融合政策的积极性产生消极影响。相比之下，在发展相对落后的地区，决策者受到的阻力更小，更有积极性出台和落实文旅融合政策。

7.3.2 模型、变量和数据

本章拟通过双向固定效应模型来实现多期双重差分，使用的基准模型为：

$$Culture_{i,t} = cons + \vartheta DID_{i,t} + \beta X_{i,t} + \mu_i + \lambda_t + \varepsilon_{i,t} \quad (7-1)$$

$$Tourist_{i,t} = cons + \vartheta DID_{i,t} + \beta X_{i,t} + \mu_i + \lambda_t + \varepsilon_{i,t} \quad (7-2)$$

$$Integrate_{i,t} = cons + \vartheta DID_{i,t} + \beta X_{i,t} + \mu_i + \lambda_t + \varepsilon_{i,t} \quad (7-3)$$

模型（7-1）至模型（7-3）中的被解释变量分别为：$Culture_{i,t}$表示地区文化产业发展水平；$Tourist_{i,t}$表示地区旅游产业发展水平，$Integrate_{i,t}$表示地区文化和旅游产业协同发展水平。其中，i和t分别表示第i个省份和第t个年份。$DID_{i,t}$是本章的核心解释变量，即政策虚拟变量。当$DID_{i,t}=0$时，表示该省份尚未出台文旅融合政策；当$DID_{i,t}=1$时，表示该省份已经出台文旅融合政策。$X_{i,t}$表示其他控制变量。μ_i表示地区固定效应，用于控制省份的影响。λ_t表示时间固定效应，用于控制变量的时间趋势。cons代表模型常数项。$\varepsilon_{i,t}$表示一系列无法观测到的影响因素。在引入上述指标时，采用地区消费者价格指数（CPI）进行缩减，以增强估计结果的准确性。

使用耦合协调模型测算文化和旅游产业的协同发展水平，耦合协调模型起源于物理学领域，用于衡量多个系统之间的相互影响或相互作用。后被引入经济学领域，在经济学研究中常用于刻画不同产业间的相互作用机理，对产业协同发展具有较强的解释力（翁钢民和李凌雁，2016；吴丽等，2021）。耦合协调模型的测算公式为：

$$C = \left(\frac{u_1 \times u_2}{u_1 + u_2}\right)^{\frac{1}{2}} \quad (7-4)$$

$$T = 0.5u_1 + 0.5u_2 \quad (7-5)$$

$$D = \sqrt{C \times T} \quad (7-6)$$

式（7-4）至式（7-6）中，u_1表示旅游产业综合发展水平，u_2表示文化产业综合发展水平，C、D和T分别表示文化和旅游产业之间的耦合度、耦合协调度和综合协调指数。其中，耦合协调度比耦合度更具有稳定性和广泛的适应性（汪永臻和曾刚，2020）。为构建31个城市文化和旅游产业发展综合指标体系，本书借鉴已有研究（吴丽等，2021），结合数据的可得性，从发展总量、机构数量和从业人员三个方面阐释两大产业发展的综合水平，选取文化市场经营机构营业收入、博物馆数量、博物馆从业人员等指标作为反映文化产业发展的二级指标，选取国内旅游人数、星级饭店数量、住宿和餐饮业城镇单位就业人员等指标作为反映旅游产业发展的二级指标，构建的文化和旅游产业指标体系（见表7-1）。

表7-1 **文化产业和旅游产业发展指标**

产业类型	一级指标	二级指标
文化产业发展	发展总量	文化市场经营机构营业收入
		文化市场经营机构资产
	机构数量	博物馆数量
		图书馆数量
		艺术机构数量
	从业人员	博物馆从业人员
旅游产业发展	发展总量	国内旅游人数
		入境旅游人数
		国内旅游收入
		旅游外汇收入
	机构数量	星级饭店数量
		5A级景区数量
	从业人员	住宿和餐饮业城镇单位就业人员

本章使用的数据主要来自中国国家统计局的年鉴和公报以及各地区统计局的数据。由于2011—2018年仅有25个地区明确出台了文旅融合政策，因此本章仅收集了这一时期的数据。所选的具体变量描述如下：

被解释变量。鉴于政府对提高旅游产业的重视，为使估计结果更具稳健性，模型（7-1）至模型（7-3）中使用的被解释变量包括文化产业发展水平、旅游产业发展水平和文旅产业协同发展水平。此外，本书采用被解释变量的人均值，并使用省级CPI进行平减。在进行回归估计时，为了更好地分析政策的边际效应，可使用上述变量的对数水平。

控制变量。多期双重差分模型对控制变量有着严格的要求，主要用于控制可能影响地区文化和旅游产业发展的其他因素。在选择模型（7-1）至模型（7-3）的控制变量时，本书遵循的规范是：控制变量应该对旅游绩效有显著影响，并得到文献的支持，同时应满足数据的可用性。

现有的研究为本书提供了充分的理论背景。经济发展与文化和旅游市场之间的关系得到了详尽的阐释，现有文献常以人均国内生产总值（GDP）为指标来控制省份的经济发展水平（Rivera，2017；Sokhanvar等，2018）。服务业的发展水平同样对文化和旅游产业产生影响，原因在于发达的服务业意味着市场有能力更好地服务于游客，因此服务业的发展水平有助于提高文化和旅游产业在竞争市场中的优势（Koo等，2017）。第三产业的就业比例以及交通和住宿部门的员工数量常被用于衡量省份的服务能力（刘瑞明等，2020；刘瑞明等，2018）。出门旅行往往有助于促进个人的社会学习，因此地区教育水平通过两种机制来影响文化和旅游产业。首先，随着高等教育的发展，居民对精神满足和文化内容有更高的需求；其次，高等教育意味着有更多受过教育的年轻消费者，他们更有活力，消费能力更高（Bueddefeld和Duerden，2022；Funk和Bruun，2007）。

鉴于上述讨论，本章拟用人均国内生产总值、全社会固定资产投资、每万人拥有的星级饭店数量、每万人拥有的出租车数量、每10万人拥有的高等学校在校人数、第三产业就业人员占比、每万人拥有的博物馆数量和建成区绿化覆盖率来控制其他可能影响文化和旅游产业发展的因素。相关指标的描述性统计，见表7-2。

表7-2　　　　　　　　**相关指标的描述性统计**

符号	变量	均值	标准差
Culture_income	文化市场经营机构营业收入（亿元）	1 021.95	2 070.70
Culture_assets	文化市场经营机构资产（亿元）	1 613.29	3 261.56
Tourism_income	国内旅游收入（亿元）	3 195.54	2 599.01
Tourism_tourist	国内旅游人次（万人次）	29 502.75	21 185.64
D	耦合协调度值	0.24	0.11
T	综合协调指数	0.20	0.12
C	耦合度值	0.32	0.09
perGDP	人均国内生产总值（元/人）	46 919.11	23 912.36
fix	全社会固定资产投资（亿元）	15 627.01	11 875.33
hotel	星级饭店数量（个/万人）	352.90	202.59
taxi	出租车数量（辆/万人）	34 185.83	20 120.29
edu	高等学校在校人数（人/十万人）	2 501.93	834.53
ratio_tertiary	第三产业就业人员占比（%）	39.16	10.48
mus	博物馆数量（个/万人）	2 235.32	1 880.36
green	建成区绿化覆盖率（%）	38.80	4.13
CPI	消费者物价指数	116.38	7.02
people	年末常住人口（万人）	4 426.05	2 849.46

数据来源：《中国统计年鉴》《中国文化文物统计年鉴》《中国文化及相关产业统计年鉴》，以及各省市统计年鉴和公报等。

7.4　文旅融合政策效果评估

7.4.1　文旅融合政策效果的基准回归分析

依据模型（7-1）至模型（7-3），在不加入控制变量的条件下检验文旅融合政策的有效性，基准回归结果见表7-3。列（1）至列（6）使用的被解释变量分别为地区文化市场经营机构营业收入、文化市场经营机构资产、国内旅游收入、国内旅游人次、文化和旅游产业协调度及文化和旅游产业耦合协调度。考虑到同一省份不同年份的文化和旅游产业发展具有相关性，将模型的标准误在省级层面上进行聚类。

表7-3 **文旅融合政策对地区文化和旅游产业协同发展的影响：不加控制变量**

模型	(1)	(2)	(3)	(4)	(5)	(6)
文旅融合	0.397**	0.111	-0.019	0.017	-0.005	-0.009*
	(0.162)	(0.165)	(0.043)	(0.041)	(0.003)	(0.005)
时间固定效应	控制	控制	控制	控制	控制	控制
省份固定效应	控制	控制	控制	控制	控制	控制
观测值	279	279	279	279	279	279

注：(1) 括号内为省级层面的聚类标准误。(2) ***表示系数在1%的水平上显著，**表示系数在5%的水平上显著，*表示系数在10%的水平上显著。以下表格若无特殊说明，则与此相同。

表7-3的估计结果表明，在控制了时间固定效应和省份固定效应后，文旅融合政策对地区人均文化市场机构营业收入的估计系数在5%的水平上显著为正，对人均文化市场经营机构资产的估计系数为正但不显著，表明文旅融合政策有效推动了地区文化产业的发展；文旅融合政策对人均国内旅游收入和人均接待国内旅游人数的估计系数均不显著，表明文旅融合政策并未有效推动地区旅游产业的发展；对文旅耦合度的估计系数为负但不显著，对耦合协调度的估计系数在10%的水平上显著为负，表明文旅融合政策抑制了文化和旅游产业的协同发展。考察估计系数的经济含义，出台文旅融合政策后，地区人均文化市场经营机构资产平均提高了48.44%，文化和旅游产业耦合协调度平均降低了0.009，从相对大小来看，降低的耦合协调度值占31个地区平均水平的3.75%。表7-3的结果并未排除其他宏观因素对地区文化和旅游产业发展的影响，为了更好地识别文旅融合政策的净效应，本书在模型（7-1）至模型（7-3）中加入了控制变量并进行重新估计，得到的回归结果见表7-4。

表7-4　　　　文旅融合政策对地区文化和旅游产业协同发展的影响：加入控制变量

模型	（1）	（2）	（3）	（4）	（5）	（6）
文旅融合	0.349**	0.072	0.005	0.045	−0.011**	−0.009**
	（0.161）	（0.161）	（0.034）	（0.035）	（0.005）	（0.005）
时间固定效应	控制	控制	控制	控制	控制	控制
省份固定效应	控制	控制	控制	控制	控制	控制
观测值	279	279	279	279	279	279

表7-4的估计结果表明，在控制了经济发展、基础设施建设、服务能力、自然环境和教育水平等因素后，文旅融合政策对地区文化产业仍表现出显著的推动作用，对地区旅游产业的推动作用却不显著，对地区文化和旅游产业协同发展具有显著的抑制作用。考察估计系数的经济含义，实现文旅融合政策后，地区人均文化市场经营机构营业收入平均提高了37.58%，文化和旅游产业耦合度和耦合协调度分别平均降低了0.011和0.009，降低的耦合度值分别占31个地区2010—2018年平均水平的3.44%和3.75%。综合来看，表7-3和表7-4的估计结果证实了文旅融合政策对地区文化产业发展的促进作用，但也表明政策落实不利于文化和旅游产业的协同发展，与本章的研究假说1不符。

7.4.2　文旅融合政策效果的调节效应分析

借助于文旅融合的政策红利，中国的文化产业得到了迅速发展，文化市场的营业收入持续提高。然而，由于文化产业发展受诸多宏观因素的影响，加上政策落实要考虑地区经济现实，使得文旅融合政策发挥的政策效果同样受到宏观因素的影响。为验证上述机制，本章在模型（7-1）中分别引入教育水平、服务能力、基础设施建设和经济发展同文旅融合政策的交互效应，用于考察这些因素如何影响文旅融合政策对地区文化产业发展的有效性，选用的调节变量包括每10万人拥有的高等学校在校人数的对数值、第三产业就业人员占比、人均固定资产投资的对数值和人均国内生产总值的对数值，回归结果见表7-5。

表7-5 **文旅融合政策对文化产业有效性的调节因素**

模型	（1）	（2）	（3）	（4）	（5）	（6）	（7）	（8）
文旅融合	-6.589^{*}	-4.741^{**}	-1.263^{**}	-1.060^{***}	-0.999	-0.772	-1.141	-5.686^{*}
	（3.416）	（2.417）	（0.616）	（0.392）	（0.882）	（0.546）	（3.783）	（3.185）
教育水平	0.884^{**}	0.616^{**}						
	（0.431）	（0.303）						
服务能力			0.039^{***}	0.028^{***}				
			（0.014）	（0.010）				
基础设施建设					0.183^{*}	0.114^{*}		
					（0.106）	（0.067）		
经济发展							0.145	0.544^{*}
							（0.355）	（0.298）
时间固定效应	控制	控制	控制	控制	控制	控制	控制	控制
省份固定效应	控制	控制	控制	控制	控制	控制	控制	控制
控制变量	控制	控制	控制	控制	控制	控制	控制	控制
观测值	279	279	279	279	279	279	279	279

注：表中列（1）、列（3）、列（5）和列（7）使用的被解释变量为地区人均文化市场机构营业收入，列（2）、列（4）、列（6）和列（8）使用的被解释变量为地区人均文化市场经营机构资产。

表7-5中列（1）的实证结果显示，加入地区每10万人拥有的高等学校在校人数的对数值作为政策变量的调节变量后，文旅融合政策对地区人均文化市场机构营业收入的估计系数在10%的水平上显著为负，交互效应的估计系数在5%的水平上显著为正，表明教育水平增强了文旅融合政策对地区文化产业发展的政策效果。当教育水平较低时，落实文旅融合政策将不利于地区文化产业发展。从系数大小来看，地区每10万人拥有的高等学校在校人数每增加1%，文旅融合政策的有效性就会提升0.13%。当每10万人拥有的高等学校在校人数大于1 726人时，文旅融合政策的落实才能有效提高地区人均文化市场机构营业收入。列（2）的结果与列（1）无较大差异，但估计系数的显著性明显更高，再次证实了教育水平对文旅融合政策效果的增强效应。

列（3）和列（4）的估计结果显示，文旅融合政策的估计系数在1%的水平上显著为负，交互效应的估计系数在1%的水平上显著为正，表明服务能力同样能显著增强文旅融合政策对地区文化产业发展的影响。当服务能力较低时，文旅融合政策无法有效推动地区文化产业发展。对比列（3）、列（4）和列（1）、列（2）的估计结果，发现服务能力比教育水平更能对文旅融合政策的落实产生影响。列（3）的经济含义表明，第三产业就业人员占比每提高1个百分点，文旅融合政策对地区文化产业发展的有效性就会提升3.09%，高于教育水平。当第三产业就业人员占比高于32.38%时，文旅融合政策才能发挥预期作用。

考察列（5）至列（8）的估计结果，发现基础设施建设对文旅融合政策无显著影响，但经济发展显著促进了文旅融合政策的落实，尤其是在提升地区文化市场经营机构资产方面，表明经济发展有利于促进文化市场繁荣。考察系数的经济含义，列（8）的估计结果表明，地区人均国内生产总值每提高1%，文旅融合政策的有效性就会提升

0.10%。当地区人均国内生产总值超过34 620元时，文旅融合政策才能发挥预期作用。综合来看，文化产业对地区经济发展、市场成熟度和消费者偏好具有较强依赖性，当市场配套设施不完善、服务质量不足、消费者接受能力较低时，文旅融合政策无法发挥预期作用。

基础结果显示，文旅融合政策并未有效促进地区旅游产业发展。究其原因，鉴于文旅融合政策的落实以及文化和旅游产业发展受到诸多宏观因素的影响，当相关因素发展不能满足文旅融合政策的要求时，政策效果将会大打折扣。此外，由于各地区之间经济发展差异较大，导致经济发展水平高的地区可以提供更多现代产业体系下的旅游产品，对文化旅游和文旅融合政策的依赖性较低。为验证以上机制，将经济发展、基础设施建设、服务能力、教育水平与文旅融合的交叉效应引入模型（7-2），考察这些因素如何影响文旅融合政策对地区旅游产业发展的有效性。其估计结果见表7-6。

表7-6中列（1）的估计结果显示，文旅融合政策对地区人均国内旅游收入的估计系数在1%的水平上显著为正，交互效应的估计系数在1%的水平上显著为负，表明经济发展显著抑制了文旅融合政策对地区旅游产业的有效性。当经济发展水平较高时，文旅融合政策将不再有利于促进旅游产业发展。考察结果的经济含义，列（1）的估计系数表明，人均国内生产总值每提高1%，文旅融合政策的有效性就会降低0.09%。在人均国内生产总值不超过41 003元的情况下，落实文旅融合政策，才能有效提高地区人均国内旅游收入。

列（3）至列（8）的估计结果表明，基础设施建设、教育水平和服务能力均抑制了文旅融合政策对旅游产业的有效性。综合来看，由于经济发展水平更高、旅游产业更成熟的地区现代旅游产业发展更完善，抑制了文旅融合政策的有效性。文化产业由于起步较晚，市场成熟度低于旅游产业，因此受到的抑制效应更强。

表7-6 文旅融合政策对旅游产业有效性的调节因素

模型	(1)	(2)	(3)	(4)	(5)	(6)	(7)	(8)
文旅融合	4.068^{***}	3.872^{***}	0.468^{*}	0.378	2.801^{**}	2.074^{*}	0.564^{***}	0.516^{***}
	(0.880)	(0.899)	(0.252)	(0.260)	(1.272)	(1.028)	(0.162)	(0.170)
教育水平	-0.383^{***}	-0.361^{***}						
	(0.083)	(0.085)						
服务能力			-0.063^{**}	-0.046				
			(0.029)	(0.029)				
基础设施建设					-0.359^{**}	-0.262^{*}		
					(0.163)	(0.131)		
经济发展							-0.014^{***}	-0.012^{***}
							(0.004)	(0.004)
时间固定效应	控制	控制	控制	控制	控制	控制	控制	控制
省份固定效应	控制	控制	控制	控制	控制	控制	控制	控制
控制变量	控制	控制	控制	控制	控制	控制	控制	控制
观测值	279	279	279	279	279	279	279	279

表7-7为文旅融合政策对文化和旅游产业协同发展有效性的调节因素。估计结果显示，基础设施建设、教育水平和服务能力均对文旅融合政策产生了显著的增强效应。列（3）的经济含义表明，地区人均固定资产投资每增长1%，文旅融合政策对文化和旅游产业协同发展的有效性就会提升0.11%。当地区人均固定资产投资超过 5 806元时，文旅融合政策的落实才能发挥预期效应。列（5）的经济含义表明，地区每10万人拥有的高等学校在校人数每增加1%，文旅融合政策对文化和旅游产业协同发展的有效性就会提升0.12%。当地区每10万人拥有的高等学校在校人数超过3 679人时，文旅融合政策才能促进文化和旅游产业协同发展。列（7）的经济含义表明，地区第三产业就业人员占比每提高1%，文旅融合政策的有效性就会提升1.72%。当地区第三产业就业人员占比低于58%时，文旅融合政策无法有效发挥预期效果。综上所述，经济发展水平更高、现代化设施建设更完善的地区，文旅融合政策对文化产业及文旅融合发展的有效性更强，但对旅游产业的有效性更强。

7.4.3 文旅融合政策效果的地区异质性分析

为检验文旅融合政策的地区异质性，在模型（7-1）至模型（7-3）的基础上将地区虚拟变量与政策变量的交互效应引入模型，具体可表示为：

$$Culture_{i,t} = cons + \vartheta DID_{i,t} + \vartheta_0 DID_{i,t} \times area\_middle + \vartheta_1 DID_{i,t} \times area\_west + \gamma_t + \beta X_{i,t} + \mu_i + \varepsilon_{i,t} \tag{7-7}$$

$$Tourist_{i,t} = cons + \vartheta DID_{i,t} + \vartheta_0 DID_{i,t} \times area\_middle + \vartheta_1 DID_{i,t} \times area\_west + \gamma_t + \beta X_{i,t} + \mu_i + \varepsilon_{i,t} \tag{7-8}$$

$$D_{i,t} = cons + \vartheta DID_{i,t} + \vartheta_0 DID_{i,t} \times area\_middle + \vartheta_1 DID_{i,t} \times area\_west + \gamma_t + \beta X_{i,t} + \mu_i + \varepsilon_{i,t} \tag{7-9}$$

模型（7-7）至模型（7-9）中，area_middle和area_west均表示地区虚拟变量。模型（7-7）至模型（7-9）均以文旅融合政策和东部地区的交互效应（即$DID_{i,t} \times area_east$）作为模型基准项并剔除。

表7-7 **文旅融合政策对文化和旅游产业协同发展有效性的调节因素**

模型	(1)	(2)	(3)	(4)	(5)	(6)	(7)	(8)
文旅融合	-0.025	-0.035	-0.078^{***}	-0.075^{**}	-0.312^{*}	-0.290^{*}	-0.058^{*}	-0.054
	(0.203)	(0.180)	(0.026)	(0.029)	(0.137)	(0.151)	(0.029)	(0.032)
教育水平	0.002	0.002						
	(0.019)	(0.017)						
服务能力			0.009^{**}	0.009^{*}				
			(0.003)	(0.004)				
基础设施建设					0.038^{**}	0.036^{*}		
					(0.017)	(0.019)		
经济发展							0.001^{*}	0.001
							(0.001)	(0.001)
时间固定效应	控制	控制	控制	控制	控制	控制	控制	控制
省份固定效应	控制	控制	控制	控制	控制	控制	控制	控制
控制变量	控制	控制	控制	控制	控制	控制	控制	控制
观测值	279	279	279	279	279	279	279	279

表7-8　　　　文旅融合政策的地区异质性

模型	(1)	(2)	(3)	(4)	(5)	(6)
文旅融合	0.465**	0.422*	-0.168*	-0.062	-0.004	-0.012*
	(0.214)	(0.199)	(0.094)	(0.084)	(0.007)	(0.007)
文旅融合	-0.375	-0.659**	0.216*	0.146*	-0.012	-0.010
中部地区	(0.366)	(0.293)	(0.107)	(0.072)	(0.015)	(0.014)
文旅融合	-0.152	-0.524**	0.294***	0.175*	0.004	0.011
西部地区	(0.290)	(0.217)	(0.097)	(0.091)	(0.011)	(0.012)
时间固定效应	控制	控制	控制	控制	控制	控制
省份固定效应	控制	控制	控制	控制	控制	控制
控制变量	控制	控制	控制	控制	控制	控制
观测值	279	279	279	279	279	279

表7-8报告了文旅融合政策的地区异质性估计结果。表7-8中列（2）的估计结果显示，文旅融合政策的估计系数在5%的水平上显著为正，交互效应的估计系数在5%的水平上显著为负，表明文旅融合政策对地区文化产业的促进作用在东部地区更显著。考察系数的经济含义，发现文旅融合政策在中部地区对地区人均文化市场经营机构资产的提升效应比东部地区低48.26%，对西部地区人均文化市场经营机构资产的提升效应比东部地区低40.79%。列（3）的估计结果显示，文旅融合政策的估计系数在10%的水平上显著为负，与中部地区交互效应的估计系数在10%的水平上显著为正，与西部地区交互效应的估计系数在1%的水平上显著为正，表明文旅融合政策对地区旅游产业的推动作用在中西部地区更显著，且西部地区的政策效果最好。考察系数的经济含义，文旅融合政策在中部地区对地区人均国内旅游收入的提升效应比东部地区高24.11%，对西部地区人均国内旅游收入的提升效应比东部地区高34.18%。观察列（5）和列（6）的估计结果，发现文旅融合政策对文化和旅游产业协同发展的作用不存在地区异质性。

7.4.4　文旅融合政策效果的动态效应分析

当使用DID模型进行政策效果评估时，模型应通过平行趋势假定，该假定要求在政策生效前，控制组和处理组应具有相同的发展趋势，并且不存在系统性差异。在文旅融合政策生效前，若处理组的文化产业或旅游产业的增长水平已经显著高于控制组，此时得到的政策效应便失去了真实性。借鉴Beck等（2010）的研究，本章对文旅融合政策在文化产业中的有效性进行动态分解，建立的模型如下：

$$\begin{aligned}\text{Culture}_{i,t} = \text{cons} + \vartheta_{-7}\text{DID}_{i,t}^{-7} + \vartheta_{-6}\text{DID}_{i,t}^{-6} + \vartheta_{-1}\text{DID}_{i,t}^{-1} + \vartheta_{0}\text{Current}_{i,j} + \\ \vartheta_{+3}\text{DID}_{i,t}^{+3} + \vartheta_{+4}\text{DID}_{i,t}^{+4} + \beta X_{i,t} + \gamma_{t} + \mu_{i} + \varepsilon_{i,t}\end{aligned} \tag{7-10}$$

模型（7-10）中，$D_{i,t}^{-1}$、$D_{i,t}^{+k}$、$\text{Current}_{i,j}$均表示政策时点虚拟变量，即第i个地区在第t年是否处于政策生效前的第1年、政策生效后的第k年以及政策生效当年。若文旅融合政策对文化产业发展的有效性符合平行趋势假定，则$D_{i,t}^{-1}$应不显著，而$\text{Current}_{i,j}$和$D_{i,t}^{+k}$应显著。考虑到政策生效时间可能较短，因此并未假定所有$D_{i,t}^{+k}$显著。为了更好地识别动态效应，$\text{DID}_{i,t}^{-1}$作为模型（7-9）的基准项并剔除。同时，还剔除了在观察期内始终未出台文旅融合政策的地区。图7-1报告了政策时点交互效应的估计系数及95%置信区间。

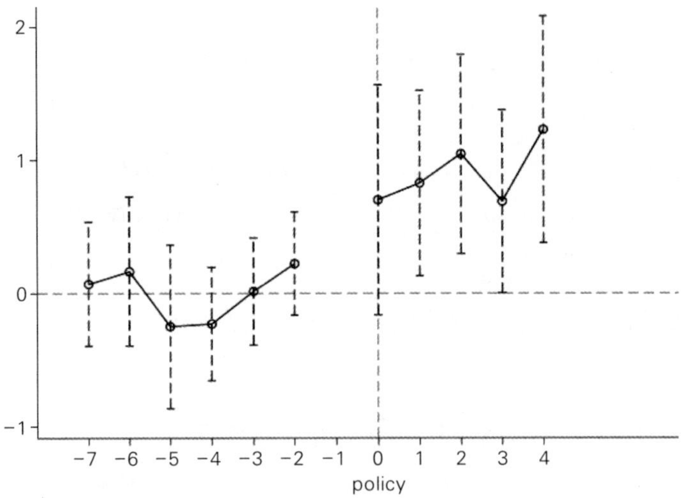

人均文化市场机构营业收入

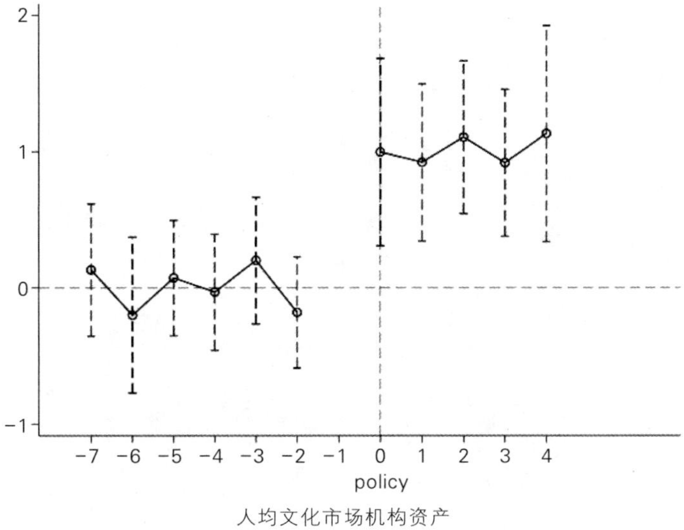

图 7-1 文旅融合政策对文化产业的动态效应

图 7-1 的结果显示，政策生效前所有动态效应的估计系数均不显著，说明控制组和处理组的文化产业在文旅融合政策冲击前并不具有系统性差异。政策生效后动态效应的估计系数显著为正，表明文旅融合政策对地区文化产业产生了促进作用，以上结果符合平行趋势检验的要求。

将模型（7-9）中的被解释变量替换成人均国内旅游收入和人均接待国内旅游人数，检验文旅融合政策影响旅游产业的动态效应，估计结果如图 7-2 所示。结果表明，旅游产业视角下文旅融合政策的有效性并未通过平行趋势检验。

为了更好地识别文旅融合政策对旅游产业的动态影响，引入政策时点变量与地区人均国内生产总值对数值的交互效应，即：

$$\begin{aligned} Tourist_{i,t} = {} & cons + \theta_{-7}DID_{i,t}^{-7} + \hat{\theta}_{-7}DID_{i,t}^{-7} \times perGDP + Current_{i,j} + Current_{i,j} \times \\ & perGDP + \theta_{+4}DID_{i,t}^{+4} + \hat{\theta}_{+4}DID_{i,t}^{+4} \times perGDP + perGDP + \beta X_{i,t} + \\ & \gamma_t + \mu_i + \varepsilon_{i,t} \end{aligned} \tag{7-11}$$

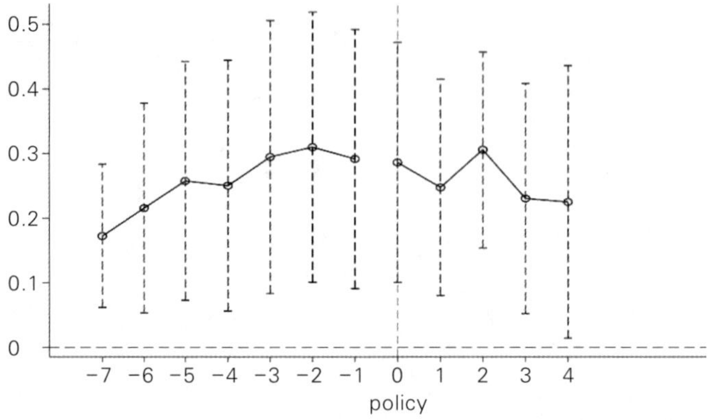

人均国内旅游收入

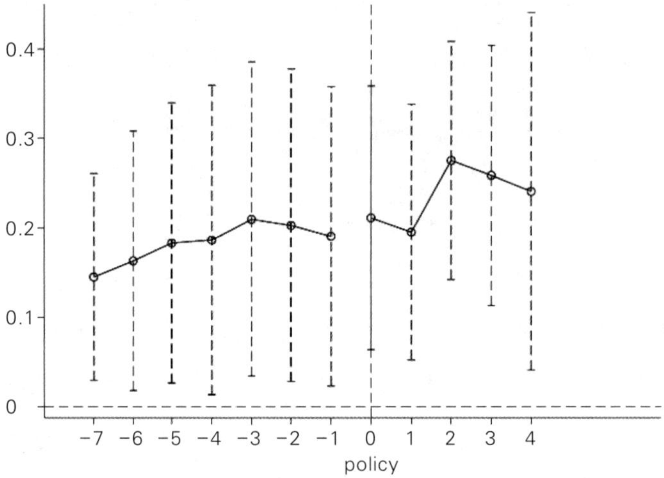

人均接待国内旅游人数

图7-2　文旅融合对旅游产业的动态效应

模型（7-11）中，$DID_{i,t}^{-1}\times perGDP$作为模型（7-11）的基准项并剔除，估计结果如图7-3所示。结果表明，文旅融合政策对地区旅游产业的有效性通过了平行趋势检验。从系数大小来看，旅游产业视角下文旅融合政策的动态效应仅在政策落实的2年内产生了显著影响。

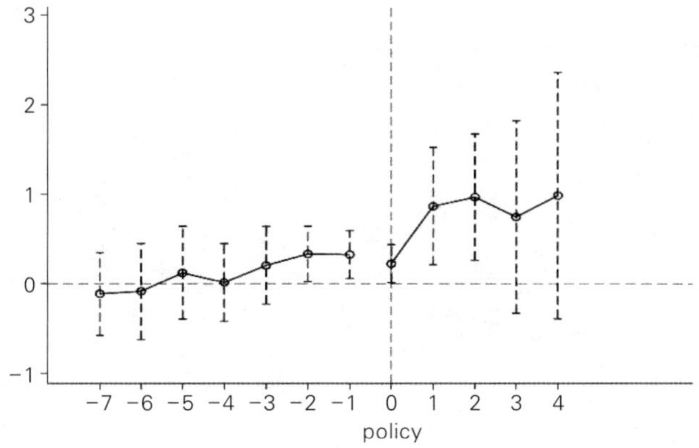

人均国内旅游收入

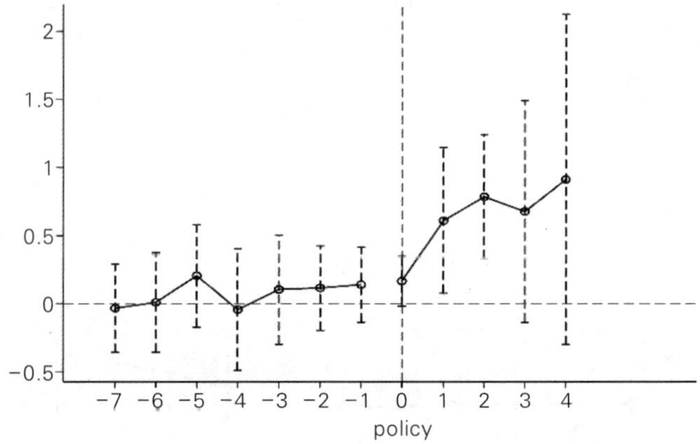

人均接待国内旅游人数

图 7-3　文旅融合政策对旅游产业的动态效应

将模型（7-9）中的被解释变量替换成文旅耦合度及耦合协调度，检验文旅融合政策对文化和旅游产业协同发展的动态效应，估计结果如图 7-4 所示。结果显示，文旅融合政策对文化和旅游产业协同发展的有效性通过了平行趋势检验。从估计系数的来看，文化和旅游产业协同发展视角下文旅融合政策具有明显的滞后性，耦合度的影响随时间不断上升。

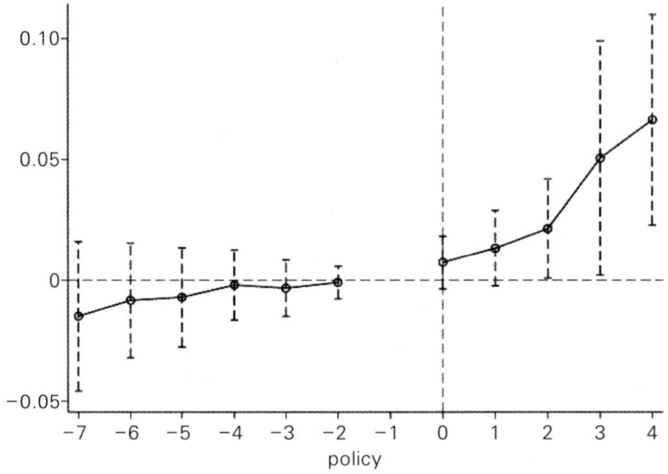

文旅耦合度

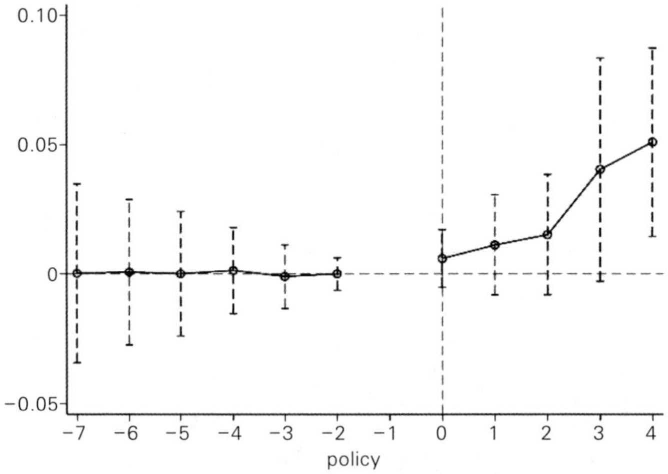

文旅耦合协调度

图 7-4　文旅融合政策对文化和旅游产业协同发展的动态效应

7.4.5　文旅融合政策效果的安慰剂检验

使用安慰剂检验判断地区文化和旅游产业的发展是否受其他不可观测因素的影响。安慰剂检验的核心思路是，通过计算机随机抽取，生成与实际情况不符的政策变量并代替真实的政策变量，若文旅融合政策的有效性显著且无偏，则虚假的政策变量应不显著。通过多次重复这一实验，描绘出多次抽取情况下的系数分布情况，得到的结果如图7-5所示。

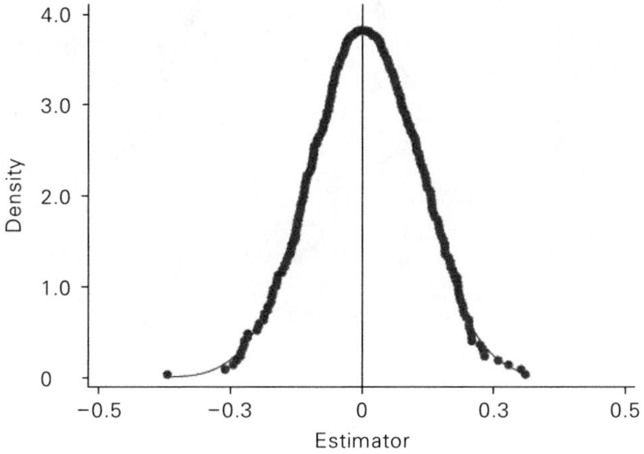

人均文化市场机构营业收入

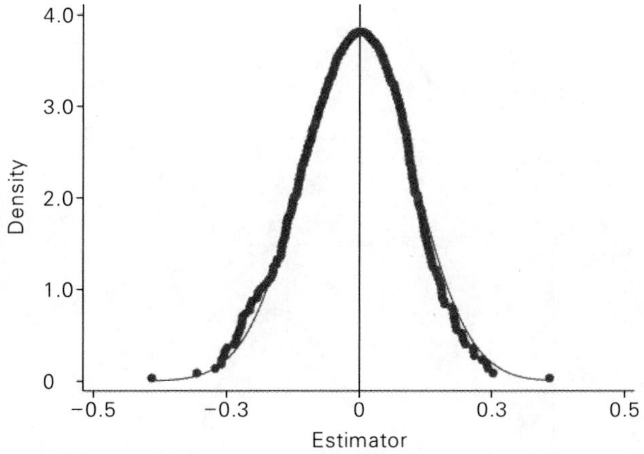

人均文化市场机构资产

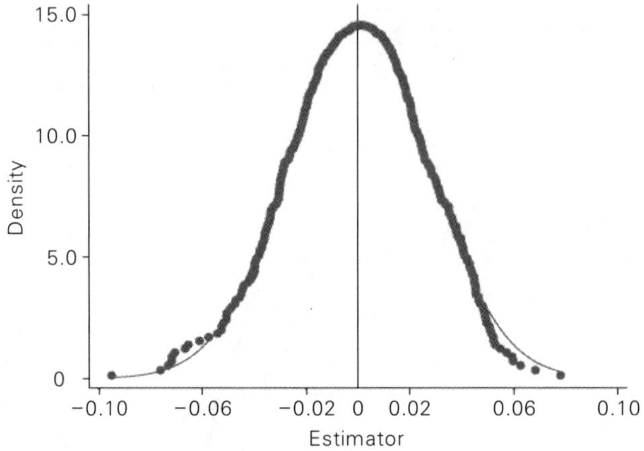

人均国内旅游收入

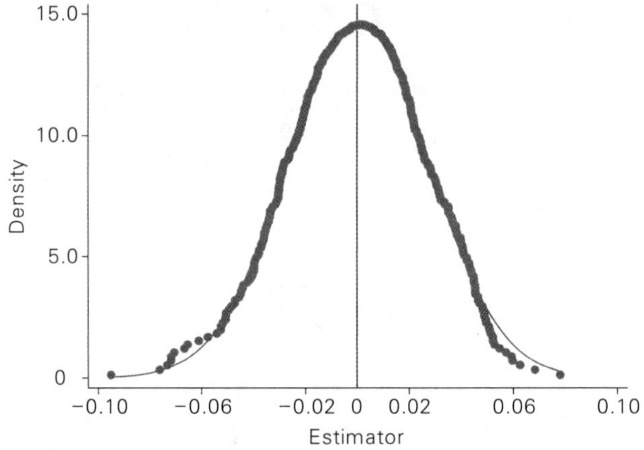

人均接待国内旅游人数

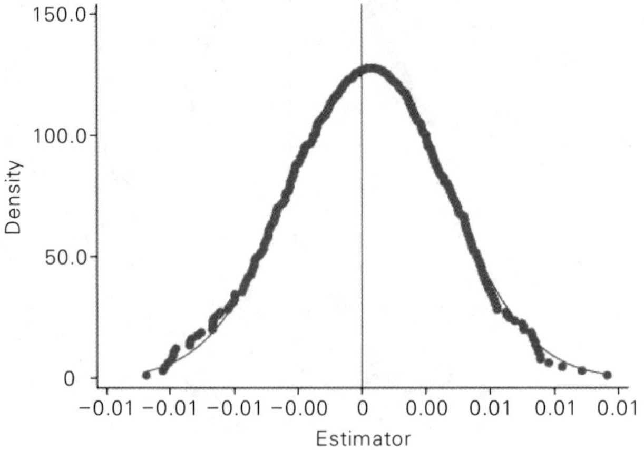

文旅耦合度

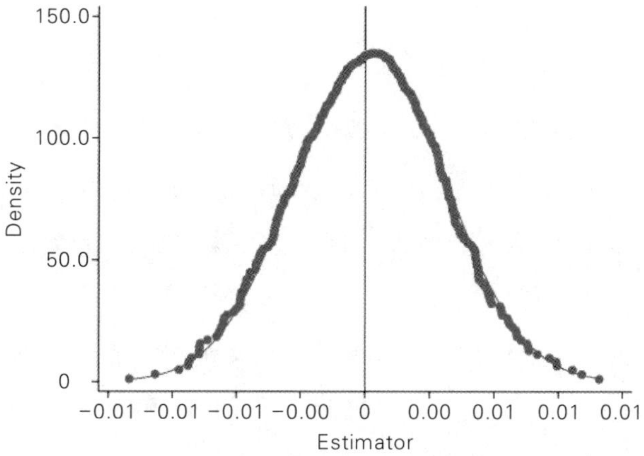

文旅耦合协调度

图 7-5　文旅融合政策有效性的安慰剂检验

图7-5的结果显示，文旅融合政策的估计系数分布在0附近且服从正态分布，符合安慰剂检验的要求，使得本章的因果推断逻辑更严密。

7.5　小结

7.5.1　研究结论

近年来，资源枯竭、碳排放等环境问题正引起全世界广泛关注，如何实现经济转型成为各国亟须解决的战略性问题。面对文化产业和旅游产业逐渐不能满足人民日益增长的美好生活需要这一事实，中国政府一直致力于对文化和旅游产业的可持续发展进行改革，以更好地促进它对国民经济的贡献。无论从理论还是实践的角度来看，文旅融合已成为文化和旅游产业发展的必然趋势。文献肯定了文旅融合政策对文化和旅游产业的积极影响，但仅有少数研究从实证分析的角度探讨了这一主题。在现有研究的基础上，本章将进一步阐释文旅融合政策在落实过程中如何受到各种非旅游因素的影响，即文旅融合政策在不同地区的适用性。

本章通过理论分析和实证研究探讨了文旅融合在文化和旅游产业协同发展中的重要作用。理论上，本章从产业机制和市场环境的角度分析了文化和旅游产业深度融合的理论意义，在现有文献对政策落实的影响因素进行考察的基础上，从政治、资源等角度探讨了文旅融合政策在落实过程中可能遇到的阻碍，并对政策效果的地区异质性进行了分析。实证上，本章以25个地区出台的文旅融合政策为切入点，使用2010—2018年31个地区的面板数据，考察了文旅融合政策对地区文化和旅游产业协同发展的影响。

研究发现，虽然文旅融合政策对推动文化和旅游产业协同发展有显著贡献，但地区的经济发展水平抑制了政策的干预效应，这一结果反映了当前旅游市场中城市旅游和文化旅游之间的替代关系，并被文旅融合政策的地区异质性所证实。通过考察文旅融合政策效果的动态效应，本章发现文旅融合政策具有一定的滞后性，即政策落实需要一定时间，这一结果符合现实观察的结果。综上所述，本章最大的发现在于，尽管文旅融合政策具有良好的政策初衷，但地区经济发展的事实和社会现状都对政策效果产生了一定影响，即政策适用性不足，很难有效落实。

7.5.2 政策含义

本章的政策含义是：

第一，政策落实应考虑地区经济发展的事实，谨防政策效果出现“边际递减”的现象。本章的研究结果显示，虽然文旅融合政策有效推动了地区旅游产业的发展，但经济发展水平对政策效果具有抑制作用，体现出都市旅游与文化旅游在我国当前旅游市场中的替代性。对此，在政策落实方面，政府相关部门应强化政策标准，通过动态管理制度科学评价文旅融合项目的发展质量，实行末位淘汰制，充分发挥政策初衷，让产业融合的优势能够惠及更多地区。

第二，加大基础建设投资，提高地区交通便利性，加强服务团队建设。在本章的研究中，对固定资产投资低于阈值水平的部分中西部地区，文旅融合政策对文化产业的推动作用具有显著的抑制效果。地区公共交通覆盖程度、服务人员数量等因素对文化和旅游产业的发展具有直接推动作用。因此，发展相对落后的中西部地区应加大基础设施建设投入，完善城市交通以及服务团队建设，提升各类资源和要素的流动效率，通过资源的高效配置刺激地区文化和旅游市场的进一步发展。

第三，优化文化产业布局，创新文化产品供给。本章的研究表明，尽管在经济发展水平较高的东部地区，文旅融合政策对旅游产业的推动作用受到文化旅游和城市旅游之间替代性的抑制影响，但政策仍表现出对文化产业显著的直接推动作用，这表明当前市场环境中消费者对文化产品的需求并非局限于文化旅游。因此，政府相关部门应进一步拓宽文化市场，提供更多、更优质的文化产品供消费者选择，真正将文化产业融入我国现代商业体系中。同时，中西部地区可利用本地独特的文化和旅游资源，带动本地旅游产业规模进一步扩大，逐步减小地区间发展差异，最终实现东部和中西部地区平衡发展。综上所述，要充分发挥文旅融合在我国经济高质量发展中的作用，不仅要出台相关政策予以扶持，还要选择合适的时间和地点，通过不断深化和合理布局，切实保障各类资源要素投入，为政策落实提供优质土壤。

8 文旅融合的数字赋能研究

8.1 问题的提出

根据联合国世界旅游组织估计，文化旅游是旅游业中规模最大、增长最快的细分领域之一。随着大数据、云计算、5G、人工智能等现代信息技术的不断发展，数字经济正加速融入文旅产业，成为二者融合创新的新动力，为文旅产业的高质量发展提供了多样的可能性。近十年来，政府有关部门相继出台多项相关政策，推动文化和旅游产业的高质量融合发展。党的二十大报告也明确提出加快发展数字经济，促进数字经济和实体经济深度融合，坚持以文塑旅、以旅彰文，推进文化和旅游深度融合发展。由此可见，推动数字文旅产业高质量发展已经上升为国家战略，成为文旅产业转型升级的重大课题。

本章基于投入产出表探究数字经济产业对文旅融合发展的影响情况。一方面，使产业相关者能够充分了解数字经济助推文旅产业融合的作用以及在此过程中存在的问题；另一方面，针对目前存在的问题，提出相应的建议，从而加快数字经济产业赋能文旅产业深度融合的步伐。

当前，文化和旅游产业存在数字文旅产品创新不足、数字文旅人才缺乏、数字化水平参差不齐等问题，而数字经济产业在促进文旅产业融合方面发挥了重要作用。数字经济产业不仅是文旅产业转型升级的重要外部因素，还是文旅产业未来发展的生态环境。随着数字经济的快速发展，“文旅产业数字化”这一概念应运而生，即利用数字技术全方位改造、优化，甚至颠覆与重构文旅产业，可以有效缓解公众日益增长的文旅消费需求与传统文旅市场发展不充分之间的矛盾。

8.2 数字赋能文旅融合的理论基础

数字经济产业对文旅融合发展的积极影响体现在以下方面：

一是数字经济使“平台经济”成为现实，促使各个产业能够高效地互动合作、资源整合和协同共生；二是数字经济在网红经济、共享经济等新消费场景下，将文化和旅游产业连接起来，如一些地方将网红经济引入文化和旅游产业，实现了产业联动的智能化；三是数字经济推动文旅产业向主要产业延伸，以农业、教育等产业为中介，将文旅产业结合起来，形成智能文旅产业融合新业态；四是数字经济产业的技术创新会逐步降低数字经济作用于文旅产业融合发展中的“可及性”成本，使文旅产业更易互动融合；五是旅游产业与其他产业有极强的关联性，还能广泛带动其他产业发展，数字技术的应用使其效果倍增。

8.2.1 测度视角：产业关联视角和耦合关联视角

1. 研究背景与述评

文化产业在中国起步较晚。2000年10月，在党的十五届五中全会通过的《中共中央关于制定国民经济和社会发展第十个五年计划的建议》中，第一次正式提出“文化产业”的具体概念。此后，中国全力推进文化体制改革的进程，加大国家财政投入，不断出台鼓励性政策，着力推动文化产业快速发展。近年来，全国经济增长速度进入相对平缓的阶段，但文化产业展现出迅猛上升的态势。截至2016年年底，全国文化产业增加值约为3.08万亿元，占国内生产总值的4.14%。随着国家文化体制改革工作的不断深入，中国的文化产业体系已初具规模。

旅游产业的起步相对较早，发展时间久，产业的各个方面趋于成熟。20世纪90年代初，旅游产业就已经成长为全球经济中的一个重要部门。随着时代的发展，旅游已经成为现代人类社会重要的生活方式，旅游产业更是成为当今世界众多国家经济增长和发展的支柱性产业。随着全球经济的发展，旅游产业在一些国家或地区出现旅游投资市场饱和、旅游资源同质化的现象，以观光形式为主的传统旅游产业已无法满足游客日益提升的消费理念和精神需求。政府部门发布数据显示，2015年旅游产业对国内生产总值的综合贡献达到了10.1%。但是，随着中国迎来文旅产业转型升级的关键时期，地域限制、资源约束、生态压力、游览形式单一等一系列制约旅游产业发展的问题逐渐暴露，整个产业的发展遭遇瓶颈，因此旅游产业开始主动寻求新的发展途径。

2009年和2011年，国家旅游局和国务院相继出台了关于促进文化与旅游结合以及深化体制改革实现文化大发展、大繁荣的政策和指示，要求各地要重视旅游产业与文化、体育、信息等产业的结合，延长价值链，拓宽旅游产业发展的领域与道路。另外，随着游客理念和需求的变化，一些新兴的旅游项目和方式得到了青睐，这些新的旅游需求的出现与变化，为促进旅游产业与其他产业融合、拓宽旅游产业的发展领域提供了市场支持。

2018年3月13日，第十三届全国人民代表大会第一次会议审议通过了国务院的机构改革方案，在此次改革方案中，旅游管理体制发生了重大变化，文化部和国家旅游局合并组建为文化和旅游部。从此次文化和国家旅游局的机构改革和重组中可以发现，这是党和政府对旅游业性质与功能的一次重新定位。过去30年，中国各级政府一直把旅游业定位为经济性很强的产业。虽然过去旅游业得到了快速发展，但是一些景区过度商业化，此次机构改革就是为了逐渐突出其文化属性，促进文化和旅游产业的融合发展。

产业融合是指为了适应产业的增长，产业之间或部门之间经过彼此交叉和渗透，使产业的属性和形态发生改变和创新，并融合成为一体的动态演化过程。当前，产业融合对各国的产业创新升级产生了深刻的影响，成为全球产业长期发展的现实选择。文化产业的迅速发展，使其自身蕴含的旅游经济与旅游现象逐渐显现，延长了文化产业的价值链；而在旅游产业的发展进程中，文化元素的贯穿也延长了旅游景区的生命周期。在市场需求的推动下，文化和旅游产业的融合发展必将成为刺激两大产业结构调整和转型升级的动力。在各产业之间频繁出现互动交流的背景下，加之文化和旅游产业之间的天然耦合性，二者的融合成为必然。

2. 文化和旅游统计核算体系的提出

从消费者角度来看，文化和旅游活动之间存在一定程度的重叠。一些国家的民用航空业的快速发展以及居民可支配收入的快速增加促进了旅游业的发展，国内和国际出游率都有所提升。文化和旅游产业都依赖于消费者生活中用于自我实现的空闲时间和随意性支出，且部分支出具有文化性和旅游性，如参加节日活动或参观博物馆等。文化和旅游产业的快速发展已经引起了各国政府的重视，对文化和旅游产业融合发展的研究也开始提上日程。现有的国民账户统计体系无法对文旅融合发展的贡献程度进行科学的核算。在此背景下，本书提出在利用多种模型对文旅融合发展水平进行评估的基础上，构建文化和旅游统计核算体系。

本书在借鉴其他学者的研究方法的基础上，从产业关联和耦合关联两个视角，分析全口径文旅融合发展的作用强度和协调发展程度。

8.2.2 产业关联理论

所谓产业关联，是指各产业之间经济技术关系的衡量（宋增文，2007；李晓，2010），这种经济技术关系通过各产业之间的投入与产出的量化比例关系得到反映，同时是各产业之间通过产品的供给和需求所形成的相互关联、相互依存的内在联系（李善同，1998；李峰，2007；张艳辉，2008；郭磊，2013）。因此，产业关联主要是通过各产业之间的投入产出关系所反映的各产业之间的经济技术关系，是各产业之间相互依存和相互制约关系的体现。

产业关联是产业融合的基础，只有具有一定关联性的产业，才能寻求进一步的融合发展。旅游业涉及餐饮、住宿、交通、娱乐等多个行业，是关联性极强的产业，它几乎与国民经济各行业都发生着直接或间接的经济联系。随着社会的发展，文化和旅游产业之间关联的广度与深度不断加深，二者的关联性越来越强，这为二者的进一步融合发展奠定了基础。因此，以产业关联的视角，借助投入产出表，度量文化和旅游产业的融合程度，分析文旅融合发展的趋势特征，具有一定的科学性与可操作性，是分析文旅融合现状的有效途径。

各产业之间的投入产出关系客观上反映了它们相互消耗和提供产品的关系。产业关联度是对各产业之间关联关系的一种量化，反映了当某个产业的投入产出量发生变动时，对其他产业的投入产出水平的影响程度。一般使用直接消耗系数、完全消耗系数、直接分配系数和完全分配系数对产业关联度进行度量，反映了各产业之间的前向联系和后向联系。在没有更好的综合指标衡量产业融合度的情况下，产业关联度在一定程度上反映了各产业之间的技术融合程度，从而在一定程度上可以反映产业融合度。因此，使用投入产出模型分析两个产业的关联度，借以衡量两个产业的融合状态和程度是目前多数学者采用的方法（徐盈之，2009；王琪延，2013；刘红，2015）。

投入产出模型是定量研究产业关联较为有效的方法，是由美国经济学家华西里·列昂惕夫首先提出的。国内将投入产出模型引入旅游业的研究始于李江帆等（2001），该研究利用广东省1992年数据，分析了旅游业的产业关联和产业波及效应。之后，很多学者借鉴了这种研究方法，如张华初等（2011）利用2002年中国投入产出表，定量测度了旅游业在国民经济发展中的地位与作用；李国璋（2009）、曾启鸿（2008）、王丽（2007）和张文建（2003）分别采用区域性的投入产出表，测度了浙江、福建、甘肃和上海的旅游产业关联状况；宋瑞和冯珺（2019）使用《国民经济行业分类》和投入产出表的数据，估计了不同口径文旅融合发展所形成的部门产出规模，但并未对测算值进行具体分析，因此不足以反映文旅融合发展的全貌。通过学习和借鉴以上学者的研究成果，本书在对文化和旅游产业的融合发展研究中也引用了投入产出模型，利用投入产出表对全口径文化和旅游产业的关联度进行深入分析。

8.2.3 耦合关联理论

耦合（Coupling）是一个物理学概念，近年来它被逐渐拓展到社会科学领域。在社会科学领域中，耦合是指两个或多个系统彼此协调发展、相互影响，并最终联合的现象。

具体来说，耦合包括发展与协调两个维度。发展是指系统或系统内部的组成要素从简单到复杂、从低级到高级、从无序到有序的变化过程。协调是指系统之间以及系统内部的组成要素之间相互促进的状态。因此，由发展与协调所构成的系统之间以及系统内部的组成要素之间的耦合关系，有着发展的“量扩”和协调的“质升”两个不可或缺的部分。耦合过程则是互动关联的不同系统以及系统内部的组成要素通过发展和协调使双方属性发生深刻变化的过程。

近几年，为了逐渐探索实现中国经济发展模式的转型路径，耦合理论在经济管理领域得到了广泛的应用。相关的研究主要沿以下两条线索展开：一是关于产业发展的耦合关系研究；二是关于创新与产业升级的研究。

在产业发展的耦合关系研究方面，张林等（2015）、刘方媛等（2017）分析了农业现代化与工业化、信息化、城镇化的协调发展机理，构建了复合系统耦合协同度测度模型，并利用地区数据进行了实证分析。祝影和史晓佩（2016）引用耦合理论对外资研发与自主创新两个系统进行理论模型建构，分析了二者的耦合关联效应。周蕾（2016）通过构建耦合协调度评价模型，分析了农业与旅游业融合发展的耦合机制，提出了二者进一步融合发展的措施和建议。翁钢民等（2016）在分析文旅融合发展的作用机理的基础上，实证研究了中国文旅融合发展的耦合协调度和空间相关性。唐晓华等（2018）发现中国生产性服务业发展略滞后于制造业，两大产业的耦合协调度由初始的失调衰退阶段逐步发展至良好协调阶段。逯进、常虹和汪运波（2017）全面解析了系统耦合机制，以此为基础构建了能源、经济和环境三大系统的耦合度模型，测算了中国四大区域在三大系统上的耦合协调水平，并从时间和空间两个维度对其交互关系的变化特征和差异作出了全面剖析。

在创新与产业升级的研究方面，毕克新等（2012）基于国内外现有的研究成果，针对制造业企业产品创新与工艺创新知识流耦合的现象，深入剖析影响知识流耦合的因素，并构建制造业企业产品创新与工艺创新知识流耦合的理论模型。邱国栋和马巧慧（2013）研究了制度创新与技术创新内生耦合问题，并对这一问题进行了验证，揭示了企业内部创新耦合效应的生成机理。马永红等（2015）从区际产业转移与区域创新系统耦合要素因果关系出发，构建了区际产业转移与区域创新系统要素耦合的SD模型，发现在欠发达地区承接产业转移的过程中，加强中介机构、高校和科研院所的实力有助于提高区域创新能力。徐晔（2015）构建了区域产业创新和产业升级指标评价体系，提出了产业创新与产业升级耦合度模型，研究发现区域产业创新与产业升级耦合系统之间存在要素、组织结构和制度上的耦合关系。祝影和王飞（2016）引入耦合关联理论，剖析区域创新系统、区域发展系统的耦合机理，并对中国的创新驱动发展绩效进行了实证分析。霍远和王盛兰（2018）利用耦合协调发展模型，对产业创新与产业升级两个系统进行评价，研究发现产业创新与产业升级之间的耦合协调度在样本内有递减趋势，且呈现明显的“东高西低”的空间分布特征。

文化和旅游产业的内在属性决定了二者之间具有天然的耦合性。第一，旅游产业的文化属性非常强，即使是自然风景类的纯观光旅游也需要涉及一些历史学、地理学等文化知识。第二，文化产业能够提升旅游产业的效益，丰富旅游产业的内涵和外延，区域间的文化差异能激发旅游者去异地旅游的动机，进而引发旅游行为。新型的文化元素，如创意园区、主题公园、影视基地等向旅游产业渗透能够形成新的旅游吸引物，满足旅游者的多层次需求，增强旅游体验。第三，通过旅游产业，能够实现文化资源的增值与创新，激发文化产品开发思路，促进不同区域间文化的交流与传播。正是因为文化和旅游产业之间紧密的关系，所以本书引入耦合度模型进行研究，文化和旅游产业的耦合关系是指两大产业子系统内部各个构成要素相互影响和相互作用所形成的非线性关系总和。文化和旅游产业的耦合被定义为：在一定的区域内，文化和旅游产业系统之间相互促进、相得益彰、相互协调，共同推动资源和要素配置、产品结构和企业组织结构、旅游空间结构和功能的优化，从而形成文化和旅游产业协调发展的一体化的过程。

文化产业和旅游产业的耦合主要体现在以下方面：①资源的耦合。一些民族风情、人文景观、遗产古迹、手工艺术、表演、建筑、饮食和宗教等资源既可作为文化产业的生产要素，又可以作为旅游产业的生产要素，资源具有双重属性，推动两大产业协同发展。②产品的耦合。在文化资源经过创意加工后形成文化产品，旅游资源经过整合和相关行业辅助后形成旅游产品，文化产品和旅游产品能够联动发展、相互促进。③发展模式的耦合。文化企业在旅游区域空间的发展，会影响到旅游产业的发展模式。文化资源转化为产品其生命周期会影响到旅游产品的生命周期，文化产品的创新优化提升了旅游产业的活力。

8.2.4 产业关联与耦合关联的比较

早期的产业融合主要发生于信息通信业，是以同一技术在不同产业之间的应用为基础，直至这些产业之间形成了共同的技术基础，生产出来的产品具有相似性，并且可以相互替代。此时，产业之间的边界有所模糊，但是以技术为核心的产业融合只是初级形态，即产业融合的第一阶段。随着产业融合的进一步发展，不少研究人员发现，技术融合并不是产业之间进行融合的最终目的。产业之间在进行了技术融合后，只是为产品的多样化提供了可能性。要想真正实现产品的多样化，还需要经过产业之间在业务和管理上进行完善和延续，最终达到市场的融合，由此才完成产业融合的全过程。

产业关联是指产业之间存在的以投入和产出为联系纽带的技术经济联系，是产业之间相互依存和相互制约关系的体现。相较而言，产业融合的概念则更为宽泛，产业融合可以是包含产业关联、产业联系、产业转移、产业合作、产业分工等诸多内容在内的一般性概念，也可以是更为强调融合路径的技术融合、业务和管理融合、市场融合实现的过程。因此，产业关联是产业融合的一个方面、一段过程，是产业融合的基础和前提。二者存在的关联性越强，彼此间的资源利用率就会越高，越容易形成融合发展。

产业耦合实际上是产业融合的一种继承和拓展，产业融合是产业耦合在不同情况下的应用实例。产业融合是同一技术向不同产业扩散而推动产业间的协同发展。产业耦合不仅是不同产业间技术、知识上的共享和相融，更是市场、生产要素、产品研发、技术创新等全方位的合作互利和交互影响。产业耦合的边界并没有因为技术的渗透而模糊，甚至消除，产业之间仍然保持各自的独立性。用耦合理论阐释当前产业经济，主要是因为产业耦合是一种更为全面、更为高效的产业发展模式，具有发展成本低、发展机制灵活、产业结构合理三大优势，适于当前产业结构调整和转型升级的需要。

因此，相较于产业关联视角，基于耦合关联视角能够更加全面、更加广泛地研究全口径文旅融合发展的作用强度和协调程度。产业关联与耦合关联的比较如图 8-1 所示。

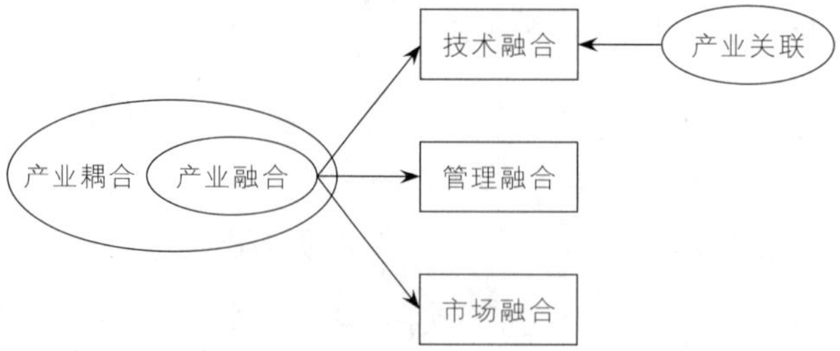

图 8-1　产业关联与耦合关联的比较

8.2.5 产业融合度：基于投入产出模型的文旅融合发展水平测度

使用投入产出分析方法，通过对各种产业关联系数的计算和分析，最终结合完全消耗系数和完全分配系数进行产业融合度的衡量。旅游产业对文化产品的完全消耗系数，既反映了旅游产业对文化产业的需求关系，又反映了文化产业对旅游产业的投入作用，是对文化产业在旅游产业中的渗透能力和作用的衡量；旅游产业对文化产业的完全分配系数，既反映了旅游产业与文化产业的供给关系，又反映了文化产业对旅游产品需求作用的影响，通过赋予旅游产品的文化内涵，来实现对这些产品的提升作用，衡量了文化产业对旅游产业的推动或提升作用，反之同理。

具体而言，如分析产业A和产业B之间的融合关系，在投入产出表的结构中，产业A和产业B之间都存在消耗和分配对方产品的关系。也就是说，产业A和产业B之间的消耗关系和分配关系都是对等的，产业A的生产会消耗产业B的产品，而产业B的生产也会形成对产业A产品的消耗，二者存在的分配关系也是如此。用产业B占产业A总投入比重的完全消耗系数，可以衡量产业B通过投入关系对产业A产生的影响（行关系）；而产业A分配给产业B使用占产业A总产出比重的完全分配系数，反映了产业B通过消耗关系对产业A的作用（列关系），二者结合在一起可以用来衡量产业B在产业A中所起的作用，即“A产业的B融合度”。同样，用产业A占产业B总投入比重的完全消耗系数和产业B分配给产业A使用占产业B总产出比重的完全分配系数，可以用来衡量产业A在产业B生产中所起的作用，即“B产业的A融合度”。“A产业的B融合度”和“B产业的A融合度”一起形成了产业A和产业B之间的融合关系，见表8-1。

表8-1　　　　　　　　产业A和产业B的融合关系

融合度	选取指标	指标解释
A产业的B融合度（指标1和指标2的均值）	指标1：产业A消耗产业B占产业A总投入比重的完全消耗系数（产业A对产业B完全耗，即产业B的投入率）	完全消耗系数矩阵元素b_{BA}，反映了产业B对产业A的行关系
	指标2：产业A分配给产业B使用占产业A总产出比重的完全分配系数（产业A对产业B完全分配，即产业A的需求率）	完全分配系数矩阵元素h_{AB}，反映了产业B对产业A的列关系
B产业的A融合度（指标1和指标2的均值）	指标1：产业B消耗产业A占产业B总投入比重的完全消耗系数（产业B对产业A完全消耗，即产业A的投入率）	完全消耗系数矩阵元素b_{AB}，反映了产业A对产业B的行关系
	指标2：产业B分配给产业A使用占产业B总产出比重的完全分配系数（产业B对产业A完全分配，即产业B的需求率）	完全分配系数矩阵元素h_{BA}，反映了产业A对产业B的列关系

8.2.6　五部门投入产出表的产业划分

1. 界定全口径文化和旅游产业的范围

不同的文献采用了不同来源的产业数据，就研究文化和旅游产业而言，这些数据在全面性上有所欠缺，不能完全反映文化和旅游产业的整体发展状况，研究口径过于狭窄。

根据国家统计局公布的《文化及相关产业分类（2018）》，文化产业是指为社会公众提供文化产品和文化相关产品的生产活动的集合。本分类将文化产业分为文化核心领域和文化相关领域两类，共有9个大类、43个中类和146个小类。

根据国家统计局公布的《国家旅游及相关产业统计分类（2018）》，旅游是指游客的活动，即游客的出行、住宿、餐饮、游览、购物、娱乐等活动；游客是指以游览观光、休闲娱乐、探亲访友、文化体育、健康医疗、短期教育（培训）、宗教朝拜，或因公务、商务等为目的，前往惯常环境以外，出行持续时间不足一年的出行者。旅游产业分为旅游业和旅游相关产业两类。旅游业是指直接为游客提供出行、住宿、餐饮、游览、购物、娱乐等服务活动的集合。旅游相关产业是指为游客出行提供旅游辅助服务和政府旅游管理服务等活动的集合。其中，旅游业共有7个大类、21个中类和46个小类；旅游相关产业共有2个大类、6个中类和19个小类。

在本书所界定的文化及相关产业、旅游及相关产业的概念和分类基础上，结合《国民经济行业分类》（GB/T 4754—2017）或国际标准产业分类体系，将文化及相关产业分为文化制造业和文化服务业。其中，第一类文化符号产品的生产主要集中在文化服务业中，是文化产业发挥作用的核心所在；而文化制造业则主要代表了所划分的第二类文化产业；第三类文化产业，即“文化办公用机械制造业”是文化符号产品生产工具的制造产业，它在融合机制中的作用甚微，因此在之后的实证分析中不列入文化及相关产业之中，但作为工业来考察。

旅游及相关产业主要围绕“食、住、行、游、购、娱”六大要素活动展开，包括餐饮业、交通业、邮电通信业、生活服务业等，是与游客旅游消费直接相关的部分。因此，本书以2007年、2012年和2017年的投入产出表为基础，结合旅游抽样调查资料中的旅游消费结构统计项，从餐饮、住宿、交通、游览、购物、其他（包括娱乐业、邮电通信业和其他产业）六个方面出发，选取投入产出表中与旅游相关的部门，将这些部门独立出来，与文化及相关产业和其他部门共同组成新的投入产出表。

2. 确定旅游消费剥离系数

确定旅游消费剥离系数的目的是对国民账户中相关部门的产出进行调整，从而将广义旅游业作为一个新的部门单列出来。为了将各相关部门中属于旅游消费的产出部分剥离，需要确定一个比例。按前面定义的与旅游及相关产业相关的部门，因为这些部门的产品只有一部分投入旅游消费，所以其增加值需要按一定的比例剥离出旅游者消费的部分，计入旅游增加值中。李江帆（1999）把某一行业的增加值中旅游者消费的部分占该行业增加值的比重称为该行业的旅游消费剥离系数。

旅游消费剥离系数一般是通过游客的抽样调查来确定的，其方法是按照国民经济行业分类标准（GB/T 4754—2017），先确定旅游总收入的消费构成，再根据各行业的增值率算出该行业中属于旅游消费而产生的增加值。旅游消费增加值与该行业增加值的比例，就是旅游消费剥离系数。

3. 产业划分

将文化制造业剥离后，剩余的第二产业仍称为“工业”，主要包括采矿业、制造业和建筑业；去除文化服务业和旅游及相关产业后，剩余的第三产业仍称为“服务业”，再加上第一产业“农业”，正好构成了投入产出表中的全部产业类别。其具体的产业分类比较，见表8-2。

表8-2　　**42个产业部门与5个产业部门的产业分类比较**

5个产业部门	42个产业部门	
农业（A）（第一产业）	农、林、牧、渔业	
工业（I）（包括去除了文化制造业的第二产业）	煤炭开采和洗选业（I1）	金属制品业（I13）
	石油和天然气开采业（I2）	通用设备和专用设备制造业（I14）
	黑色金属、有色金属矿采选业（I3）	铁路、船舶、航天航空和其他运输设备制造业（I15）
	非金属矿采选业和其他采矿业（I4）	电气机械和器材制造业（I16）

续表

5个产业部门	42个产业部门	
工业（I）（包括去除了文化制造业的第二产业）	食品制造业和烟草制品业（I5）	计算机、通信和其他电子设备制造业（I17）
	纺织业（I6）	仪器仪表制造业（I18）
	纺织服装、服饰业，皮革、毛皮、羽毛及其制品和制鞋业（I7）	废弃资源综合利用业（I19）
	木材加工和木、竹、藤、棕、草制品业，家具制造业（I8）	金属制品、机械和设备修理业（I20）
	石油、煤炭及其他燃料加工业（I9）	电力、热力生产和供应业（I21）
	化学原料和化学制品制造业（I10）	燃气生产和供应业（I22）
	非金属矿物制品业（I11）	水的生产和供应业（I23）
	黑色金属、有色金属冶炼和压延加工业（I12）	建筑业（I24）
文化及相关产业（C）（包括文化制造业（Cm，即C1+C2）和文化服务业（C3）	造纸和纸制品业，印刷和记录媒介复制业，文教、工美、体育和娱乐用品制造业（C1）	文化、体育和娱乐业（C3）
	其他制造业（C2）	
旅游及相关产业（T）	交通运输、仓储和邮政业（T1）	租赁和商务服务业（T6）
	住宿和餐饮业（T2）	水利、环境和公共设施管理业（T7）
	信息传输、软件和信息技术服务业（T3）	居民服务、修理和其他服务业（T8）
	批发和零售业（T4）	公共管理、社会保障和社会组织（T9）
	金融业（T5）	
服务业（S）（包括去除文化服务业（C3）和旅游及相关产业的第三产业）	房地产业（S1）	教育（S3）
	科学研究和技术服务业（S2）	卫生和社会工作（S4）

本书所用数据均来自国家统计局编制的2007年、2012年和2017年投入产出表，分别涵盖了135个部门、42个部门和139个部门，在投入产出表的编制过程中，部门分类存在调整与扩充，因此需要对部门进行归类合并，以满足数据可比性原则，即将上述投入产出表编制成5×5部门投入产出表，根据各种相关系数考察它们之间的技术与经济关系。在此基础上，计算文化和旅游产业之间的直接消耗系数和完全消耗系数、直接分配系数和完全分配系数、影响力系数和感应度系数，并对文化和旅游产业之间的关联状态和关联度进行分析。

8.2.7　五部门投入产出表的编制

投入产出表是一种部门联系平衡表，由中间产品矩阵、最终使用矩阵和最初投入矩阵三个部分组成，全面反映了社会再生产的全过程，通过一定表式，将生产与使用、消耗与产出、使用价值与价值等有机地联系在一起。投入产出模型作为投入产出分析技术的另一个表现形式，是建立在投入产出表基础之上的，依据投入产出表中各项经济指标之间的数量关系，使用线性方程组等表达形式，最终反映经济系统的投入与产出关系。

有了部门的合并标准，我们就可以对多部门投入产出流量表进行简化，将其编制成5×5部门的投入产出流量表。在此基础上，考察文化和旅游产业之间的联系。五部门价值型投入产出流量表的一般表式，见表8-3。

象限Ⅰ（x_{ij}）反映了五部门之间的投入与消耗关系，x_{ij}具有双重含义。以行项为旅游及相关产业、列项为文化及相关产业对应的元素（x_{TC}）为例，从列项来看，表示文化产业在生产过程中对旅游产品的消耗量，即旅游产品对文化产业的投入量；从行项来看，表示旅游产品分配给文化产业生产过程中使用的数量，即旅游产业从文化产业部门获得的收入。也就是说，列项反映的是消耗（支出）关系，而行项反映的是分配（收入）关系，这些关系通过产业之间的消耗系数和分配系数来体现。

表8-3　　　　**五部门投入产出流量表的一般表式**

产出 投入		中间使用	最终使用	总产出
		农业A　工业I　文化及相关产业C　旅游及相关产业T　服务业S　合计	最终消费　资本形成总额　净出口　合计	
中间投入	农业A			
	工业I			
	文化及相关产业C	x_{ij}	Y_{ij}	X_i
	旅游及相关产业T	Ⅰ	Ⅱ	
	服务业S			
	合计			
初始投入	劳动者报酬			
	生产税净额	N_{ij}		
	固定资产折旧			
	营业盈余	Ⅲ		
	增加值合计			
总收入		X_j		

象限Ⅱ(Y_{ij}) 反映了五部门的产品分别有多少数量用于最终消费、投资和出口。从行项来看，以文化及相关产业为例，表示用于最终消费、投资和出口的数量占文化产业总产出的比重，主要反映在直接分配系数矩阵中。从列项来看，以最终消费为例，表明在国内的最终消费中各产品的比例构成，即在最终消费中农产品、工业品、文化产品、旅游产品、服务产品的消费数量。

象限Ⅲ(N_{ij}) 是增加值（即国内生产总值或初始投入）象限，实际上它是在收入法或分配法下将增加值的各个项目按产品部门进行了分解，在行项上反映了某项增加值的部门构成，在列项上反映了某部门增加值的项目构成。从行项的劳动者报酬来看，反映了全社会的劳动者报酬中分别来自五部门的劳动者报酬是多少；从列项的文化及其他产业来看，反映了文化产业增加值的各项目构成，即劳动者报酬、固定资产折旧、生产税净额和营业盈余分别有多少，它们各自在总产出中的比重体现在直接消耗系数矩阵中。

完整的价值型投入产出表还应有象限Ⅳ，该象限由象限Ⅱ和象限Ⅲ共同延伸组成。它的主栏是增加值，宾栏是最终使用，各个部门的最终收入是由增加值经过分配和再分配形成的，同时在宾栏中反映这些最终收入用于何种最终使用。由于该象限目前还处于理论探索阶段，因此在投入产出表中未体现。

价值型投入产出表实际上是一个宏观经济的数据库，为我们提供了丰富的统计资料，具有多方面的作用。比如，投入产出表中的象限Ⅰ为我们提供了编表期各部门内部和部门之间的技术经济联系资料，主对角线上的各元素是各部门内部生产技术联系程度的数量表现，其他各元素则反映了各部门之间的经济技术联系程度。这些数据揭示了各部门之间的本质联系，是一般传统统计方法无法取得的宝贵资料。它为研究部门消耗定额、协调各部门间的比例关系提供了重要信息。投入产出表反映了计算国内生产总值的三种方法，行项或列项的合计是社会总产出，象限Ⅰ的合计是全社会的中间投入，二者相减是生产法下的国内生产总值。象限Ⅱ、象限Ⅲ分别是收入法（分配法）和支出法下的国内生产总值。不仅如此，投入产出表还提供了按“纯”部门构成的中间消耗、增加值和最终使用等资料，是我们研究经济效益、分配关系、预测劳动就业量等的重要依据。本书的研究正是基于价值型投入产出表这些纵横交错的关系而展开的。

8.2.8 加入数字经济的六部门投入产出表编制

1. 数字经济与实体经济的融合发展

数字经济是大势所趋，蓬勃发展的数字经济改变了人类的生产生活方式。当前，网络信息技术不断创新突破，数字化、网络化、智能化已深入到产业发展中，世界经济加快了向数字化转型的脚步。

中国作为世界网络大国和数字经济大国，更加重视发展数字经济，在创新、协调、绿色、开放、共享的新发展理念的指引下，正积极推进数字产业化、产业数字化，引导数字经济和实体经济深度融合，推动经济高质量发展。5G通信将打破信息传输的带宽限制，数字技术的驱动引领效应将更加明显，数字经济将不断开辟新赛道。积极抓住全球数字经济快速发展的机遇，发挥制造大国和网络大国的优势，不断提高数字技术研发能力和产业创新能力，数字经济对高质量发展的引擎作用就会更加强劲。

随着大数据持续增长，计算机的可用性和能力不断增强，人类社会正逐步走向智能数字经济。AlphaGo成功战胜围棋世界冠军后，人工智能技术便引发了人类的无限遐想。随着AI在社会与经济活动各方面的广泛应用，将彻底改变效率的提升方式，引领人类进入智能社会。因此，越来越多的国家已开始将AI产业纳入本国的数字发展战略。

数字技术正在重塑全球经济的方方面面。数字化制造业是首个实现数字增长的行业。如今，业务流程的数字化进程已超越数字技术制造业，涵盖了更大范围的经济活动。事实上，近期的发展趋势表明，传统意义上被视为数字化程度最低的行业，如采矿业、农业、建筑业和公用事业等，也正是技术投资增长最快的行业。因此，数字经济的本质就是不断变化。我们已经进入数字化新时代，数字经济基本涵盖了各个行业，数字技术全面普及，深刻地影响着价值创造的方式。

2. 数字经济引领文旅融合发展

大众旅游时代的到来，意味着只有提供个性化的旅游产品或服务才能满足自由行散客化的旅游形态。携程、途牛网、去哪儿网、同程旅游等在线旅游服务平台，提供包括车票、机票、景区门票、酒店住宿的预订等一系列服务，极大地方便了游客的出游安排。景区通过景观虚拟展示技术、智能讲解系统、视频远程浏览系统，可为游客提供及时的丰富的旅游信息或产品。早在2004年，黄山和九寨沟两个知名景区就开展了数字景区示范工程，不仅实现了对景区资源的保护，还为游客提供了景区交通、导游、线路等旅游信息的咨询服务。

在文化和旅游建设管理上，管理部门可以通过智能终端掌握景区即时的运营数据，包括票务记录、客源统计、各时段人流量、商品供应信息等。同时，通过大数据的采集和分析，可以预测旅游企业的经营策略和经营方向，制订更加精准的经营计划，为游客提供更加优质贴心的服务。

体验经济的到来更是将文化和旅游产业推向了新高度。例如，融合了投影、LED、VR、增强现实、混合现实等技术的旅游演艺活动热度不减，这些数字技术的应用增加了视听的表现力和震撼性。同时，场景科技这一新技术手段也将在未来为旅游景区、博物馆打造新型游玩互动体验项目。因此，依靠科技营造浸入式体验，将是未来数字信息技术在文化和旅游产业的重要应用方向。

数字化营销突破了传统的旅游营销模式，融入了新媒体的营销理念和方式，利用主流网络媒体、社交媒体在线上推广，与在线服务平台紧密合作，利用大数据进行分析挖掘，实现精准营销。数字经济正成为文化和旅游产业转型升级的重要引擎。

3. 编制加入数字经济的投入产出表

数字经济并不是独立于传统产业存在的，它更加强调的是融合与共赢，在传统产业的融合中实现价值增长。数字经济对传统产业的融合主要体现在生产方式融合、产品融合、服务融合、竞争规则融合和产业融合。数字经济与各行业的融合发展将带动新型经济范式加速构建，改变实体经济结构，提升生产效率。

数智化时代下，数据、信息和知识更具有流动性、场景性、社会性等特点，在此基础之上的数字经济与传统产业的碰撞融合，将彻底完成对传统产业的重塑，带动价值蜕变，逐步形成新一代的智能化产业，并成为国民经济的新支柱。当前，数字经济与第一产业、第二产业、第三产业和其他产业的融合趋势快速呈现，数字经济与文化、教育、卫生、体育、科技等多个行业的融合趋势愈发明显。

随着数字经济在文化和旅游产业中的迅速融合，有必要将研究数字经济与文旅融合发展水平提上议程，基于本书的研究角度，应将数字经济相关产业从五部门投入产出表中独立出来，由此就有了六部门投入产出表，为之后数字经济与文旅融合发展的评估奠定基础。

从宏观的角度来看，数字经济指的是一个经济系统，在这个系统中，数字技术被广泛使用，并由此带来了整个经济环境和经济活动的根本变化。可以说，数字经济是一个信息和商务活动都被数字化的全新的社会政治和经济系统。

从中观与微观的角度来看，数字经济是以数字化的知识和信息为关键生产要素，以数字技术创新为核心驱动力，以现代信息网络为重要载体，通过数字技术与实体经济深度融合，不断提高传统产业数字化、智能化水平，加速重构经济发展与政府治理模式的新型经济形态。因此，数字经济相关产业包括电子信息制造业、电信业、软件和信息技术服务业、互联网行业等。

基于对数字经济的概念与定义，本书将五部门投入产出表中的信息传输、软件和信息技术服务业划分为数字经济相关产业。调整后的产业部门分类比较，见表8-4。

表8-4　　42个产业部门与6个产业部门的分类比较

6个产业部门	42个产业部门	
农业（A）（第一产业）	农、林、牧、渔业	
工业（I）（包括去除文化制造业的第二产业）	煤炭开采和洗选业（I1）	金属制品业（I13）
	石油和天然气开采业（I2）	通用设备和专用设备制造业（I14）
	黑色金属、有色金属矿采选业（I3）	铁路、船舶、航天航空和其他运输设备制造业（I15）
	非金属矿采选业和其他采矿业（I4）	电气机械和器材制造业（I16）
	食品制造业和烟草制品业（I5）	计算机、通信和其他电子设备制造业（I17）
	纺织业（I6）	仪器仪表制造业（I18）
	纺织服装、服饰业，皮革、毛皮、羽毛及其制品和制鞋业（I7）	废弃资源综合利用业（I19）
	木材加工和木、竹、藤、棕、草制品业，家具制造业（I8）	金属制品、机械和设备修理业（I20）
	石油、煤炭及其他燃料加工业（I9）	电力、热力生产和供应业（I21）
	化学原料和化学制品制造业（I10）	燃气生产和供应业（I22）
	非金属矿物制品业（I11）	水的生产和供应业（I23）
	黑色金属、有色金属冶炼和压延加工业（I12）	建筑业（I24）
文化及相关产业（C）（包括文化制造业（Cm，即C1+C2）和文化服务业（C3）	造纸和纸制品业，印刷和记录媒介复制业，文教、工美、体育和娱乐用品制造业（C1）	文化、体育和娱乐业（C3）
	其他制造业（C2）	
旅游及相关产业（T）	交通运输、仓储和邮政业（T1）	租赁和商务服务业（T5）
	住宿和餐饮业（T2）	水利、环境和公共设施管理业（T6）
	批发和零售业（T3）	居民服务、修理和其他服务业（T7）
	金融业（T4）	公共管理、社会保障和社会组织（T8）
数字经济相关产业（D）	信息传输、软件和信息技术服务业（D1）	
服务业（S）（包括去除文化服务业（C3）、旅游及相关产业和数字经济相关产业的其他第三产业）	房地产业（S1）	教育（S3）
	科学研究和技术服务业（S2）	卫生和社会工作（S4）

加入数字经济相关产业后，编制6×6部门的投入产出流量表。在此基础上，考察数字经济与文化和旅游产业之间的联系。六部门投入产出流量表的一般表式，见表8-5。

表8-5　　六部门投入产出流量表的一般表式

投入＼产出		中间使用							最终使用				总产出
		农业A	工业I	文化及相关产业C	旅游及相关产业T	服务业S	数字经济相关产业D	合计	最终消费	资本形成总额	净出口	合计	
中间投入	农业A												
	工业I												
	文化及相关产业C				x_{ij}					Y_{ij}			X_i
	旅游及相关产业T												
	服务业S	Ⅰ							Ⅱ				
	数字经济相关产业D												
	合计												
初始投入	劳动者报酬												
	生产税净额				N_{ij}								
	固定资产折旧												
	营业盈余	Ⅲ											
	增加值合计												
总收入					X_j								

8.2.9　投入产出模型的相关系数

1. 直接消耗系数

直接消耗系数（又称投入系数或技术系数），表示j部门单位总产出的生产将直接消耗掉i部门产品的价值量，通常用a_{ij}表示。其计算公式为：

$$a_{ij} = \frac{x_{ij}}{X_j} \quad (i, j = 1, 2, \cdots, n) \tag{8-1}$$

式（8-1）中，x_{ij}表示j部门生产时需要直接消耗的i部门产品的价值量，X_j为j部门的总投入。投入产出表的基础是直接消耗系数，在一定的技术水平和生产组织管理条件下，体现了各生产部门之间直接的经济技术联系。由各个直接消耗系数组成的直接消耗矩阵，记为A。

2. 完全消耗系数

国民经济各部门之间除了直接消耗方面的联系外，还存在由于产业之间的关联导致的间接消耗方面的联系。完全消耗系数就是这种直接和间接联系的全面反映，体现了产业部门之间的一种完全消耗关系，通常用b_{ij}表示，即j部门生产单位最终使用所要直接消耗i产品的数量与全部间接消耗该产品的数量之和。也就是说，完全消耗系数=直接消耗系数+间接消耗系数。我们可以从流量投入产出表中直接求得直接消耗系数，而间接消耗系数无法从投放产出表中求得，一般通过完全消耗矩阵（B）来计算求得。其计算公式为：

$$B=\begin{pmatrix} b_{11} & b_{21} & \cdots & b_{1n} \\ b_{21} & b_{22} & \cdots & b_{2n} \\ \vdots & \vdots & & \vdots \\ b_{n1} & b_{n2} & \cdots & b_{nn} \end{pmatrix}=(I-A)^{1}-I \tag{8-2}$$

式（8-2）中，$(I-A)^{1}$为列昂惕夫逆矩阵，又称完全需求系数矩阵，记为$\bar{B}$（其元素记为$\bar{b}_{ij}$），它反映了生产一个单位最终产品的完全需求，用于考察经济部门之间的一种完全关系。与直接消耗系数相比，完全消耗系数全面地反映了两个产业之间的技术和经济联系。

3. 直接分配系数

直接分配系数是指i部门的产品直接分配（提供）给j部门使用占i部门总产出的比重，一般用r_{ij}表示。其计算公式为：

$$r_{ij}=\frac{x_{ij}}{X_i}\ (i,\ j=1,\ 2,\ \cdots,\ n) \tag{8-3}$$

式（8-3）中，x_{ij}表示i部门直接分配给j部门使用的产品价值量，X_i为i部门的总产出。

4.完全分配系数

各产业部门之间除了直接分配方面的联系外，还存在间接分配方面的联系。将直接分配系数和间接分配系数加总就形成了完全分配系数，它是指i部门单位初始投入分配给j部门使用所带来的价值量增加的总和，通常用完全分配系数矩阵（H）表示。完全分配系数全面地体现了产业部门之间的分配关系。其计算公式为：

$$H = (I - R)^{-1} - I \tag{8-4}$$

式（8-4）中，$(I-R)^{-1}$是完全供给系数，记为$\bar{H}$，其元素记为$\bar{h}_{ij}$，它反映了一个单位初始投入的完全供给，是经济部门之间的一种完全关系的衡量。

8.2.10 基于投入产出表的关联分析

1. 文化和旅游产业的关联状态分析

直接消耗系数和完全消耗系数反映了两个产业之间技术经济联系的密切程度，均是从投入结构的角度来说明一个产业对向其供应中间产品或服务的产业的影响。直接分配系数和完全分配系数均是从产出结构的角度来说明一个产业对那些将其产品或服务作为投入品或生产资料的产业的影响。直接消耗系数和直接分配系数分别是一个产业对另一个产业投入率和需求率的数量反映。本书将基于编制好的投入产出表分别计算文化产业对旅游产业的消耗系数和分配系数。为了更直观地体现文化和旅游产业的融合情况，将文化产业对旅游产业的投入率和需求率，以及旅游产业对文化产业的投入率和需求率整理成另一张表。

完全消耗系数表示的是生产过程的最终产出与完全消耗之间的线性比例关系，完全消耗包括直接消耗和所有的间接消耗。通过对直接消耗系数和完全消耗系数的计算和趋势比较，可以看出文化和旅游产业之间技术经济联系的密切程度和作用强度。完全分配系数为直接分配系数与间接分配系数之和，通过比较可以看出两大产业之间的拉动作用与推动作用。通过投入率和需求率，则可以看出文化和旅游产业之间的互相依赖程度。

2. 文化和旅游产业的关联度分析

影响力系数和感应度系数通常可以用来度量某一产业与其相关联产业的后向、前向关联度。其计算公式为：

$$e_j = \frac{\sum_{i=1}^{n} C_{ij}}{\frac{1}{n}\sum_{j=1}^{n}\sum_{i=1}^{n} C_{ij}} \quad (i,\ j = 1,\ 2,\ \cdots,\ n) \tag{8-5}$$

$$e_i = \frac{\sum_{j=1}^{n} C_{ij}}{\frac{1}{n}\sum_{j=1}^{n}\sum_{i=1}^{n} C_{ij}} \quad (i,\ j = 1,\ 2,\ \cdots,\ n) \tag{8-6}$$

式（8-5）和式（8-6）中，e_j和e_i分别表示影响力系数和感应度系数，i和j分别表示投入产出表的横行与纵列，n表示产业部门的个数，C_{ij}表示列昂惕夫逆矩阵系数，即$C_{ij} = (I-A)^{-1}$。

为进一步分析文化和旅游产业的融合现状，对影响力系数和感应度系数的计算公式略作调整，即：

$$e_{1j} = \frac{\sum_{i=1}^{n} C_{1j}}{\frac{1}{n}\sum_{j=1}^{n}\sum_{i=1}^{n} C_{ij}} \quad (i,\ j = 1,\ 2,\ \cdots,\ n) \tag{8-7}$$

$$e_{i1} = \frac{\sum_{j=1}^{n} C_{i1}}{\frac{1}{n}\sum_{j=1}^{n}\sum_{i=1}^{n} C_{ij}} \quad (i,\ j = 1,\ 2,\ \cdots,\ n) \tag{8-8}$$

式（8-7）和式（8-8）中，e_{1j}表示旅游产业对文化产业的影响力系数，e_{i1}表示旅游产业对文化产业的感应度系数。根据式（8-7）和式（8-8）分别计算影响力系数和感应度系数，以此度量旅游产业与文化产业的后向、前向关联度。

影响力系数是反映国民经济某一部门增加一单位最终使用时，需要其他部门为该部门的生产提供的产出量。也就是说，当某一产业的生产和需要发生变化时，对其他产业所产生的生产需求的波及程度，表现为该产业对其他产业产生的需求拉动作用。影响力系数可衡量一个产业后向关联的深度和广度，影响力系数越大，说明该产业的发展对其他产业的辐射效应越强，需求拉动作用越大。

感应度系数是反映国民经济各部门均增加一单位最终使用时，需要该部门为其他部门生产提供的产出量。也就是说，当其他产业的需求发生变化时，该产业由此而受到的需求感应程度，表现为生产和供给发生相应变化。同时，该产业的生产和供给发生变化，会对相关联的其他产业的产品产量、品质及价格等方面产生进一步的影响，从而促进和推动国民经济其他产业的再发展（如成本推动），即感应度系数反映了其他产业变化对该产业的影响程度，表现为该产业对其他产业发展的支撑效应和推动作用。感应度系数衡量了一个产业前向关联的深度和广度，感应度系数越大，说明该产业发展对国民经济及其他产业发展的支撑效应越强、推动力越大。

8.3 数字赋能文旅融合的研究设计

8.3.1 数据来源

中国在年份尾数为2和7的当年进行一次全国投入产出调查，编制投入产出表，在年份尾数为0和5的当年通过小规模调查对投入产出表进行调整，编制投入产出简表，此表能够系统反映国民经济各部门间投入与产出的相互关系。目前，国家统计局（http：//www.stats.gov.cn/）公布了2002年、2005年、2007年、2010年、2012年、2015年、2017年、2018年、2020年9张全国投入产出表，本书从中选取2015年、2017年、2018年和2020年的投入产出表作为基本数据，将《中国统计年鉴（2015）》《中国统计年鉴（2017）》《中国统计年鉴（2018）》《中国经济普查年鉴》作为补充数据。

8.3.2 数据处理

2015年有42个部门，2017年有149个部门，2018年和2020年均有153个部门，由于不同年份的投入产出表中部门数量和分类有所差异，不能直接进行对比研究，因此本书依据相关行业分类标准先对部分部门的数据进行调整，再分类合并，最终形成由文化及相关产业、旅游及相关产业、数字经济产业和其他产业构成的投入产出表，方便进行实证分析。

8.3.3 四部门投入产出表的构建

1. 产业部门的划分

不同年份的投入产出表中部门数量和分类不尽相同，2017年、2018年和2020年相对于2015年在部门分类上更为细致，而本章主要研究数字经济产业对文旅融合发展的影响情况，因此需要根据相关标准对投入产出表中部分部门的数据进行合并处理，以保证可比性。

文化产业包含文化核心领域和文化相关领域，共有146个小类。旅游产业分为旅游产业和旅游相关产业，共有65个小类。本书分别依据《文化及相关产业分类（2018）》《国家旅游及相关产业统计分类（2018）》对文化及相关产业、旅游及相关产业的范围作出界定，结合《数字经济及其核心产业统计分类（2021）》和许宪春（2020）的划分方法对数字经济产业的范围作出界定。需要注意的是，在投入产出表中，部分部门同时拥有数字化与非数字化的成分，从中剥离出纯数字化成分需要更多细分领域的数据，但目前相关数据不够完善，因此不能精确提取出这类产品的数字化与非数字化成分。考虑到结果的准确度，在数字经济产业范围的界定中，只包含了完全数字化或主要特征为数字化的产品。文化及相关产业、旅游及相关产业的划分也是同样的思路。文化及相关产业、旅游及相关产业、数字经济产业及其他产业的范围界定见表8-6。

表8-6　　　　部门分类及说明

部门名称	包含的产业
文化及相关产业	造纸和纸制品，印刷和记录媒介复制品，文教办公用品制造，工艺美术品，文化、体育和娱乐用品，以及批发和零售业中的文化成分
旅游及相关产业	铁路旅客运输、城市公共交通及公路客运、水上旅客运输、航空旅客运输，以及住宿和餐饮业中的旅游成分
数字经济产业	新闻和出版，广播、电视、电影和影视录音制作，计算机，通信设备，广播电视设备和雷达及配套设备，视听设备，电子元器件，其他电子设备，仪器仪表，电信、广播、电视及卫星传输服务，互联网和相关服务，软件服务，信息技术服务，以及批发和零售业中的数字经济成分
其他产业	投入产出表中的剩余产业

8.4　部分产业部门的拆解

在各年份的投入产出表中，文化、体育和娱乐业中有大量的数字经济成分，批发和零售业中有大量的文化和数字经济成分，住宿和餐饮业中有大量的旅游成分，因此需要从文化、体育和娱乐业中拆分出数字经济成分，从批发和零售业中拆分出文化和数字经济成分，从住宿和餐饮业中拆分出旅游成分。

在调整系数方面，以2018年为例，批发和零售业的增加值为87 707亿元，其中文化成分的增加值为4 340亿元，因此批发和零售业在文化上的调整系数为0.0495。同理，住宿业的增加值为4 312亿元，其中旅游成分的增加值为3 262亿元，因此住宿业在旅游上的调整系数为0.7565。餐饮业的增加值为11 750亿元，其中旅游成分的增加值为5 659亿元，因此餐饮业在旅游上的调整系数为0.4816。

在数字经济调整方面，借鉴BEA核算方法和许宪春（2020）调整思路，假定数字化交易相关产业总产出占批发和零售业总产出的比重等于数字化交易相关产业增加值占批发和零售业增加值的比重，将互联网批发、零售业和网上贸易代理主营业务收入之和占批发和零售业主营业务收入的比重作为互联网批发、零售业和网上贸易代理总产出之和占批发和零售业总产出的比重，从而得到批发和零售业的数字经济调整系数。参考其思路，本章利用《中国经济普查年鉴》的数据得出2018年批发业的营业收入为722 441亿元，互联网批发业和网上贸易代理的营业收入为11 915亿元，因此批发业的数字经济调整系数为0.0165。同理，零售业的营业收入为158 700亿元，互联网零售业的营业收入为12 112亿元，因此零售业的数字经济调整系数为0.0763。其他年份用同样的方法均可以得到批发和零售业在文化和数字经济上的调整系数，以及住宿和餐饮业在旅游上的调整系数。需要指出的是，由于数据的缺乏，2015年和2017年批发和零售业的数字经济调整系数均用2018年相应的调整系数代替，2015年住宿和餐饮业在旅游上的调整系数及文化、体育和娱乐业在数字经济上的调整系数均使用2017年投入产出数据计算得到。由于《中国经济普查年鉴》的数据目前只更新到2018年，2020年的互联网批发、零售业和网上贸易代理的营业收入无法获得，因此用2018年批发和零售业的数字经济调整系数代替2020年相应的调整系数。各年度调整系数见表8-7。

表8-7 **各年度调整系数**

产业部门	2015年	2017年	2018年	2020年
批发和零售业中的文化成分	0.0384	0.0432	0.0495	0.0457
批发业中的数字经济成分	0.0273	0.0165	0.0165	0.0165
零售业中的数字经济成分	0.0273	0.0763	0.0763	0.0763
住宿业中的旅游成分	0.5906	0.8375	0.7565	0.7757
餐饮业中的旅游成分	0.5906	0.5048	0.4816	0.4923
文化、体育和娱乐业中的数字经济成分	0.3551	—	—	—

根据上文对国民经济各产业部门的拆解、调整、划分与合并思路，编制四部门投入产出表，围绕前三个产业部门，计算并考察相关指标，分析数字经济产业助推文化和旅游产业融合发展的情况。构建的四部门投入产出表，见表8-8。

表8-8　　　　　　　　　　**四部门投入产出表**

投入＼产出		中间使用					最终使用				总产出
		文化及相关产业	旅游及相关产业	数字经济相关产业	其他产业	合计	最终消费	资本形成总额	净出口	合计	
中间投入	文化及相关产业	x_{11}	x_{12}	x_{13}	x_{14}		C_1	Z_1	J_1	x_1	Y_1
	旅游及相关产业	x_{21}	x_{22}	x_{23}	x_{24}		C_2	Z_2	J_2	x_2	Y_2
	数字经济相关产业	x_{31}	x_{32}	x_{33}	x_{34}		C_3	Z_3	J_3	x_3	Y_3
	其他产业	x_{41}	x_{42}	x_{43}	x_{44}		C_4	Z_4	J_4	x_4	Y_4
	合计										
初始投入	劳动者报酬	V_1	V_2	V_3	V_4						
	生产税净额	S_1	S_2	S_3	S_4						
	固定资产折旧	D_1	D_2	D_3	D_4						
	营业盈余	M_1	M_2	M_3	M_4						
	增加值合计	A_1	A_2	A_3	A_4						
总投入		X_1	X_2	X_3	X_4						

注：将构建的四部门投入产出表与国家统计局公布的投入产出表进行对比，发现二者之间的数据一致，因此四部门的投入产出数据无误。

8.5 研究结果与分析

8.5.1 文化和旅游产业融合的现状及问题

根据四部门投入产出表中的数据，计算各年两部门的中间需求率、最终消费系数和直接消耗系数，见表8-9。

表8-9 **各年两部门的相关系数**

指标	产业部门	年份			
		2015年	2017年	2018年	2020年
中间需求率	文化及相关产业	0.4251	0.4096	0.4105	0.4219
	旅游及相关产业	0.4080	0.4358	0.4380	0.4269
最终消费系数	文化及相关产业	0.1937	0.1969	0.2061	0.1866
	旅游及相关产业	0.1670	0.4006	0.4103	0.3597
直接消耗系数	文化产业对旅游产业	0.0067	0.0054	0.0060	0.0061
	旅游产业对文化产业	0.0382	0.0110	0.0107	0.0083

文化及相关产业和旅游及相关产业的中间需求率均小于0.5，最终消费系数在2020年以前整体上均呈现上升趋势，表明这两个产业部门的产品主要用于最终消费，二者都属于最终消费型产业。旅游及相关产业在最终使用中供消费、投资、出口的比例逐渐缩小，其消费领域亟待开发。

旅游产业对文化产业的直接消耗系数降低，说明文化产业对旅游的支撑作用减弱，文化和旅游产业之间并未达到良好的融合状态，其原因是旅游产品对文化内涵的挖掘不够深入，文化底蕴深厚、能够给旅游者带来全新独特体验的旅游产品较少。众多的文化资源并未得到充分有效的开发和利用，存在闲置和浪费的问题，新冠疫情更是给文旅融合发展带来了极大的阻碍，使得二者融合发展的进程减缓。

尽管文化和旅游产业受到新冠疫情的冲击，但二者对彼此的依赖程度以及对经济的拉动作用有所增强，对社会生产的影响力也在提高，这也表明国务院、文化和旅游部相继出台的各项促进文旅高质量融合发展的政策成效显著。

8.5.2 数字经济赋能文旅产业融合发展的现状及问题

劳动者报酬系数、生产税净额系数、营业盈余系数、影响力系数、感应度系数、消耗系数和分配系数的计算结果，见表8-10。

表8-10　　各年三部门的相关系数

指标	产业部门	年份			
		2015年	2017年	2018年	2020年
劳动者报酬系数	文化及相关产业	0.1314	0.1589	0.1663	0.1681
	旅游及相关产业	0.1662	0.2357	0.2265	0.2213
	数字经济产业	0.1322	0.1437	0.1418	0.1541
生产税净额系数	文化及相关产业	0.0401	0.0241	0.0244	0.0195
	旅游及相关产业	0.0138	0.0077	0.0089	0.0052
	数字经济产业	0.0217	0.0139	0.0087	0.0059
营业盈余系数	文化及相关产业	0.0734	0.0860	0.0903	0.0874
	旅游及相关产业	0.0682	0.0214	0.0201	0.0108
	数字经济产业	0.0789	0.0898	0.0843	0.0738
影响力系数	文化及相关产业	1.0236	1.0290	1.0077	1.0084
	旅游及相关产业	0.9952	0.9524	0.9620	0.9818
	数字经济产业	1.0251	1.0528	1.0685	1.0603
感应度系数	文化及相关产业	0.4638	0.4983	0.4970	0.4994
	旅游及相关产业	0.6104	0.4076	0.4101	0.4062
	数字经济产业	0.6369	0.7202	0.7304	0.7347
直接消耗系数	文化产业对旅游产业	0.0067	0.0054	0.0060	0.0061
	旅游产业对文化产业	0.0382	0.0110	0.0107	0.0083
	文化产业对数字经济产业	0.0195	0.0177	0.0175	0.0203
	数字经济产业对文化产业	0.0.135	0.0261	0.0251	0.0269
	旅游产业对数字经济产业	0.0231	0.0093	0.0097	0.0080
	数字经济产业对旅游产业	0.0211	0.0214	0.0240	0.0235
完全消耗系数	数字经济产业对文化产业	0.0929	0.1130	0.1114	0.1175
	数字经济产业对旅游产业	0.1055	0.0961	0.1046	0.1090

续表

指标	产业部门	年份			
		2015年	2017年	2018年	2020年
直接分配系数	数字经济产业对文化产业	0.0053	0.0083	0.0078	0.0072
	数字经济产业对旅游产业	0.0285	0.0051	0.0055	0.0045
	文化产业对数字经济产业	0.0495	0.0550	0.0566	0.0753
	旅游产业对数字经济产业	0.0171	0.0382	0.0423	0.0425
完全分配系数	文化产业对数字经济产业	0.1716	0.1718	0.1780	0.2208
	旅游产业对数字经济产业	0.0988	0.1393	0.1511	0.1516

1. 数字经济产业凭借自身优势为文化和旅游产业的融合发展提供了动力，但助推作用有所减弱

数字经济产业对文化产业的完全消耗系数呈现上升趋势，文化产业对数字经济产业的完全分配系数也呈现一致的上升趋势，说明数字经济产业对文化产业的完全供给拉动作用在加强，一定程度上促进了文化和旅游产业的融合共生与协同发展。

数字经济产业的营业盈余系数处于中上游水平，盈利能力较强，其影响力系数大于1，随着时间的推移呈现上升趋势，表明数字经济产业的拉动水平超过了全社会平均拉动水平，对国民经济其他产业产生了较强的辐射作用，逐渐成为拉动国民经济发展的重要组成部分。相比于文化和旅游产业，数字经济产业的感应度系数和营业盈余指数都较高，说明其渗透程度较高，对其他产业的拉动和推动作用较强，为文旅融合发展提供了动力。借助数字经济产业，文化旅游产品正以更生动、更现代的方式展现，实现了产品的增值和产品质量的提高。

数字经济产业对文化和旅游产业的直接分配系数呈现下降趋势，尤其是对旅游产业的直接分配明显降低，表明数字经济产业对文化和旅游产业的投入不足，推动作用减弱。总体来说，数字经济产业在文旅融合

发展方面的应用处于初级阶段，相关从业人员对数字经济产业在文旅融合创新发展中的潜力和势能了解不够深入，单纯将数字经济产业看作是文化和旅游产业的新包装，从而造成对数字经济产业投入的欠缺。另外，数字经济核心技术的自主创新能力不足，在多元创新产品、服务和场景等方面的技术研发与应用还有待于进一步加强。在未来一段时间内，构建数字技术创新体系、深挖数字经济创新潜能、赋能文旅产业高质量融合发展将成为文化和旅游产业发展的主要任务。

2. 文化产业相比于旅游产业更容易受到数字经济产业的影响，且数字经济产业对文化产业的前向和后向关联作用均大于旅游产业

在生产税净额系数方面，文化及相关产业对税收的贡献明显大于旅游及相关产业，表明旅游产业的生产力转化为经济效益的水平较低，对地方财政的贡献较小，还有挖掘的潜力；在直接消耗系数方面，旅游产业对文化产业的直接消耗系数大于文化产业对旅游产业的直接消耗系数，说明文化产业对旅游产业的支撑程度要比旅游产业对文化产业的支撑程度大；在影响力系数和感应度系数方面，相比于旅游产业，文化产业不仅容易影响其他产业，从而带动其他产业发展，还容易受到其他产业（包括数字经济产业）的影响；在直接分配系数方面，数字经济产业对文化产业的推动和拉动作用比对旅游产业的推动和拉动作用要大。文化产业迈入了数字化的发展轨道，无形中受到数字经济产业的巨大推动，焕发出新的发展活力。

数字经济产业对旅游产业的推动作用还不够，旅游产业内生性增长动力不足。究其原因是，文化产品能够以线上或线下的方式进行高效传播，不会轻易受到外部因素的影响，而旅游产品则更加依靠线下方式，亲临现场的体验才是其主要形式，这一特性使得旅游产业相对脆弱。例如，受到新冠疫情的影响，国民出行受阻，旅游业成为遭受严重打击的行业之一，反映出文旅融合发展的必要性和迫切性。数字经济产业对旅游产业的应用不够充分，即在技术、产品等方面未得到深入实践。从整

体上来看，数字经济产业助推文旅融合发展的相关政策虽有成效，但较为宏观，具体实施细则有待完善。

3. 数字经济产业助推文旅融合发展的间接作用大于直接作用

文化和旅游产业对数字经济产业的完全分配系数明显高于相应的直接分配系数，表明数字经济产业在文旅融合发展过程中的间接作用大于直接作用。

数字经济产业的直接作用体现在大数据、云计算和智能终端等现代数字技术对文化和旅游产业的应用，不仅丰富了文化和旅游产业的消费场景与模式，如数字景区、数字展厅等基础文旅设施，还直接提升了大众对数字化文旅的全新体验。

间接作用体现在数字技术、市场竞争、规模效应等方面。第一，通过数字技术的广泛应用，文旅产品或服务的质量得到有效提升，且随着数字技术基于文旅新场景的不断研发与创新应用，文旅产业在技术方面的联系更加密切，融合难度降低。第二，具备数字经济平台的文旅产业凭借其丰富的数据资源、技术创新优势提高了自身的经济收益与市场地位，加剧了文旅市场的竞争，从而倒逼其他产业的转型融合。第三，数字经济促进文旅产业聚集，形成规模效应。数字平台在数字经济的推动下得以实现，能够打破地域和时间限制，将大量文旅产业集聚到一个平台，进而方便、快捷地使用数据开展经营活动。通过聚集互动、融合发展，不断扩大文旅产业边界，做大经济规模。文旅融合发展的边际成本随着规模的扩大和效率的提升而不断下降，两大产业融合门槛降低，加快了文旅深度融合的步伐。

4. “数字+文旅”对优秀人才的吸引力较低，数字文旅人才缺乏

从表8-5中可以看出，除文化产业的劳动者报酬系数一直上升外，旅游和数字经济产业的劳动者报酬系数均有所波动，整体上呈现上涨趋势，但涨幅不大，说明在文化、旅游和数字经济产业部门中支付给劳动者的报酬增多，劳动力投入的比重变大，表明这些产业部门近几年得到

了快速发展，就业状况得以改善，但它们也面临转型升级的现状；而较小的涨幅，说明了“数字+文旅”行业的薪资水平没有明显提高，对优秀人才的吸引力下降，直接导致了“数字+文旅”人才，尤其是有数字、文化、旅游背景的跨专业人才的缺乏，从而对文旅融合发展造成掣肘。人才是强化文化和旅游产业创新驱动、助力二者融合发展的动力和支撑，因此建设高素质、创新型文旅人才队伍成为当前文旅产业高质量融合发展的首要任务。

8.6 小结

本章围绕“数字经济助推文化和旅游产业融合发展”这一核心内容展开研究，深入剖析了数字经济产业在文旅融合发展的过程中发挥的作用及存在的问题。本章的理论贡献主要体现在以下方面：首先，以往对数字经济助推文旅产业融合发展的研究多用定性描述和案例分析，基于投入产出表的定量研究较少。本章通过引入投入产出表以定性和定量相结合的方式对数字经济产业助推文旅融合发展进行探究，丰富了数字化时代下文旅产业高质量融合发展研究的理论体系。其次，目前大多数学者直接利用投入产出表的原始数据进行分析并得到最终结果。本章在原始投入产出表的基础上，通过部门的拆解、调整、划分与合并，来编制文化及相关产业、旅游及相关产业、数字经济产业及其他产业四部门的投入产出表，并计算中间投入率、中间需求率、分配系数和消耗系数等，系统分析数字经济产业助推文旅融合发展的情况，一定程度上拓展了投入产出表在数字经济产业和文旅产业方面的应用。

8.7 实践启示

本章通过构建四部门投入产出表，来分析数字经济产业对文化和旅游产业的赋能作用及其存在的问题，为数字经济助推文旅融合高质量发展提供有价值的实践启示。

1. 利用数字技术创新文旅产品与消费模式，增强消费牵引带动力

旅游产业内生性发展动力不足，在消费领域亟待开发，需要其他产业提供投入，特别需要文化产业与之融合为其发展提供新动力。在现阶段的文旅产品或服务的供给中，数字技术的融入可以有效提高服务的精准度，通过数字内容的注入来激活传统文旅资源，搭建先进的数字化平台，引导消费者通过数字平台进行网络智能消费，催生更多具有特色文化内涵的沉浸式数字体验产品或服务，满足公众个性化、多样化的文旅需求，进而带动消费。

2. 加大数字经济在文旅产业的投入，注重间接作用路径，培育基于数字创新的文旅融合发展新业态

在未来一段时间，政府相关部门应充分把握数字经济发展的新机遇，优先大力发展这一影响力较大的产业，使其在文旅产业高质量融合发展中发挥更大效能。第一，提供足够的资金和政策支持，加强文化和旅游产业的数字技术研发力度，大力推动数字技术自主创新；第二，政府要鼓励相关产业积极探索融合新模式、新路径，提供并落实财政、金融等各项扶持政策，不断提升文化和旅游产业的市场竞争力；第三，推进并完善数字技术产业的基础设施建设，壮大文化和旅游产业实体集聚规模，吸引更多新兴数字技术产业参与文旅经济活动。

3. 以文化产业为主导，提供具有高文化附加值的文旅产品或服务

文化体验是旅游的主要形式，通过数字赋能，文化的创新呈现和在线传播为旅游产业的发展提供了新动能。在数字经济产业助推文旅融合发展的过程中，文化产业应被置于主要地位，将“文化融入”置于文旅融合发展的突出位置，赋予旅游资源以文化内涵和价值，更加重视数字背景下的旅游产业对文化产业的融合。用文化创意衍生塑造旅游市场，提供具有文化附加值的文旅产品或服务，实现数字经济产业赋能文旅融合发展的新业态模式，进而强化文化和旅游产业在数字化时代下对国民经济的渗透作用，并加快新冠疫情之后的产业复苏。

4. 加强有数字、文化、旅游专业背景的人才队伍建设，完善人才培养体系和激励机制

“数字+文旅”的复合型人才是促进文旅融合发展的不可或缺的动力和保障因素。一方面，可以设立“数字+文旅”的专项资金和项目，针对目前相关行业从业人员的专业知识进行提升，使其认识到数字经济在助推文旅融合中所起到的关键作用，从而助力文化和旅游产业在数字经济下的融合发展；另一方面，积极引进人才，制定完善的人才引进及培养机制，提供有吸引力的薪酬，建立有效的激励机制，培养具有数字化思维、掌握数字技能的创新型专业人才。另外，部分高校可以与企业、行业协会等合力建立数字型人才培养和实训基地，搭建校企协同创新平台，为数字化时代的文旅融合发展提供储备人才。

参考文献

[1] ALTUNEL M C, ERKURT B.Cultural tourism in Istanbul: the mediation effect of tourist experience and satisfaction on the relationship between involvement and recommendation intention [J]. Journal of Destination Marketing & Management, 2015, 4 (4): 213–221.

[2] BALLESTEROS E R, RAMIREZ M H. Identity and community reflections on the development of mining heritage tourism in Southern Spain [J]. Tourism Management, 2007, 28 (3): 677–687.

[3] BECK T, LEVINE R, LEVKOV A. Big bad banks? The winners and losers from bank deregulation in the United States [J]. The Journal of Finance, 2010, 65 (5): 1637–1667.

[4] BOROWIECKI K J, CASTIGIONE C. Cultural participation and tourism flows: an empirical investigation of Italian provinces [J]. Tourism Economics, 2014, 20 (2): 241–262.

[5] BUEDDEFELD J, DUERDEN M D. The transformative tourism learning model [J]. Annals of Tourism Research, 2022 (94): 103–405.

[6] BUHALIS D.Tourism and trails: cultural, ecological and management issues [J]. Tourism Management, 2015, 50 (2): 91–97.

[7] BUTCHER J. Real tourism: practice, care and politics in contemporary travel culture [J]. Tourism Management, 2013 (37): 110–111.

[8] CALLAWAY B, SANT ANNA P H C. Difference - in - differences with multiple time periods [J]. Journal of Econometrics, 2021, 225 (2): 200–230.

[9] CHANG C, KHAMKAEW T, MCALEER M. IV estimation of a panel threshold of tourism specialization and economic development [J]. Tourism Economics, 2012, 18 (1): 5–41.

[10] CHAO C C, HAZARI B R, LAFFARGUE J P. Tourism, Dutch disease and welfare in an open dynamic economy [J]. Japanese Economic Review, 2006 (4): 501–515.

[11] CHI - OKOH. The contribution of tourism development to economic growth in the Korean economy [J]. Tourism Management, 2005, 26 (1): 39–44.

[12] CONNELL J. Film tourism—evolution, progress and prospects [J]. Tourism Management, 2012, 33 (2): 1007–1029.

[13] DAI T, HEIN C, ZHANG T. Understanding how Amsterdam city tourism marketing addresses cruise tourists' motivations regarding culture [J]. Tourism Management Perspectives, 2019 (29): 157–165.

[14] DELLER S. Rural poverty, tourism and spatial heterogeneity [J]. Annals of Tourism Research, 2010, 37 (1): 180–205.

[15] DENG T, HU Y, MA M. Regional policy and tourism: a quasi-natural experiment [J]. Annals of Tourism Research, 2019 (74): 1–16.

[16] DREDGE D, JAMAL T. Progress in tourism planning and policy: a post-structural perspective on knowledge production [J]. Tourism Management, 2015 (51): 285–297.

[17] FUEST C, PEICHL A, SIEGLOCHI S. Do higher corporate taxes reduce wages? Micro evidence from Germany [J]. American Economic Review, 2018, 108 (2): 393–418.

[18] FUNK D C, BRUUN T J. The role of socio-psychological and culture-education motives in marketing international sport tourism: a cross-cultural perspective [J]. Tourism Management, 2007, 28 (3): 806–819.

[19] GAMBARDELLA A, TORRISI S. Does technological convergence imply convergence in markets? Evidence from the electronics industry [J]. Research Policy, 1998, 27 (5): 445–463.

[20] GONZÁLEZ SANTA-CRUZ F, LÓPEZ-GUZMÁN T. Culture, tourism and world heritage sites [J]. Tourism Management Perspectives, 2017 (24): 111–116.

[21] GUO Y, CAO Z, ZHU Z. The influence of ICH-narrator/self-congruity on tourist's purchase intention of intangible cultural heritage products in a narrative context [J]. Journal of Hospitality and Tourism Management, 2022 (52): 151–160.

[22] HAIGH M. Cultural tourism policy in developing regions: the case of Sarawak, Malaysia [J]. Tourism Management, 2020 (81): 104–166.

[23] HANSEN B. Threshold effects in non-dynamic panels: estimation, testing, and inference [J]. Journal of Econometrics, 1999, 93 (2): 345–368.

[24] HARRISON D. International tourism: cultures and behavior [J]. Annals of Tourism Research, 2011, 38 (1): 340–342.

[25] HELGADÓTTIR G. Culture and society in tourism contexts [J]. Annals of Tourism Research, 2014 (45): 184–185.

[26] HU R, WANG C, ZHANG T, et al. Applying augmented reality (AR) technologies in theatrical performances in theme parks: a transcendent experience perspective [J]. Tourism Management Perspectives, 2021 (40): 100–889.

[27] HUGHES H, ALLEN D. Cultural tourism in central and Eastern Europe: the views of 'induced image formation agents' [J]. Tourism Management, 2005, 26 (2): 173–183.

[28] JANSEN - VERBEKE M. Inner - city tourism: resources, tourists and promoters [J]. Annals of Tourism Research, 1986, 13 (1): 79–100.

[29] JANTA H, LUGOSI P, BROWN L, et al. Migrant networks, language learning and tourism employment [J]. Tourism Management, 2012, 33 (2): 431–439.

[30] JOVICIC D. Cultural tourism in the context of relations between mass and alternative tourism [J]. Current Issues in Tourism, 2016, 19 (6): 605–612.

[31] KOO T T R, LIM C, DOBRUSZKES F. Causality in direct air services and tourism demand [J]. Annals of Tourism Research, 2017 (67): 67–77.

[32] KRUTWAYSHO O, BRAMWELL B. Tourism policy implementation and society [J]. Annals of Tourism Research, 2010, 37 (3): 670–691.

[33] KUBICKOVA M, MARTIN D. Exploring the relationship between government and destination competitiveness: the TALC model perspective [J]. Tourism Management, 2020 (78): 104–040.

[34] NUNN N, QIAN N. The potato's contribution to population and urbanization: evidence from a historical experiment [J]. The Quarterly Journal of Economics, 2011, 126 (2): 593–650.

[35] PEARCE D G. Tourism development in Paris: public intervention [J]. Annals of Tourism Research, 1998, 25 (2): 457–476.

[36] PFORR C. Tourism policy in the making [J]. Annals of Tourism Research, 2006, 33 (1): 87–108.

[37] QUAGLIONE D, CROCIATA A, AGOVINO M, et al. Cultural capital and online purchase of tourism services [J]. Annals of Tourism Research,

2020 (80): 102-197.
[38] BACHLEINER R, ANDREAS H Z. Cultural tourism in rural communities: the residents' perspective [J]. Journal of Business Research, 1999, 44 (3): 199-209.
[39] ROSENBERG N. Technological change in the machine tool industry, 1840—1910 [J]. The Journal of Economic History, 1963, 23 (4): 321-342.
[40] RICHARDS G. Cultural tourism: a review of recent research and trends [J]. Journal of Hospitality and Tourism Management, 2018 (36): 12-21.
[41] RICHARDS G. Creativity and tourism [J]. Annals of Tourism Research, 2011, 38 (4): 1225-1253.
[42] RICHARDS G, WILSON J. Developing creativity in tourist experiences: a solution to the serial reproduction of culture? [J]. Tourism Management, 2006, 27 (6): 1209-1223.
[43] RICHARDS G. Tourism attraction systems: exploring cultural behavior [J]. Annals of Tourism Research, 2002, 29 (4): 1048-1064.
[44] RICHARDS G. Creativity and tourism in the city [J]. Current Issues in Tourism, 2014, 17 (2): 119-144.
[45] RIVERA M A. The synergies between human development, economic growth, and tourism within a developing country: an empirical model for ecuador [J]. Journal of Destination Marketing & Management, 2017, 6 (3): 221-232.
[46] SOKHANVAR A, ÇIFTÇIOĞLUI S, JAVID E. Another look at tourism-economic development nexus [J]. Tourism Management Perspectives, 2018 (26): 97-106.
[47] SONG H, DWYER L, LI G, et al. Tourism economics research: a review and assessment [J]. Annals of Tourism Research, 2012, 39 (3): 1653-1682.
[48] TANG X. The historical evolution of China's tourism development policies (1949—2013): a quantitative research approach [J]. Tourism Management, 2017 (58): 259-269.
[49] TAYLOR J P. Authenticity and sincerity in tourism [J]. Annals of Tourism Research, 2001, 28 (1): 7-26.

[50] TORRES-DELGADO A，PALOMEQUE F L.The growth and spread of the concept of sustainable tourism：the contribution of institutional initiatives to tourism policy [J]. Tourism Management Perspectives，2012，4 (4)：1-10.

[51] WANG D，AP J. Factors affecting tourism policy implementation：a conceptual framework and a case study in China [J]. Tourism Management，2013 (36)：221-233.

[52] WERNZ C，THAKUR-WERNZ P，PHUSAVAT K. Service convergence and service integration in medical tourism [J]. Industrial Management & Data Systems，2014，114 (7)：1094-1106.

[53] WU Y，LIN S，WANG Y. Cultural tourism and temples：content construction and interactivity design [J]. Tourism Management，2020 (76)：103-972.

[54] CHIU Y B，YEH L T. The threshold effects of the tourism-led growth hypothesis：evidence from a cross-sectional model [J]. Journal of Travel Research，2017，56 (5)：625-637.

[55] YAU O H M，CHAN C F. Hong Kong as a travel destination in South-east Asia：a multidimensional approach [J]. Tourism Management，1990，11 (2)：123-132.

[56] ZHANG H Q，CHONG K，AP J. An analysis of tourism policy development in modern China [J]. Tourism Management，1999，20 (4)：471-485.

[57] ZHENG J，LIANG S，MA J，et al. Can tourism enhance Chinese subjective well-being? [J]. Annals of Tourism Research，2022 (93)：103-372.

[58] ZHOU Q B，ZHANG J，EDELHEIM J R. Rethinking traditional Chinese culture：a consumer-based model regarding the authenticity of Chinese calligraphic landscape [J]. Tourism Management，2013 (36)：99-112.

[59] 鲍洪杰，王生鹏. 文化产业与旅游产业的耦合分析 [J]. 工业技术经济，2010，29 (8)：74-78.

[60] 曹翔，郭立萍. 中国旅游业发展导致了资源诅咒效应吗? [J]. 旅游学刊，2017，32 (5)：14-25.

[61] 陈林，伍海军. 国内双重差分法的研究现状与潜在问题 [J]. 数量经济技

术经济研究，2015，32（7）：133-148.
[62] 程锦，陆林，朱付彪．旅游产业融合研究进展及启示［J］．旅游学刊，2011，26（4）：13-19.
[63] 戴斌，李仲广，吴丽云，等．旅游经济转型升级进程中的市场主体论［J］．旅游科学，2014，28（5）：1-10.
[64] 戴斌，周晓歌，夏少颜．论当代旅游发展理论的构建：理念、框架与要点［J］．旅游学刊，2012，27（3）：11-17.
[65] 戴斌．文旅融合时代：大数据、商业化与美好生活［J］．人民论坛·学术前沿，2019（11）：6-15.
[66] 戴斌．开创文旅融合发展新时代［J］．新经济导刊，2018（6）：51-56.
[67] 邓涛涛，邹光勇，马木兰．国际旅游岛战略提升了海南旅游业国际化水平吗？——基于双重差分方法的政策效果评估［J］．经济管理，2016，38（7）：147-155.
[68] 杜焱．旅游产业发展潜力的测度与评价——以湖南省为例［J］．经济地理，2014，34（6）：176-181.
[69] 范周．文旅融合的理论与实践［J］．人民论坛·学术前沿，2019（11）：43-49.
[70] 方叶林，黄震方，李东，等．中国省域旅游业发展效率测度及其时空演化［J］．经济地理，2015，35（8）：189-195.
[71] 关伟，许淑婷．辽宁省能源效率与产业结构的空间特征及耦合关系［J］．地理学报，2014，69（4）：520-530.
[72] 韩春鲜，马耀峰．基于旅游资源优势度差异的新疆旅游经济发展研究［J］．统计与决策，2009（9）：73-75.
[73] 何文海，张永姣．环境规制、产业结构调整与经济高质量发展——基于长江经济带11省市PVAR模型的分析［J］．统计与信息论坛，2021，36（4）：21-29.
[74] 贺正楚，吴艳，张蜜，等．我国生产服务业与战略性新兴产业融合问题研究［J］．管理世界，2012，（12）：177-178.
[75] 洪学婷，黄震方，于逢荷，等．长三角城市文化资源与旅游产业耦合协调及补偿机制［J］．经济地理，2020，40（9）：222-232.
[76] 侯兵，周晓倩．长三角地区文化产业与旅游产业融合态势测度与评价［J］．经济地理，2015，11（10）：211-217.
[77] 胡汉辉，邢华．产业融合理论以及对我国发展信息产业的启示［J］．中国工业经济，2003（2）：23-29.

[78] 黄锐，谢朝武，李勇泉．中国文化旅游产业政策演进及有效性分析——基于2009—2018年政策样本的实证研究［J］．旅游学刊，2021，36（1）：27-40.
[79] 黄震方，陆林，苏勤，等．新型城镇化背景下的乡村旅游发展——理论反思与困境突破［J］．地理研究，2015，34（8）：1409—1421.
[80] 纪小美，陶卓民，陈金华，等．中国国际旅游省份差异的时空交互特征——基于主要客源市场的对比［J］．地理研究，2016，35（2）：363-376.
[81] 金媛媛，王淑芳．乡村振兴战略背景下生态旅游产业与健康产业的融合发展研究［J］．生态经济，2020，36（1）：138-143.
[82] 兰苑，陈艳珍．文化产业与旅游产业融合的机制与路径——以山西省文化旅游业发展为例［J］．经济问题，2014，（9）：126-129.
[83] 李锋，孙根年，付琦．基于抗周期性角度的我国旅游产业政策效用评估研究——以四次旅游产业政策为例［J］．经济地理，2013，33（6）：162-169.
[84] 李光勤，胡志高，曹建华．制度变迁与旅游经济增长——基于双重差分方法的“局改委”政策评估［J］．旅游学刊，2018，33（1）：13-24.
[85] 厉无畏，王慧敏．产业发展的趋势研判与理性思考［J］．中国工业经济，2002（4）：5-11.
[86] 厉新建，宋昌耀，殷婷婷．高质量文旅融合发展的学术再思考：难点和路径［J］．旅游学刊，2022，37（2）：5-6.
[87] 刘安乐，杨承玥，明庆忠，等．中国文化产业与旅游产业协调态势及其驱动力［J］．经济地理，2020，40（6）：203-213.
[88] 刘瑞明，李林，亢延锟，等．景点评选、政府公共服务供给与地区旅游经济发展［J］．中国工业经济，2018，（2）：118-136.
[89] 刘瑞明，毛宇，亢延锟．制度松绑、市场活力激发与旅游经济发展——来自中国文化体制改革的证据［J］．经济研究，2020，55（1）：115-131.
[90] 刘瑞明，赵仁杰．西部大开发：增长驱动还是政策陷阱——基于PSM-DID方法的研究［J］．中国工业经济，2015（6）：32-43.
[91] 刘治彦．文旅融合发展：理论、实践与未来方向［J］．人民论坛·学术前沿，2019，（16）：92-97.
[92] 马健．产业融合理论研究评述［J］．经济学动态，2002（5）：78-81.
[93] 石培华．旅游业与其他产业融合发展的路径与重点［J］．旅游学刊，2011，26（5）：9-10.